高等学校小学教育专业系列教材

小学科学实践教学

主　编　杨春松　杨　梅
参　编（以姓氏笔画为序）
　　　　王华嵩　方赛军　龙海涛
　　　　刘　琳　沈君逸　余显志
　　　　柯文婷

南京大学出版社

图书在版编目(CIP)数据

小学科学实践教学 / 杨春松，杨梅主编. —南京：南京大学出版社，2020.12(2022.1重印)
 ISBN 978-7-305-24100-0

Ⅰ.①小… Ⅱ.①杨…②杨… Ⅲ.①小学-科学知识-高等职业教育-教材 Ⅳ.①G623.62

中国版本图书馆CIP数据核字(2020)第257452号

出版发行　南京大学出版社
社　　址　南京市汉口路22号　　邮　编　210093
出 版 人　金鑫荣

书　　名　小学科学实践教学
主　　编　杨春松　杨　梅
责任编辑　钱梦菊　　　　　　编辑热线　025-83592146

照　　排　南京开卷文化传媒有限公司
印　　刷　丹阳兴华印务有限公司
开　　本　787×1092　1/16　印张 14　字数 310千
版　　次　2020年12月第1版　2022年1月第2次印刷
ISBN　978-7-305-24100-0
定　　价　42.00元

网　　址：http://www.njupco.com
官方微博：http://weibo.com/njupco
官方微信：njupress
销售咨询热线：025-83594756

* 版权所有，侵权必究
* 凡购买南大版图书，如有印装质量问题，请与所购
　图书销售部门联系调换

前　言

　　小学科学课程的总目标是培养学生的科学素养,并为他们继续学习、成为合格公民和终身发展奠定良好的基础。小学科学课程是一门实践性课程,小学科学实践是小学生提高科学素养的最好途径。长期以来,我们习惯在教学形式上把小学科学课程的教学分为课堂教学、实验教学和课外活动。但其实,无论是课堂实验还是课外活动,其本质都是科学实践活动,都是小学生在教师的指导下,亲历科学过程,培养科学技能,获得科学结论,提高科学素养的过程。我们可以简单理解为,除了纯粹的科学知识传授,其他动手、动眼、动腿、动脑的活动,都可以算作科学实践的教学范畴,它包括科学实验、课外活动、技术与工程等。我们对小学科学实验、课外活动等单项教学形式的研究比较多,但将它们总和起来,放在一个平台上进行考量,目前还比较少,专门介绍小学科学实践教学的教材就更少了。

　　本书紧紧围绕最新版的小学科学课标,从小学科学课程的培养目标出发,坚持实践性、可操作性和专业性的原则,剖析小学科学实践教学的内涵与外延,介绍和分析实验教学、课外实践活动、STEM教学、教学工具的设计与制作、教学评价的实施等几个方面的原则、特点与实施要点,通过提供案例与解析,进一步为学习者提供直观的学习体验。

　　本书的主要对象是本、专科层次小学科学教育专业的学生,可以作为科学教育专业必选课程、小学教育专业(全科或理科方向)的教师教育类选修课程、科学教师国培以及科学教师资格证考试的参考教材。同样适用于未来从事小学科学教学和正在从事小学科学教学的新任教师。

　　全书共分六章,在第二章"小学科学实验教学的设计与实施"中,没有刻意打破传统的学科界限,而是遵守了课标和现有各个版本教材中对物质科学领域、生命科学领域、地球与宇宙科学领域和技术与工程领域的划分,这样既能和我们旧有的学科体系相衔接,又能够反映新课标的意图,符合小学生认知规律。

本教材也是 2020 年度湖北省教育厅哲学社会科学研究项目"农村小学科学微课资源设计与开发（20G158）"以及湖北省教育规划 2020 年度课题"湖北省中小学教师 STEM 教育培训课程体系建构研究（2020GB194）"的研究成果。教材的编写，组织了高等师范院校、小学教育、教研机构一线且经验丰富的专业教师和教研人员 10 余人，由杨春松、杨梅负责组织编写，其中杨春松老师负责提出总体构想，制定编写要求，确定纲目体例，杨梅老师负责组织统筹，龙海涛老师负责提供案例。具体编写分工如下：第一章由杨春松编写；第二章第一节由杨春松编写，第二节由沈君逸编写，第三节由刘琳、柯文婷编写，第四节由方赛军编写，第五节由王华嵩编写，第六节由柯文婷编写；第三章由沈君逸编写；第四章由杨梅编写；第五章由余显志编写；第六章由龙海涛编写。最后由杨春松统稿审稿。同时，感谢王荣、陈滔、吴瑛为本书编写提供帮助。

  国家小学教育专业教学资源库"小学科学实验教学指导"，可作为该教材的配套教学资源。在本教材的编写过程中，参考、借鉴、引用了部分学者及教师的著述、案例、图表，在此表示感谢。同时，感谢南京大学出版社的大力支持。由于能力有限，教材难免会出现一些疏漏，敬请专家、同行和使用者批评指正，以便再版时修订。

编　者
2020 年 11 月

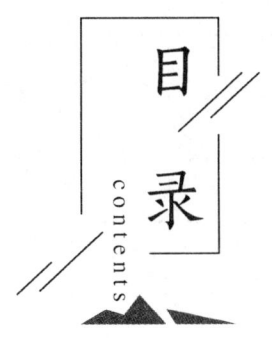

微信扫码
配套教学资源库

第一章　小学科学实践教学概述 ········· 001
第一节　小学科学实践的概念 ········· 002
第二节　小学科学实践教学的实施原则及方法 ········· 008
第三节　小学科学实验的方法及技能 ········· 013

第二章　小学科学实验教学的设计与实施 ········· 021
第一节　实验教学设计的基本内容 ········· 023
第二节　物质科学领域 ········· 026
第三节　生命科学领域 ········· 053
第四节　地球与宇宙科学领域 ········· 087
第五节　技术与工程领域 ········· 104
第六节　小学科学实验室建设标准 ········· 135

第三章　课外实践活动的实施 ········· 144
第一节　课外实践活动概述 ········· 145
第二节　开展课外实践活动的原则与实施建议 ········· 147
第三节　课外实践活动案例 ········· 150

第四章　小学科学实践教学中的 STEM 教育 … 153
第一节　STEM 教育概述 … 154
第二节　小学科学课程中的 STEM 教育 … 156
第三节　小学科学实践教学中的 STEM 教学模式 … 159

第五章　小学科学实践教学工具的设计与制作 … 175
第一节　对实践教学工具的认识 … 176
第二节　教学工具的制作方法 … 179
第三节　教学工具的使用 … 193

第六章　小学科学实践教学评价的实施 … 199
第一节　小学科学实践教学评价的定义、目标与原则 … 200
第二节　小学科学实践教学评价的内容与方法 … 204
第三节　小学科学实践教学评价的案例 … 211

参考文献 … 215

第一章

小学科学实践教学概述

　　小学科学课程是一门以培养学生科学素质为宗旨的义务教育阶段的核心课程,是一门实践性课程,强调和注重科学探究。科学实践贯穿整个小学科学教学,是小学科学课程的重要内容。随着教育理论的深入,人们发现从概念上用"科学实践"代替"科学探究",更加符合儿童的认知规律和科学本身的发展规律。科学实践并不否认科学是一个探究的过程,它更关注探究过程中产生知识的具体活动,强调亲历科学过程,在过程中获取科学知识,提高科学技能,培养科学态度。科学实践在内容上包括科学实验、科学体验、科学考察、科学活动、科学探究、技术与工程等。用"科学实践"代替"科学探究"能够破除原有科学探究教学中的程式化模式,是对科学探究的进一步完善。

　　从概念上厘清科学实践的内涵与意义,对于小学科学课程的实施具有重要意义。

配套微课等数字资源

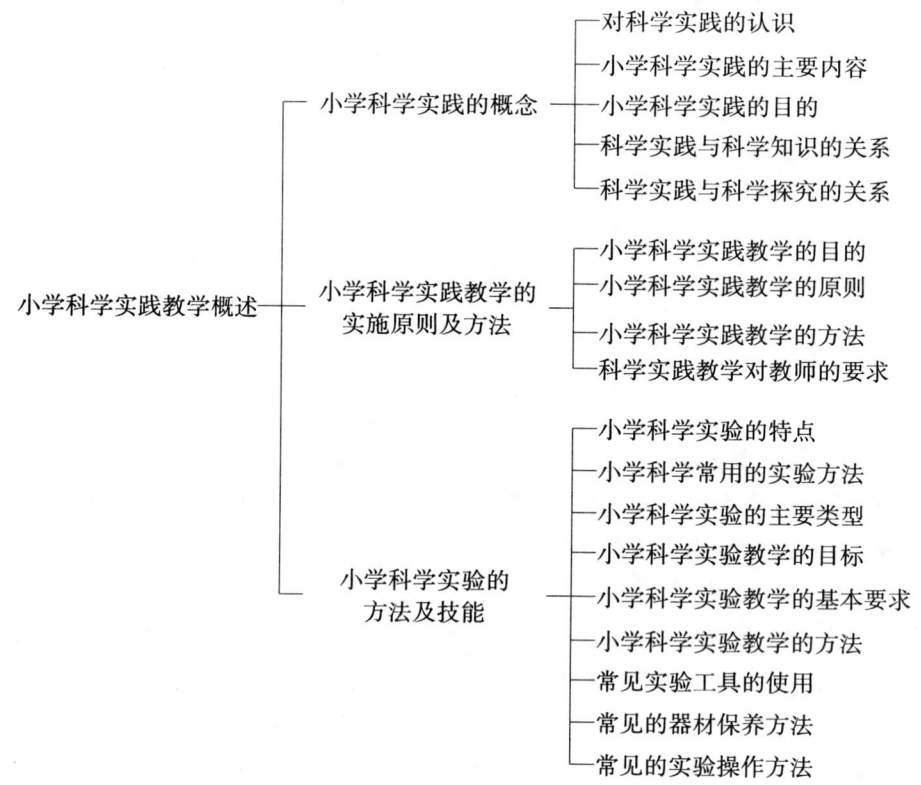

第一节　小学科学实践的概念

一、对科学实践的认识

科学实践,特别是自然科学实践,是以认识自然事物的本质和规律为目的的探索性实践活动。

科学实践是人类存在和生存的一种方式,是社会实践的一种特殊形式,是科学劳动者利用科学工具,作用科学对象,获取科学信息,创造科学知识的活动,具有能动性、现实性和创造性的特点。

科学实践与科学认识能够相互作用,主要表现在,科学认识来源于科学实践,并且可以指导科学实践;科学实践是科学认识的基础,是科学知识的源泉,是科学认识发展的动力,也是检证科学认识真理性的标准。

现在我们普遍认为,小学科学实践的内容应该包括科学实验、科学体验、科学考察、科学活动、科学探究、技术与工程等。

二、小学科学实践的主要内容

小学科学课程是一门以培养学生科学素质为宗旨的义务教育阶段的核心课程,《小学科学课程标准》中明确了"小学科学课程是一门实践性课程"的课程性质。因此,小学科学实践是小学科学课程的重要内容和组成部分,贯穿在整个科学课程的教与学。小学科学实践教学既是小学科学教学的基础,也是培养学生学习兴趣,以及动手操作能力、观察能力、思维能力和表达能力的重要途径。

科学实验是小学科学实践的重要和主要组成部分,和科学体验、科学考察、科学活动、科学探究、技术与工程等内容一起共同构成小学科学实践。

小学科学课程的学习周期比较长,小学生的年龄大多在7~13岁,正处在认知能力和动手能力快速发展的阶段,基于学生的年龄特征与认知规律,把小学六年学习时间划分为低年级(1、2年级)、中年级(3、4年级)、高年级(5、6年级)三个学段。不同学段的小学生科学实践的内容安排也不一样,低年级以观察、记录、学习使用基本工具为主,中年级以动手实践为主,高年级可以引导进行探究性实验或自主进行实验设计。

三、小学科学实践的目的

小学科学课程的总目标是培养学生的科学素养,并为他们继续学习、成为合格公民和终身发展奠定良好的基础。学生通过科学课程的学习,保持和发展对自然的好奇心和探究热情;了解与认知水平相适应的科学知识,体验科学探究的基本过程,培养良好的学习习惯,发展科学探究能力;发展学习能力、思维能力、实践能力和创新能力,以及用科学语言与他人交流和沟通的能力;形成尊重事实、乐于探究、与他人合作的科学态度;了解科学、技术、社会和环境的关系,具有创新意识、保护环境的意识和社会责任感。

小学科学实践是对小学生进行科学意识和动手能力的训练过程,通过科学实践活动,培养学生对自然现象的观察能力、理解能力和想象能力,了解和掌握初步的自然科学知识,提高科学素养。

将小学科学实验、科学体验、科学考察、科学活动、科学探究、技术与工程等内容综合在一起,在概念上明确为"科学实践"的时间并不长,但作为科学实践的重要形式之一——科学实践活动,在小学教育中很早就开始进行了,20世纪的小学自然课以及后来的社会活动课、科学课都有相关的科学实践活动内容,主要活动方式是教师带领学生走出课堂进行一些观察和实验活动,这类教学活动贴近生活,充满趣味性,体验感良好,深受小学生喜爱,直到今天,仍然是小学科学实践的重要形式。

随着学校教育的不断发展,科学实践内容的深度和广度也在逐步发展。

四、科学实践与科学知识的关系

科学实践与科学知识是相互融合的,脱离知识学习的科学实践是不存在的。科学实践要和科学认识紧密结合,脱离了科学认识的实践就会失去目标和方向,学生要通过科学实践形成、扩展和完善知识。《小学科学课程标准》明确了科学知识的总目标和学段目标,具体的科学实践内容和教学组织应该以获得科学知识、培养科学精神、提高科学素养为基础来开展。

因此,获得科学知识是科学实践的重要目的之一,我们在制定科学实践的具体任务时,首先要参考和把握不同学段对科学知识的要求。

《小学科学课程标准》对科学知识目标的界定

(一)科学知识总目标

1. 了解物质的基本性质和基本运动形式,认识物体的运动、力的作用、能量、能量的不同形式及其相互转换。

2. 了解生物体的主要特征,知道生物体的生命活动和生命周期;认识人体和健康,以及生物体与环境的相互作用。

3. 了解太阳系和一些星座;认识地球的面貌,了解地球的运动;认识人类与环境的关系,知道地球是人类应当珍惜的家园。

4. 了解技术是人类能力的延伸,技术是改变世界的力量,技术推动着人类社会的发展和文明进程。

(二)科学知识学段目标

以下从物质科学、生命科学、地球与宇宙科学、技术与工程4个领域描述科学知识的学段目标。

领域	科学知识学段目标		
	1~2年级	3~4年级	5~6年级
物质科学	观察、描述常见物体的基本特征;辨别生活中常见的材料;知道常见的力。	测量、描述物体的特征和材料的性能;描述物体的运动,认识力的作用;了解不同形式的能量。	初步了解常见的物质的变化;知道不同能量之间的转换。
生命科学	认识周边常见的动物和植物,能简单描述其外部主要特征。	初步了解植物体和动物体的主要组成部分,知道动植物的生命周期;初步了解动物和植物都能产生后代,使其世代相传;能根据有关特征对生物进行简单分类;初步认识人体的主要生命活动。	初步认识人体的主要生命活动和人体健康;初步了解动物与植物之间的相互关系;了解生物的生存条件和生物的多样性。

续　表

领域	科学知识学段目标		
	1~2年级	3~4年级	5~6年级
地球与宇宙科学	知道与太阳、月球相关的一些自然现象；知道天气、土壤等对植物和人类生活的影响。	知道太阳、地球、月球的运动特征，知道与它们有关的一些自然现象是有规律的；初步了解地球上大气、水、土壤、岩石的基本状况；初步认识大自然为人类生存提供了各种自然资源和能源，以及大自然中的一些自然灾害。	知道太阳系及宇宙中一些星座的基本概况，知道昼夜交替、四季变化分别与地球自转和公转有关；初步了解地球上一些与大气运动、水循环、地壳运动有关的自然现象的成因；认识人类与自然资源和能源的关系，知道地球是人类应当珍惜的家园。
技术与工程	认识身边的人工世界；了解常见的工具，知道简单工具的功能和使用方法；利用身边可制作加工的材料和简单工具动手完成简单的任务。	知道人工世界是设计和制造出来的；意识到使用工具可以更加精确、便利、快捷；知道设计包括一系列步骤，完成一项工程设计需要分工与合作，需要考虑很多因素，任何设计都受到一定的条件制约。	了解技术是人们改造周围环境的方法，是人类能力的延伸，工程是依据科学原理设计和制造物品、解决技术应用的难题、创造丰富多彩的人工世界的一系列活动；了解科学技术推动着人类社会的发展和文明进程。

五、科学实践与科学探究的关系

《小学科学课程标准》明确：小学科学课程实施探究式的科学教育，通过引导学生体验科学探究过程，初步形成对科学的认识，从而最有效地达到培养学生科学素质的目的。因此，很长时间以来，教师把研究的目光都放在如何进行探究式教学上，对科学实践在理论研究上的分量相对较轻。但从概念的内涵来看，科学实践应该包括科学探究。从教学实施来看，"科学实践"替代"科学探究"，一方面是为了强调"做"与"学"的统一，开展科学实践不仅需要技能，还需要对相关知识的掌握应用；另一方面科学实践能更充分地体现科学学习的特征，强调学生亲历各种活动，从而深入理解核心概念，因此，科学实践是对科学探究的进一步完善。

"科学实践"意在强调学生的"科学探究"应是一种与科学家所从事的科学研究相似的实践活动，它既不是单纯的科学方法和技能的训练，也不是简单划一地按照固定程序进行操作的实验，而是包括身体力行（观察、动手等）、思考（动脑）、社会交往（动口动笔）等身心活动的鲜活实践。

科学探究和科学实践在具体教学中密不可分，探究是实践的手段，实践是探究的验证，两者应始终贯穿科学教学过程，学生要将探究作为实践手段去解决科学问题，在实践运用中加深对知识的理解和掌握。

有效的科学实践应该有明确的知识目标，遵循科学知识体系以及学生发展的基本规律,在原有知识的基础上进行实践活动,在"动手"的同时"动脑",以科学探究作为切入点,引导学生在掌握科学概念的基础上开展科学实践。以人教·鄂教版小学科学教材三年级下册"种凤仙花"一课为例,这节课中有通过对比实验探究如何养护凤仙花的内容,教师事先布置学生种植凤仙花,亲身实践凤仙花从种子发芽到成长的过程,学生有了亲身的感受,为后面探究凤仙花的养护提供了直接的感性认识,奠定了知识基础。

从获得科学知识的角度来看,科学实践更能促进与知识的融合。在课堂教学中,科学探究一般都是围绕问题进行实验,活动过程容易程式化,弱化现有学生对科学概念的理解和应用,片面认为学生体验探究过程就能促进其对科学概念的理解,使得学生对科学知识产生的过程一知半解,容易割裂科学探究与科学知识的紧密联系。

科学实践概念的由来

1996年,美国《国家科学教育标准》提出将"科学探究"作为科学教育的核心理念,倡导学生"做中学",在动手动脑中理解科学,发展科学探究能力。科学探究既是科学家研究自然界,在获得证据的基础上提出种种解释的不同途径,也是学生获取科学知识、领悟科学思想观念、学习科学家研究自然界方法的学习方式。此后,科学探究成为国际科学教育研究的热点,深刻影响了我国科学教育教学的改革。2001年,我国教育部颁布的《全日制义务教育科学(3~6年级)课程标准(实验稿)》将科学探究作为基本理念和重要内容,对小学科学教育产生深远影响。

2011年,美国颁布《K-12科学教育的框架:实践、跨学科概念与核心概念》(以下简称《框架》),提出了"科学实践"概念。在《框架》的基础上,美国国家研究理事会于2013年发布了《新一代科学教育标准》,将"科学实践"作为第一关键词,取代了科学探究。为了顺应国际科学教育发展的趋势,结合我国科学教育发展的需要,我国教育部于2017年颁布了《义务教育小学科学课程标准》,把"技术与工程"单独设为课程内容领域,加强了科学实践教学。科学实践的具体含义是什么?科学探究与科学实践有何区别和联系?如何实现两者之间的转型?这些都是我国科学教育领域亟待解决的现实问题。

科学实践描述的是学生的活动,具有"重复行为使其熟练、深入学习使其成为习惯、应用知识使其达成目标"的含义,让学生在实践中产生和发展对科学核心概念的理解,并且不断熟练。科学实践不仅指像科学家那样进行理论和建模等科学探究活动,还指像工程师那样进行设计和建造等工程活动。因此,《框架》提出科学实践是基于科学探究,又高于科学探究的一系列认知的、社会的行为活动。

《框架》以概念图的方式描述了三个维度上的科学实践活动(见下图),其中一个维度是操作性探究,另两个维度分别强调了"构建科学解释"和"评价",即理论性探究和社会性实践,更通俗地说,即"动脑"和"动嘴(笔)"。

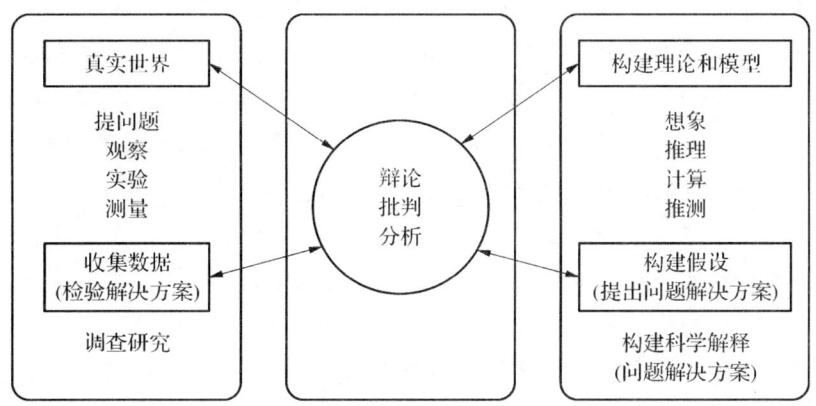

此后,《新一代科学教育标准》把科学实践划分为真实世界的调查研究、认知世界中的解释与解决方案建构以及渗透在所有探究活动中的评价行为三大板块,强调从单一的动手转向涵盖动脑和动嘴更接近科学实际的探究。这一变革反映了近20年来科学教育研究者扭转课堂探究模式化倾向的努力。

科学实践与科学探究有所不同[①]

近来,"科学实践"一词在科学教育领域高频出现,继科学探究之后为人瞩目。学生开展实践活动,就是能动地解决科学问题和探索科学世界客观物质的社会性活动。仔细辨析,科学实践与科学探究在诸多方面有所不同。

一是学习内容有所不同。在科学学习中,科学探究偏向学生认识未知的科学概念,注重对自然世界的探索;科学实践更多的是解决现实生活中的具体问题,而不再把重心放在对科学原理的追寻上。两者容易混淆的原因在于,解决问题的过程中一定会运用到学生已有概念,并可能发现新的概念,这种运用和发现会造成科学探究即科学实践的假象。

以"建桥"这一工程问题为例,学生在解决问题的科学实践中,会考虑跨度、材料、结构、成本、设计美学、使用年限等诸多因素,跨度、材料、结构等可能是学生原有概念,可以通过典型的科学探究获得,成本、设计美学、使用年限等可能是新引入的概念,主要通过科学实践活动学习。但整体来看,"建桥"解决的是生活中的一个具体问题,这个问题明显不属于自然世界的范畴。

二是能力重心有所不同。科学探究注重对学生观察、实验等动手操作能力的培养,更注重对学生记忆、理解、应用、分析、评价、创造思维能力的培养。

相对而言,科学实践更加重视培养学生的工科思维方式,提升设计、优化、统筹等能力,培养严谨细致的工匠精神,重视训练他们富于创新的生活态度和灵巧的双手,切实引导他们了解身边的工程问题,逐步提升他们解决现实问题的能力。从这一点看,科学实践更能弥补传统教学理论有余而实践不足的短板。

---

① 周克楠.科学实践与科学探究有所不同[J].湖北教育(科学课),2019(4).

三是学习流程有所不同。科学探究与科学实践都是以活动为载体,但在学习流程上存在差异。在以科学概念为主要学习对象的科学探究学习中,更关注发现问题、设计实验、动手操作、证据的取得、结论的得出、概念的运用,落脚点是科学概念。科学实践强调真实生活背景下的真实问题的解决,更加关注问题确定、设计建模、分析修订、同行互评、施工操作等,特别注重问题解决的实效性。

学生"建桥"更适用于科学实践的学习流程,即注重动手建造之前的设计修订,注重对限定条件的可行性分析,注重建造过程中的方案调整,注重动手建造后的测试、同行互评、成败总结,这样的流程显然与科学探究有所不同。

四是评价重心有所不同。科学探究的评价更多地集中在活动尾声,科学实践的评价更多地渗透在活动全程。

科学探究主要解决的是"概念"问题,在评价学生探究成功与否时,很大程度是看探究结果的"对"与"错"。尽管新课改提倡多种评价方式在课堂的综合运用,但无疑终结性评价还是占有主导地位。如果结论错误,就可能需要回溯整个探究过程。

适于科学实践的问题虽然也可能会存在这种情况,但概率很小。科学实践的特点使它在最初的设计阶段就要考虑诸多因素对最终产品的影响,在设计、施工、完善等环节,评价会始终伴随,直至产品完成(其过程性评价的特征明显),这与科学探究评价的侧重点有所不同。

科学探究与科学实践的区别还不止上面的几点,但科学教师一定不能忽视,两者在培养学生科学素养的目标上是相同的,就小学科学而言,从科学探究到科学实践,更多地体现了沿袭、渐变,教师无须把它们对立起来,而应该从实际出发,更好地调和、选择。

第二节 小学科学实践教学的实施原则及方法

一、小学科学实践教学的目的

科学实践是小学科学课程实施的重要内容和方式,科学实践教学是教师通过事先设计,组织小学生进行科学实践的教学过程。科学实践教学的总目的是通过实践活动,达成《小学科学课程标准》中的课程目标,包括科学知识目标、科学探究目标、科学态度目标以及科学、技术、社会与环境目标。科学实践教学本身的目标应该是通过有组织的科学实践教学活动,让学生亲历科学过程,观察、验证、探究、思考,培养学生的科学思维能力,基于证据运用逻辑进行推理解释,获得科学知识,建构科学理论,提高科学素养。

二、小学科学实践教学的原则

小学科学实践是小学科学课程的重要组成部分,因此,小学科学实践教学也应遵循小学科学课程教学的基本原则,比如学生主体性原则、循序渐进的原则、理论联系实际的原则、因材施教的原则等,除此以外,小学科学实践教学还有自己独特的原则。

一是科学性原则。小学科学实践教学的目的是培养小学生科学素养,本身就应该是科学性的代表,它体现在教学设计的科学性、教学内容的科学性、教学过程的科学性、教学方法的科学性等方面,通过上述使学生获得科学知识,提高科学技能,培养科学态度。

二是目标性原则。小学科学实践教学要有明确的目标。小学生天性好动,对科学知识和科学技能有浓厚的探究兴趣,教师要把握学生心理特点和不同年龄段的认知能力、手眼脑协调能力,根据教学目标,设计好每个教学环节。

三是适用性原则。小学科学实践教学在设计和实施时要尽量做到因地制宜,在现有条件下创造性地运用场地、教具、器材等,实验材料尽量低廉易得,不追求高档,避免奢华。对于教学内容和实验实践对象,要结合当地特点,特别注意和生活密切相关。

四是创新性原则。无论是教学设计、教学方法,还是教学过程,都应在立足传统的基础上,不断创新。创新的目的是提高效率,深化和拓展教学效果,不是为创新而创新。

五是安全性原则。安全是小学科学实践教学活动开展的前提和保障。小学生安全意识较弱,而科学实践的场所,不管是实验室还是室外活动场地,或者野外,安全隐患都大于课堂理论教学;科学实践活动本身的探究性决定了小学生在教学过程中要不断地采取实操和肢体动作,会接触到各类实验器材、化学药品、野外动植物、山坡溪流等,因此,教师要将安全放在科学实践教学的首位,事先要有充分的预见性,要有很好的应变能力,要对学生提出明确的纪律要求,要严格按照操作规程进行实验和实践。

三、小学科学实践教学的方法

科学实践的教学方法与常见的小学科学教学方法有很多相似和相同的地方,区别在于常见的教学方法多用于课堂理论教学,而科学实践的教学方法更强调教师如何带领和引导小学生进行科学实践。在具体的教学实施中,要强调动手动脑动嘴相结合,要让学生将观察和实验得到的数据进行解释并得出结论,教师通过"因果链"的引导方式让学生主动探究和进行语言表达,如"你看到了什么,这些说明了什么""你得到了什么样的结论,为什么会得出这样的结论",学生运用语言表达的过程就是逻辑思维和科学推理的过程。在获得初步结论后,通过进一步的观察、动手、验证、探究、思考,将科学实践引向新的知识或拓展已有的知识,逐步建构自身的知识体系,使小学生的科学实践形成螺旋式上升的回路。在整个教学过程中,要注意将操作性、理论性、社会性三个维度进行融合。

1. 讲授法

讲授法是指教师通过口头语言向学生传授知识的方法,是最常见的教学方法,也是使用最多的教学方法。科学实践教学并非一开始就进行实践活动,仍然要有教师的讲授,讲授的方式有讲述、提问、引导、总结、评价等,讲授的内容和时间根据课程的具体内容来安排,体现教师对科学实践教学的主导性。

2. 演示法

演示法是指教师在教学时,把实物或直观教具展示给学生看,或者做示范性的实验,通过实际观察获得直观而生动的感性认识,说明或印证所传授知识的教学方法。演示法能引起学生学习的兴趣,集中学生的注意力,有助于对所学知识的深入理解、记忆和巩固;能使学生通过观察和思考,进行思维活动,发展观察力、想象力和思维能力。

3. 交流法

交流法是指教师根据教学设计向学生提出问题,通过学生分组讨论、师生互动等方式,激发学生的思维,调动学习的积极性,培养他们独立思考和语言表述的能力的教学方法。交流法除用于课堂教学外,也可以在课外或者通过网络进行。教师提出的问题可以是启发式的,通过提问,让学生预先思考,事先求证,为新的教学内容做好教学准备;可以是过程性的,让师生在彼此交流中推进教学进程;也可以是复习式的,通过师生问答、学生相互交流来复习、巩固、深化、系统化已学得的知识。

4. 练习法

练习法是指小学生在教师的指导下,反复地完成一定动作、活动或习题,习得经验,形成技能、技巧或行为习惯的教学方法,如学生对物品的测量、称量,对小动物的观察与描述等。练习法能有效地巩固知识,提高技能,在引导学生把知识应用于实际,发展学生的能力以及形成学生的道德品质等方面具有重要的作用。练习法按培养学生不同方面的能力分为口头练习、书面练习、实际操作练习;按学生掌握技能、技巧的进程可以分为模仿性练习、独立性练习、创造性练习。练习法可以在科学实践教学过程中进行,也可以在课外进行。

5. 实验法

实验法是指小学生在教师的指导下,使用一定的设备和材料,通过科学的实验方法,作用于实验对象,引起实验对象的变化,从观察实验现象中获取新知识或验证知识的教学方法。通过实验法,学生可以把直接知识或经验同书本知识联系起来,获得比较完全的认知,培养学生的独立探索能力、实验操作能力和科学研究兴趣。实验法是提高科学实践教学质量和效果的重要方法,根据教学内容,实验法可以在教室里进行,也可以在户外、家庭进行,但教师一定要加强指导和引导,以提高学生实验的有效性、科学性、规范性和安全性。

6. 活动法

活动法是指教师根据教学目标,在校内外组织学生进行科学实践活动,在自然中体验、应用、探究科学知识的教学方法。活动法不仅能验证和巩固所学的书本知识，提高学生分析问题和解决实际问题的能力，还能在学生体验自然与社会的过程中，培养科学态度和科学精神，形成正确的情感、态度与价值观。教师在运用活动法进行教学时，要事先有周密安排，如活动方案、安全预案等，教师本身要有较强的组织协调能力，明确活动目的，考虑好活动细节，设计好活动安排，避免活动流于形式或成为单纯的集体出游。

7. 探究法

探究法是指小学生在教师的指导下，通过多种方法，运用创造性思维和逻辑推理解决问题，并通过评价与交流等方式达成共识，巩固已有知识体系，获得新知识的教学方法。探究法是小学科学实践教学最重要的一种教学方法，是小学生获取科学知识的重要途径。探究式学习类似于科学研究的方式，这种符合儿童天性的学习方式可以激发儿童学习科学的兴趣，有利于对科学概念的理解，也是培养小学生科学探究能力、科学思维能力、科学精神的有效学习方式。

《小学科学课程标准》中科学探究包括的目标有"知道科学探究需要围绕已提出和聚焦的问题设计研究方案，通过收集和分析信息获取证据，经过推理得出结论，并通过有效表达与他人交流自己的探究结果和观点；能运用科学探究方法解决比较简单的日常生活问题"；"初步了解分析、综合、比较、分类、抽象、概括、推理、类比等思维方法，发展学习能力、思维能力、实践能力和创新能力，以及运用科学语言与他人交流和沟通的能力"；"初步了解通过科学探究达成共识的科学知识在一定阶段是正确的，但是随着新证据的增加，会不断完善和深入，甚至会发展变化"。课标还从"提出问题""作出假设""制订计划""搜集证据""处理信息""得出结论""表达交流""反思评价"8个要素明确了科学探究的学段目标。探究的形式和方法多样，教师在具体的教学中要在把握原则的前提下，围绕教学目标，灵活运用。

8. 信息技术法

信息技术法是指教师通过信息技术手段，打破课堂及周边环境的限制，拓展师生交流渠道，提高教学效率和教学效果的教学方法。信息技术手段的有效运用，对活跃课堂气氛、激发学生兴趣、突破教学难点、培养学生创新能力、提高教学效率等都有着极为重要的作用。常见的信息技术手段有多媒体课件、网络社交平台等，有条件的学校还建有智慧教室，将多种信息化手段综合在一起，突破时空局限，拉近师生距离，便于师生交流。需要注意的是，信息技术虽然是一种很重要的教学方法和手段，但它不能完全代替传统的教学方法，过多过度地使用信息技术手段，反而会阻碍师生之间的正常交流，使学生沉浸在网络世界，削弱了社会体验和动手能力的培养。因此，教师在使用这一方法时，一定要把握小学科学课程的总体教学目标，注意尺度，选择适用的教学环境，切忌依赖。

以上几种方法，都是为达成教学目标所采用的具体教学方法，在实际教学中要注意综合运用，根据教学目标，结合教学内容，选择合适的方法，科学合理地进行安排，否则就达不到教学效果。

四、科学实践教学对教师的要求

第一，加强学习与实践。当今世界，科学理论日新月异，科技成果日益丰硕，教育理论不断发展，教学方式和手段推陈出新。小学科学课程虽然没有高深的理论和复杂的实践，但每一个知识的传授、每一种技能的训练、每一次思维的启迪都是站在科技的前沿，从人类改造世界的角度来进行教学的。这就要求小学科学教师要不断地学习和实践，学习前沿的科技理论和先进的教育理论，转变教育观念，提升教学手段，加强对新内容的实践，熟练掌握各种教学技能和科学实践技能。教师之间要加强交流与合作，通过集体备课等方式，分享成果，集思广益，凝聚集体智慧。不仅要在学科内交流，还要跨学科交流，触类旁通，提高教师的综合素养。如与历史教师讨论科技发展史，和思想品德教师探讨如何在科学实践教学中渗透人文精神。

第二，准确把握课程目标与教学目标。作为一名小学科学教师，在开展科学实践教学时，要牢记小学科学课程的总目标是"培养学生的科学素养，并为他们继续学习、成为合格公民和终身发展奠定良好的基础"。在确定教学目标时，要围绕课程总目标，结合课程内容和当地特色，重视课程资源的开发利用，选择合适的教学策略，突出探究式教学。既要灵活选取教学方法，又要把握教学节奏，达成教学目标，避免教学过程中的随意性。

第三，耐心细致严谨。小学生天性活泼好动，而科学实践在很多时候要求仔细观察、冷静思考、沉着操作，教师一定要有耐心，反复引导，不断纠正，及时肯定。实践教学的设计和教学过程要细致严谨，否则就失去了科学实践教学的本来意义，也起不到应有的教学作用。

 拓展阅读

《小学科学课程标准》2017版

教师在进行探究式教学时应注意以下问题：

（1）重视探究活动的各个要素。科学探究包括提出问题、作出假设、制订与实施研究方案、收集和分析数据、得出结论、表达交流、反思评价等要素。每个要素都会涉及多个科学思维方法。只有让学生有机会充分练习这些思维方法，科学思维才能逐渐形成。要避免程式化、表面化的科学探究。

（2）精心设计探究问题。探究问题可以来自学生，也可以来自他人。无论问题来自何方，都必须与学生探究能力的水平相符。在时空都有限的课堂上，探究问题应结构良好、容量合适，对于学生科学思维发展更有价值的真实问题也应该占有一席之地，时空的局限可以通过与综合实践活动课程或校本课程的结合等途径加以解决。

（3）处理好探究式学习中学生自主和教师指导的关系。探究式教学强调要以学生

为主体,但这并不意味着教师要放弃指导。从学生原生态的发现活动到较严谨的探究性实验设计与操作,离不开教师的精心指导。为了保证指导的适时有效,教师要对学生在探究中出现的问题保持高度的敏感,必要时给予适当的指导。指导要富于启发,最好是在教师的提示下学生自己发现问题所在。

(4) 不要把探究式学习作为唯一的科学学习方式。科学素养包括多个维度,不同的素养要通过不同的学习活动加以培养,科学教师应尽可能掌握多种科学教学方法和策略。要多采用能激发学生兴趣、符合学生认知发展规律,以及能充分调动学生积极性的教学方法和教学策略,使学生愿意主动学习。戏剧表演、科学游戏、模型制作、现场考察、科学辩论会等,都是科学学习的有效方式。

第三节 小学科学实验的方法及技能

小学科学课程是以培养小学生科学素养为宗旨,以探究为核心的科学启蒙课程,具有很强的实践性。科学实践是实施科学课程的重要内容和方式,科学实验又是科学实践的主要内容和方式。小学科学实验是指小学生在教师的指导下,使用相关工具,通过科学方法,作用于实验对象,得到实验结果,从而获得新知识或者验证已有知识的过程。科学实验可以有效培养学生科学素养,提高学生综合能力。

一、小学科学实验的特点

小学科学实验与科学家们进行的科学实验没有本质上的差别,区别在于实验的复杂程度、难易程度和实验目的的指向性。小学科学实验相对简单容易,实验目的多为验证性,探究的领域不太高深,实验风险也较低。但小学科学实验作为科学实践的一种形式,也有自己的特点和意义。

(1) 小学科学实验是小学科学课程的重要内容。科学实验是科学行为的过程,任何科学理论或规律的发现、验证都离不开科学实验,小学科学教学也是如此。没有科学实验的教学是空洞的、乏味的,缺乏生机和活力的,会让学生失去学习的兴趣和动力,无法完整地、科学地建构自身的科学知识体系。

(2) 小学科学实验能有效提高小学生的学习兴趣。儿童具有与生俱来的好奇心,科学实验能够激发他们学习科学的直接和间接兴趣。小学科学实验在教师的精心设计和组织下,能够体现人类认识事物从简单到复杂、从具体到抽象、从现象到本质的规律。形象、直观、具体的实验内容与实验体验能够让小学生亲历科学过程,获得成就感,激发兴趣、调动情绪,产生更大的探究欲望和学习需求。

(3) 小学科学实验能有效提高小学生的学习效果。科学实验有助于小学生对科学概念和规律的掌握、运用。科学实验为小学生掌握科学概念和规律提供了丰富的感性材料，对运用科学概念和规律分析、解决实际问题也提供了有效途径。科学实验有助于小学生科学方法的训练。科学实验的成功与否很大程度上取决于科学方法，小学生进行科学实验的过程就是训练科学方法的过程，通过科学实验，不断提高他们的观察能力、动手能力和思考能力。

（4）小学科学实验能有效提高小学生的探究能力。小学科学实验本身就具有一定的探究性，科学探究能力的发展过程是一个心理过程。小学生在一定的生理和心理因素作用下，以自身的认知结构和探究能力为基础，通过实验，训练探究技能，逐步提高自己的探究能力，加深对科学概念和规律的理解，建构探究思维，发展科学探究的能力。

（5）小学科学实验能培养学生的综合能力。实验能力是一种综合能力，学生在亲历"做科学"中，通过提出假设、设计实验，能锻炼和培养想象能力和分析能力；在研究原因、分析结果、形成结论的过程中，能提高归纳、分析和抽象的逻辑思维能力；在实际操作中，能培养操作技能、观察记录、分析数据等实验基础能力，还能培养学生的合作能力；在交流汇报中，能培养语言表达能力和团队精神。这些能力之间具有相辅相成的关系，以实验过程为载体，能够得到综合的培养和发展。

（6）小学科学实验能有效培养小学生的科学态度和科学精神。小学科学教学的目标是提高小学生的科学素养。小学生在进行科学实验时，必须要有严谨的态度，尊重客观事实，拒绝弄虚作假。小学生在亲历实验过程中，能逐步养成实事求是的科学态度，培养探究真理、坚韧不拔的科学精神，以及团结协作、爱护环境的优良品质。

二、小学科学常用的实验方法

小学生在小学科学课程中使用的实验方法在原理、操作规程、技能要求等方面与科学工作者们使用的实验方法基本相同，只是动作技巧的难度要低一些，实验过程要简单一些，各种实验方法综合使用的复杂程度要低一些。但小学是培养小学生科学实践能力的起步阶段，小学生一定要认真掌握实验要领，一丝不苟地按规程进行实验操作。

1. 观察法

观察法是最基本的实验方法，也是人类认识自然最开始采用的方法。小学科学课程中各个年级、各个领域都有观察的内容。完整的观察过程包括观察、描述、记录等。观察方式可以分为直接观察和间接观察。直接观察是指小学生直接观察各种自然现象和变化，以定性为主，如观察一片树叶，可先看叶的轮廓形状、叶色，再看叶的表面、叶脉。间接观察是指通过仪器和设备来观察，可以进行定量。比如直接观察完树叶后，可以使用放大镜观察叶的细节特征，可以用尺子测量叶的长度、宽度等。对同一个观察对象，很多时候要将直接观察和间接观察结合起来，比如对一天、一个月的天气变化、气温变化的观察，在肉眼观察的同时，用温度计观察温度的变化。

小学生在观察完实验对象后,要能准确、客观、有条理地进行描述,描述方式根据年龄段,可以是口头描述,也可是文字描述,还可以进行绘图描述。描述时要体现观察对象的主要特征和次要特征,然后将观察结果记录下来,记录方式与描述方式相同,一般会在描述的基础上进一步整理,使之条理化、清晰化,凸显主要观察要素。教师通过组织小学生反复观察、描述、记录,不断训练和提高小学生的观察能力。

2. 测量法

在观察法的基础上进一步对实验对象的各项指标进行识别、定量。测量方式可以分为目测和工具测量两种,工具测量是主要形式。两种测量方式在具体实验中会综合使用。如测量两位同学的身高,可以先进行目测,估值,再用刻度尺进行准确测量。常见的测量内容一般有长度、体积、温度、重量等,常见的测量工具有刻度尺、量筒、温度计、弹簧秤、天平等。

3. 比较法

选取实验要素,对不同的实验对象在同一条件下比较它们的差别或异同点。在比较多个实验对象的基础上,对它们进行分类。比较法能有效提高小学生的概括能力和逻辑思维能力。如在"比较不同的土壤"一课中,学生观察、实验多种土壤后,将它们分为沙质土、黏质土和壤土三种类型。

4. 控制变量法

影响实验对象发生变化的因素有很多,在实验时,保留一个自变量,即选取某个因素,将除了这个因素以外的其他因素人为地控制起来,使其保持不变,然后观察、记录在单因素变化下,实验对象发生的变化。通过分析单因素下实验对象的变化,研究该因素与实验对象变化之间的关系,得出结论,进一步寻找相关规律。比如水对凤仙花幼苗生长的影响,在实验时,设置实验组和对照组,两组其他条件都相同,区别在实验组每天浇水,而对照组不浇水,结果发现浇水的幼苗能够正常生长,而不浇水的幼苗生长缓慢且逐渐枯萎,由此得出植物的生长要有水分的结论。

三、小学科学实验的主要类型

根据小学科学实验的目的,可以将实验分为验证实验、模拟实验、探究实验和手工实验几种。

1. 验证实验

验证实验是小学科学课程中很常见的实验类型,在科学实验中占有很大的比例。比较简单的是小学生通过实验验证某种科学知识,加深对科学规律的理解,巩固所学内容;复杂一点的是教师引导小学生根据已有知识和经验,对一些科学现象作出假设和猜想,再用实验验证猜想是否正确,或者修正假设和猜想。验证实验需要小学生已经掌握观察法、测量法、比较法、控制变量法等基本的实验方法,还要能够对实验数据做出一定的分析和处理。比如"太阳升起来了"一课,学生通过观察、记录一天太阳在天空中位置的变化来验证日升日落。验证实验与探究实验的区别在于学生事先已知道实验结果,要考虑的是如何得出正确的实验结果,而探究实验,学生事先并不知道结果,需要用结果解释实验现象,寻找科学规律。

2. 模拟实验

模拟实验就是依据相似性原理,通过人为控制,模仿实验对象的相关条件,用模型代替实验对象,进行观察,得出结论。模拟实验主要运用在一些无法或不方便在实验室内完成的实验。比如月相的变化,运用三球仪,或自制的工具模拟太阳、地球、月球的位置变化,从而知道月相变化的成因。

3. 探究实验

探究实验是指小学生通过实验来探究某个实验对象的某种特性、与相关因素的关系等。探究内容和结果虽然大多已在科学界有明确的结论,但对小学生而言,还是未知的。探究实验属于实验类型中比较高级的层次,是让小学生亲历科学过程、提高科学技能、培养科学精神的重要方式,也是小学科学课程着重倡导的教学方式。

4. 手工实验

小学生通过手工制作验证、体验科学原理,解决一些实际问题,目的主要是培养小学生的动手能力,手工实验是小学科学实践的重要内容。比如通过制作叶脉书签,在感受美的同时,加深对叶脉形态的理解;通过制作生态瓶,懂得环境保护的重要性。

四、小学科学实验教学的目标

小学科学实验是小学科学的重要组成部分,实验教学是实施科学教学的重要手段和不可分割的组成部分。小学科学实验教学是指教师通过事先设计,指导学生通过观察、使用仪器、动手操作等方式进行科学实验的教学。这里强调的是教师的事先设计和教师在整个实验过程中对学生的指导以及学生的主体作用。

小学科学实验教学的目标是指通过小学科学实验教学,教师教和学生学所要达到的目标,是每个单元、每节课甚至每个教学环节、教学活动应达到的具体目标,具有明确的针对性和较强的灵活性。教学目标主要包括对知识点的掌握程度,对实验技能的掌握程度,对兴趣爱好的培养,对情感、态度、价值观的影响等方面。

教师在制订教学目标时,首先要清楚课程目标,教学目标可以说是课程目标在每堂课的具现,是课程目标的实施路线图。教师要对全部教学内容进行整体把握,按照符合儿童认知和身心发展规律的原则,循序渐进,细化每堂课、每个教学环节的目标。

教学目标一旦确定,就要思考为了达成教学目标,要采取哪些教学策略,包括实验的准备、实施的步骤、媒体的运用等。教学策略的选择一定要紧扣实验教学内容,结合当地特点,符合科学实验原则,最优、最大化体现教学目标。

五、小学科学实验教学的基本要求

一是准确把握和处理好"学生主体"和"教师主导"的关系。教师首先要树立学生是学习主体的意识,整个实验教学的设计要围绕学生主体进行,从教师如何"教",如何"示范",转到研究学生如何"学",如何亲自动手、自主探究上来。其次要做好学生学习的指导者、帮助者和促进者,没有教师的主导和指导,学生的"学"和动手实验就会缺乏目标性,降低有效性,同样达不到教学目标。

二是深刻理解、整体把握教材。教师首先要认真学习和研究新课标,明确课程目标和教学目标,把握好教材内容,特别是各个内容的内在联系。其次要确定好教学的重难点,加强对重点内容的指导,寻找突破难点的策略。

三是把握学生认知水平和特点。学生受知识水平的限制,不可能完全地表达自己的观点;受发育水平的限制,不可能迅速掌握实验技能。教师要把握不同年龄段学生的特点,学会倾听,耐心指导,在难度上循序渐进,及时引导和指导,帮助学生不断提高。

六、小学科学实验教学的方法

小学科学实验教学根据教育组织形式,可以分为演示实验、分组实验、独立实验、课外实验等。

1. 演示实验

演示实验是指教师面向全体学生进行实验演示,展示操作过程和操作要领,或者教师选取学生上台进行操作。演示实验一般和学生动手实验相结合,教师演示完毕后,学生模仿教师的动作进行实验操作。演示实验的目的,一是教师向学生演示实验操作的规范动作和过程,让学生有直观的感性认识,便于模仿。二是推动教学环节,通过演示实验,导入新的知识内容。三是调节教学氛围,演示时可进行师生互动,提高学习兴趣。小学处于科学教育的启蒙阶段,演示实验是引导小学生进入科学实验殿堂的基本手段,也是实验教学的基础方法,其他的实验教学方式大多会和演示实验相结合。错误的演示动作和不当的结果都会极大地影响学习效果,降低学生的学习兴趣,因此教师在进行演示实验时一定要事先做好充足的准备,反复实验,确保过程和结果无误、现象明显。

2. 分组实验

分组实验是指教师根据实验内容和实验目的,将班级学生分成若干个小组,学生以小组为单位共同完成实验任务。实验类型可以是验证性的,也可以是探究性的。分组实验有助于培养学生团结协作的精神,小组成员围绕共同的实验目标,做好分工,相互交流。分组实验可以在实验室内进行,比如"空气是否有质量"的实验;也可以在室外进行,比如调查校园里的植物。

3. 独立实验

独立实验是指学生在教师的指导下,能够独立完成实验的设计和操作。可以是教师提出探究主题,对学生的设计方案进行修正,师生共同探讨。教师要为学生独立实验创造条件,提供相关实验器材和材料,及时对学生独立实验的科学性、合理性、可行性进行解惑、纠错、点拨、激励,营造良好的实验氛围。

4. 课外实验

课外实验是指教师根据实验目的和实验条件,给学生布置课外的实验任务。课外实验的内容一般与生活结合紧密,或是用时较长,无法在课内完成。实验内容可以是观察类,也可以是科技制作类,还可以是综合实践类。根据实验内容,学生可以独立完成,也可以分组完成,还可以和家庭成员共同完成。教师要加强全过程的监管,特别是实验过程中的及时指导和纠偏。

七、常见实验工具的使用

1. 常用测量类实验器材及使用方法

(1)刻度尺。常见的有直尺、钢卷尺、软尺、卷尺、游标卡尺等。使用要领:会认,能认清零刻度;判断量程,如被测长度超过量程,可重复使用刻度尺或换用其他大量程的工具;清楚分度值,即最小刻度。会用,使用时将刻度尺放正;读数时视线应经过被测物体末端与尺相交的位置,并与尺面垂直;根据尺的分度值读出准确数值,并估读到分度值的下一位。会记,能准确记录观察数据、估读数据和数据的单位。

(2)量筒和量杯。量筒和量杯是小学科学常用测量液体体积的工具,使用方法基本相同。量筒的规格常用的有 10 mL、25 mL、50 mL、100 mL、250 mL、500 mL、1 000 mL 等,刻度都以毫升为单位。量筒越大,精确度越小,由视线所造成的误差也越大,所以在实验中要尽量选取能一次量取的最小规则的量筒。注入液体时,要手持量筒并倾斜,瓶口对筒口,缓缓注入;读数时,要把量筒放在水平的桌面上,待液面静止后,视线与凹液面的最低处保持水平,再读取刻度。

(3)托盘天平。操作顺序:将天平放在水平台上,游码归零,调节右侧的平衡螺母使天平的指针归零,把被测物体放在左盘中,用镊子向右盘中加减砝码,并调节游标位置,使指针回零,记录物体质量(物体质量=砝码总质量+游标尺的刻度值)。注意事项:称量时不要超载,避免损坏天平;用镊子取用砝码,轻拿轻放;称量物体和砝码都要置于托盘中央;用完后游标尺归零,刀口悬空,天平和砝码都要放在清洁、干燥的地方。

2. 常用观察类实验器材及使用方法

(1)放大镜。使用方法:将物体固定,将放大镜从离物体最近的地方慢慢向远端移动,直到看清物体细微结构;或者将放大镜固定,移动被观察物体也可以,方法同上。

(2)显微镜。这里指的是光学显微镜。使用步骤:调节反光镜对光,达到明亮视野;放置玻片标本,调节粗、细准焦螺旋,通过低倍镜寻找到观察物;推动转换器,换用高倍镜,调节细准焦螺旋,得到清晰物象。注意事项:观察时,先把镜臂下降至最低点,然后上升,准焦螺旋只能向上,不能向下调节;换高倍物镜时,动作要慢,不可用手去推镜头,只能转动转换器;观察时,要先在低倍镜下把物象调到视野中心,同时调到最清晰的程度,方可换高倍镜进行观察。

3. 其他工具的使用方法

(1)烧杯。使用时的注意事项:倒入药品时要用玻棒导流;加热时要垫上石棉网,不能直接接触火焰;加热液体时,量不能太多,以防沸腾外溢;加热腐蚀性药品时,要用表面皿盖住,以防液体溅出。

(2)烧瓶。常见的有圆底烧瓶和三角烧瓶。使用时的注意事项:不能用玻棒搅拌,可以手握瓶颈沿一个方向晃动;加热时要固定在铁架台上,垫上石棉网;注入的液体不能超过容积的 2/3。

(3)昆虫观察盒。使用时的注意事项:不要在阳光直射的地方使用;不与丙酮等化学试剂接触;使用完后要用软布擦拭干净。

此外,还有标本、模型、三棱镜、三球仪、验电器等器材,使用前要认真阅读说明,严格按要求进行操作。

八、常见的器材保养方法

(1)除尘。在干燥的空气中,可用干布、毛巾、软毛刷等对器材的表面进行清除;如空气潮湿,灰尘已结块,可用湿布进行擦拭,但对易掉色的器材、电器表面,用蘸有酒精或乙醚的棉球进行擦拭。对仪器内部,则要用吹气球或吸尘器等进行除尘。

(2)清洗。一是用化学试剂进行清洗;二是使用工具,采取刮、铲、刷等方法进行机械式清除。具体方法要根据污垢附着的状况及性质,选用不同的清洁剂、清洗工具和清洗方法,清洗时要注意冲洗干净,清洗的基本原则是不能损害、污染物体。

(3)密封。对一般器皿,可采用橡皮塞、软木塞进行密封,在此基础上,还可加上垫圈,或再用油、水、胶等进行密封。

(4)存放。一般实验器材在存放前先要除尘、清洗,存放地要防尘、防潮,能入柜的要分科分室入柜存放,保持干燥通风,防霉防蛀。仪器仪表还要防磁、防静电。

磁性仪器存放要注意保护好磁性。条形、柱形、块形磁体,应成对并放,且两端极性相反;蹄形磁体,应在两极之间用铁片作衔铁,或两两磁性相反成对放置。

九、常见的实验操作方法

(1)加热技术。加热是小学科学实验的基本技能,一般方法是,将盛有液体的加热容器置于加热工具上方,进行加热,有时候也给固体加热。常见的加热工具有酒精灯、电炉等;常见的加热方法有直接加热,如试管加热,注意试管内的液体不能超过容积的1/3,试管口不能对人;水浴加热,将需加热的容器浸在较大的盛水容器中,并互不接触,再对较大容器进行加热,类似的还有油浴、沙浴等加热方法。

（2）管路连接技术。管路连接的目的是将液体或气体输送到另一个容器中,管路连接技术是实验操作的基本技能之一。管子与塞子的连接:管子要旋转插入,必要时可涂抹水作为润滑剂;玻璃管与橡胶管的套接:橡胶管的内径要略小于玻璃管的外径,把玻璃管口用水或肥皂水润滑后,旋转插入橡胶管。

（3）药品取用技术。块状固体药品,应用镊子夹取;粉状、颗粒状固体药品应用药勺取,取过后要立即清洁工具,药品要盖好密封。粉状和颗粒状药品用药勺或折叠的纸条,倾斜导入试管,不要与试管口和试管壁接触。取用液体药品,试管要倾斜,瓶口要与试管口靠齐,药品注入要缓慢。使用滴管取药品,要先将橡胶头的空气排净,再插入试剂瓶取药,注入容器时注意不要触碰瓶口,轻轻滴入。

1. 小学科学实践包括哪些内容？
2. 科学实践与科学探究是什么关系？
3. 小学科学实践教学的方法有哪些？
4. 进行小学科学实践教学要遵循哪些原则？
5. 小学科学实践教学对教师有哪些要求？
6. 小学科学实验常用的方法有哪些？
7. 如何指导小学生进行探究实验？

第二章

小学科学实验教学的设计与实施

　　小学科学实验教学的设计与实施,旨在培养学习者从事小学科学实验教学所必备的实验专业素养与实验教学技能,提高学习者实验教学理论与方法修养,以及对实验教学的设计、组织、实施与评价的能力。通过对代表性案例与解析,进一步训练和提升学习者的实验操作技能,最终达到提高其实验教学素养及实验教学能力的目的。

配套微课等数字资源

思维导图

- 小学科学实验教学的设计与实施
  - 实验教学设计的基本内容
    - 小学科学实验教学设计的指导思想
    - 小学科学实验教学设计的原则
    - 小学科学实验教学设计的具体要求
    - 小学科学实验的阶段构成
    - 小学科学实验教学设计的基本程式
  - 物质科学领域
    - 物质科学领域实验概述
    - 物质科学领域实验的设计与实施
    - 物质科学领域实验的特点
    - 物质科学领域实验的原则
    - 物质科学领域实验的步骤
    - 物质科学领域常见的实验工具
    - 物质科学领域实验案例及解析
  - 生命科学领域
    - 生命科学领域实验概述
    - 生命科学领域实验的设计与实施
    - 生命科学领域实验的特点
    - 生命科学领域实验的原则
    - 生命科学领域实验的步骤
    - 生命科学领域实验方法
    - 生命科学领域实验工具及其使用
    - 生命科学领域实验案例及解析
  - 地球与宇宙科学领域
    - 地球与宇宙科学领域实验概述
    - 地球与宇宙科学领域实验的主要内容
    - 地球与宇宙科学领域实验的特点
    - 地球与宇宙科学领域实验的原则
    - 地球与宇宙科学领域实验的步骤
    - 地球与宇宙科学领域实验工具及其使用
    - 地球与宇宙科学领域实验技能训练策略
    - 地球与宇宙科学领域实验案例及解析
  - 技术与工程领域
    - 技术与工程领域实验概述
    - 技术与工程领域实验的主要内容
    - 技术与工程领域在实验教学中实施的原则
    - 技术与工程领域实验中常用的工具和材料
    - 技术与工程领域实验案例及解析
  - 小学科学实验室建设标准
    - 小学科学实验室的设计要点和参考规范
    - 小学科学实验室功能与要求
    - 小学科学实验室相关管理制度示例

第一节 实验教学设计的基本内容

小学科学实验教学的设计应该包括两个方面的内容,一是科学实验本身的设计,一是为达成科学实验和教学目的而进行的教学设计。实验设计的内容可以包含在实验教学设计里面,是实验教学设计的主要和核心内容,实验教学设计是实验设计的教学体现。实验设计要遵循实验原则,实验教学设计要遵循教学原则,在实际的设计过程中,这两个内容彼此结合,不可分割。

一、小学科学实验教学设计的指导思想

小学科学实验设计是指教师在进行实验教学之前对实验目的、实验过程、实验方法、实验器材与材料的整体设计。实验教学设计则是在此基础上,根据小学生的认知规律和教学规律,设计具体的教学策略和教学环节来达成教学目的。在设计时要以思维方式的锻炼和创新能力的培养为目的,将科学素养的提高贯穿于实验的全过程,使学生敢于创新,敢于质疑,从而提高学生的思维能力、实验技能、创新力、判断力和批判力。

二、小学科学实验教学设计的原则

小学科学实验教学设计的原则与科学实践教学的原则基本相同,都要遵循科学性、目标性、适用性、创新性、安全性原则。根据实验内容和实验类型,还要注意变量的控制、材料的准备以及和家庭、社会的衔接。如调查居住地周边生态环境的实验,要充分考虑小学生所在地的地域性,是城市还是乡村;要考虑小学生的家庭特性,父母是否有时间陪同小学生一起做调研;要考虑社区或当地居民是否能有力地支持小学生做这类调研。

三、小学科学实验教学设计的具体要求

(1) 传授学生科学的方法。教师引导孩子们做科学实验不仅仅是训练他们的动手能力,更为重要的是动手之前的动脑能力,以及伴随着整个实验过程的思考能力,因此要高度重视实验方法的教学,激发探究兴趣,培养良好的实验习惯。

(2) 准确表述科学术语。科学术语的表述是否准确关系到孩子们能否科学构建自身的学识体系,能否对各方面知识进行深入探索和学习,同时,严谨、科学、规范的术语

对学生科学态度的养成也起着重要作用，所以在实验教学中要非常注意科学术语的准确表述。

（3）遵循循序渐进的原则。小学生由于认知能力的提升，思维和动手能力都在发生变化，不同年龄段各有特点，因此在进行小学科学实验设计时，要以小学生的认知发展水平和特点为基础，按照科学的逻辑系统和教材的系统性，循序渐进地使学生掌握基础知识、基本技能，由浅入深，由易到难，逐步形成严密的逻辑思维能力。

（4）既要简便又要贴近生活。小学科学实验与科学实验的主要区别在于实验的复杂程度和难易程度，因此小学科学实验的目标要小而实际，要让孩子们知道，他们做的实验与科学家做的实验没有本质区别，只有质量上的高低之分。小学科学的实验内容一定要贴近生活，取材简单，只有这样，才能引起孩子们的共鸣，为孩子们课堂外实践、拓展提供思路和条件，真正调动孩子们的热情和内在动力。

（5）突出科学探究。探究式学习是小学生学习科学、经历科学探究过程、获取科学知识、领悟科学思想、学习科学方法的重要方式。小学科学实验是实现探究的重要渠道，因此在进行实验教学设计时，要突出探究性，发展学生的创造性思维、批判性思维和想象力。

（6）注重科学精神与人文精神的融合。培养小学生交流与合作的能力、求真求善求美精神、基本的科学伦理精神和热爱科学的品质是小学科学教育的基本任务，因此在实验教学设计中要注重人文教育的融合，根据实验内容，及时渗透人文教育。

四、小学科学实验的阶段构成

小学科学实验的设计首先要考虑学生本身的知识结构和认知能力、动手能力水平，结合学生固有概念进行教学。具体设计可分为基本实验、基础实验、自主实验、探究实验几个阶段。在具体运用中，根据实验内容不同，可将几种类型组合，循序渐进。

（1）基本实验。属于科学实验的起步阶段，是将小学生能够接触到的科学领域内的基本仪器和设备进行展示，并要求学生能够认清基本材料、物品，掌握基本的仪器操作使用方法。经过这个阶段的学习，学生有一定的观察能力，能记住和模仿教师动作，采用适当的语言对实验对象进行描述，并逐渐熟练使用。

（2）基础实验。在基本实验基础上进行，要求学生能够运用之前掌握的知识技能，表述实验的原理、方法、步骤和操作注意事项及要点，能对简单的文字资料和图表进行说明、总结和概述。

（3）自主实验。在学生对基本实验和基础实验已有很好掌握的基础上，能运用之前学过的知识，自行设计实验解决生活实际问题。做到独立观察、分析、总结，在实验方法上能选择多种不同的手段进行操作。

（4）探究实验。探究实验是科学实验的高级境界，学生已经历前面三个阶段的训练，能够很好地理解实验原理，掌握实验方法步骤，具备一定的科学素养，形成了一定的探究能力。此阶段主要是让学生自主发现问题，提出猜想和假设，创设情境，运用所学知识，根据实验初步结果，对实验设计进行解释、修改，形成结论。

基本实验和基础实验多在低年级中进行，自主实验和探究实验多在中、高年级中进行。

五、小学科学实验教学设计的基本程式

（1）把握课程目标，了解学情状况。小学科学课程标准规定了课程的总目标，科学知识、科学探究、科学态度和科学、技术、社会与环境四个方面的具体目标以及学段目标，教师在制定教学设计时，一定要认真研读，熟练掌握。教师还要做好充分的学情调研，如小学生的年龄段、已有的知识和能力储备、平时的精神状态，学校的实验条件，家庭和社会条件等，把这些和课程目标放到一起，进行综合分析。

（2）明确教学目标，进行教学设计。在充分把握课程目标、了解学情的基础上，思考并制定教学目标。教学目标要将知识、技能、态度与精神几个方面都考虑进去。根据教学目标，进行教学设计和实验设计。首先是确定实验内容和实验类型，然后选取科学的教学方式和教学策略。教学方式、教学策略和实验内容、实验类型要相互支撑，彼此交融，形成达成教学目标的最佳方案。

（3）认真编写教案，做好教学准备。教师根据教学目标和教学设计，编写教案，编写时除遵守相关原则外，还要充分考虑各种突发情况，预设各种情景，做好应对准备。做好实验教学的准备工作，特别是实验的准备工作，如各种实验器材、实验材料等，教师在课前最好将实验预做几遍，规避各种不确定因素，确保实验成功。根据预做实验的情况，还可以调整、完善教案，使之更加科学有效。

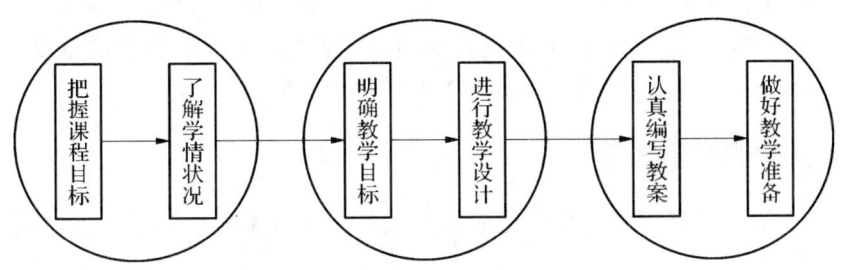

图 2-1　小学科学实验教学设计的基本程式

第二节 物质科学领域

一、物质科学领域实验概述

在小学科学物质科学领域,"做实验"不仅仅是教师重要的教学手段,更是学生所应具备的实践技能和思维方式。教师既要引导学生以亲历的方式学习相应的科技知识与能力,更要培养他们理论与实践并重的科学价值观。

本节将从物质科学领域实验的含义、目标出发,重点介绍本领域实验的具体内容、特点与实施原则,以及常规实验设计与实施步骤、建议等,最后介绍了本领域实验常见的实验工具,并分别给出了两个简要实验案例与解析作为参考。

二、物质科学领域实验的设计与实施

(一)物质科学领域实验的概念

物质科学领域实验指的是,通过观察、归纳、猜想、验证、总结、迭代等方法,达到研究世界上各类物质的固有属性及其运动和变化的内在规律等目标的一系列有组织的科学实践活动。例如,研究水在不同温度和压力等条件下的形态变化规律实验等。

(二)实验的目的与意义

本领域实验主要以学习者亲历的形式,引导其了解这个世界上一些常见物质的基本物性特点,知道生活中一些科学现象背后的规律等,并以此增强学习者探索物质世界奥秘的好奇心,培养他们科学的思维方式与能力,形成"世界是物质的,物质是运动的"的观念,使他们感受到物质科学对促进社会进步、提高人类生活质量的重要作用,帮助他们初步养成乐于观察、注重事实、勇于探索的科学品质。

(三)实验的主要内容

本领域实验内容是围绕物质科学领域相关的六大基本概念而设的。这六大基本概念包括:

(1)物体具有一定的特征,材料具有一定的性能。
(2)水是一种常见而重要的单一物质。
(3)空气是一种常见而重要的混合物质。
(4)物体的运动可以用位置、快慢和方向来描述。

(5)力作用于物体,可以改变物体的形状和运动状态。
(6)机械能、声、光、热、电、磁是能量的不同表现形式。

本领域学习内容的知识结构图如下:

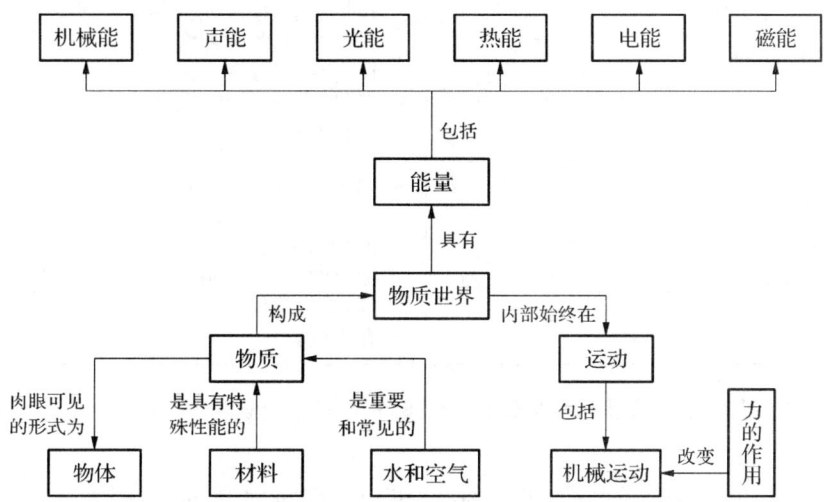

围绕这些基本概念,同时根据各个年龄段学生认知能力等的不同,物质科学领域实验的目标也各有不同。

1. 物体具有一定的特征,材料具有一定的性能

学习内容	学习目标		
	1～2年级	3～4年级	5～6年级
1.1 物体具有质量、体积等特征。	• 通过观察,描述物体的轻重、薄厚、颜色、表面粗糙程度、形状等特征。 • 根据物体的外部特征对物体进行简单分类。	• 能够使用简单的仪器测量物体的长度、质量、体积、温度等常见特征,并使用恰当的计量单位进行记录。	
1.2 材料具有一定的性能。	• 辨别生活中常见的材料。	• 描述某些材料的导电性、透明程度等性能,说出它们的主要用途。	• 观察常用材料的漂浮能力、导热性等性能,说出它们的主要用途。
1.3 物质一般有三种状态:固态、液态和气态。		• 知道固体有确定的形状、体积和质量;液体有确定的体积和质量,液体的表面在静止时一般会保持水平;气体有确定的质量,但没有确定的形状和体积。	

续 表

学习内容	学习目标		
	1～2年级	3～4年级	5～6年级
1.4 利用物体的特征和材料的特性,把混合在一起的物体分离。		• 根据物体的特征或材料的性能将两种混合在一起的物体分离开来,如分离沙和糖、铁屑和木屑等。	
1.5 物体在变化时,构成物体的物质可能改变,也可能不改变。		• 知道有些物体的形状或大小发生了变化,如被切成小块、被挤压、被拉伸,纸被撕成小片等,构成物体的物质没有改变。	• 知道有些物体发生了变化,如燃烧后的纸、生锈的铁等,构成物体的物质也发生了改变。

该部分学习内容在低年段,以观察、描述各类物体或材料的特性为主要目标。常见的实验有:

① 比较不同物体的轻重:通过先预测、再用手掂量感受、最后用天平称量的方法,让学生体验不同的比较物体轻重的方式,并通过这样的比较,让学生初步认识到在进行科学研究时,使用工具和设备的重要性。如图2-2所示。

② 观察并将不同材料的餐具进行分类:通过运用不同感官观察的方式,让学生观察同类但不同材料的餐具,并引导他们从光滑程度、硬度等方面,将不同的材料做出分类,以此初步形成"不同材料的物质特性也不同"的概念。如图2-3所示。

图2-2 教科版一年级下册"谁轻谁重"　　图2-3 教科版二年级上册"不同材料的餐具"

在中年段,则主要是通过简单的动手实践,比较和了解不同材料、不同物体的一些物质特性。常见的实验有:

① 比较橡皮泥、纸张等在改变形态后是否还具有原来的物质特性:将橡皮泥制作成各种玩偶、将纸张撕成小片后,引导学生观察并比较,橡皮泥和纸张改变形态后,是否还具有原来的物质特性;它们的这种变化和水结冰这种变化相比,是否有所不同。通过

这样的思辨,可以引出"有的物质改变形态后,它的材料特性不变,而有的物质就会改变"这一概念。如图2-4所示。

② 观察感受一袋空气:通过玩耍、揉捏等方式,观察并感受一袋空气的物质特性,并引导学生描述出如"空气是无色的""一袋空气重量很轻""捏起来很容易从袋子里泄漏"等。通过这样的方式让学生初步了解以空气为代表的气体的物质特性,并且可以尝试与固体、液体的物质特性进行比较。如图2-5所示。

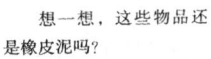

图2-4 教科版三年级上册"它们发生了什么变化"　　图2-5 教科版三年级上册"感受空气"

在高年段,则主要通过对比实验、探索性实验的方式,发掘一些较为深入的物质特性或变化过程特点。常见的实验有:

① 观察热在金属中的传递:用酒精灯加热涂有均匀薄蜡的金属圆片的中心,观察蜡层受热熔化的顺序,并以此推导出"热量总是自发从温度较高处向温度较低处传递"的结论。

② 探究铁钉生锈的原因:引导学生猜想铁钉生锈的原因,并设计实验验证自己的猜想。比如将同种铁钉分别放入不同的环境中,有的干燥、有的潮湿,有的有氧气、有的隔绝空气等,观察它们生锈的过程与结果。通过这样的方法培养学生设计探究实验的能力,锻炼他们的科学思维能力。

2. 水是一种常见而重要的单一物质

学习内容	学习目标		
	1~2年级	3~4年级	5~6年级
2.1 水在自然状态下有三种存在状态。	• 观察并描述水的颜色、状态、气味等特征。	• 知道冰、水、水蒸气在形状和体积等方面的区别。 • 观察并描述一般情况下,当温度升高到100 ℃或降低到0 ℃时,水会沸腾或结冰。 • 知道冰、水、水蒸气虽然状态不同,但都是同一种物质。	• 列举日常生活中水的蒸发和水蒸气凝结成水的实例,如晒衣服、雾、玻璃窗上的水珠等。 • 知道温度是影响水结冰和水沸腾过程的主要因素。

续 表

学习内容	学习目标		
	1~2年级	3~4年级	5~6年级
2.2 有些物质在水里能够溶解,而有些物质在水里很难溶解。	知道有些物质能溶解在一定量的水里,如食盐和白糖等;有些物质很难溶解在水里,如沙和食用油等。	• 通过观察,描述一定量的不同物质在一定量水中的溶解情况。 • 通过实验,知道搅拌和温度是影响物质在水中溶解快慢的常见因素。	

该部分学习内容在低年段,主要以通过观察来了解水的一些基本特性为目标。常见的实验有:

① 观察一瓶水:运用不同的感官去观察一瓶水,找到它的物质特性,比如外观无色透明,没有固定的形状,静止后液面总是水平的等。通过这样的方法帮助学生初步了解以水为代表的液体的物质特性。如图2-6所示。

② 观察不同物质能否溶于水:将食盐、红糖和小石子分别加入一定量的水中,一段时间后,观察它们有没有产生变化。通常可以观察到食盐和红糖是可以溶于水的,而小石子无法溶于水。通过这样的实验可以让学生知道有些物质是可以溶于一定量水的,而有的物质不行。如图2-7所示。

图2-6 教科版一年级下册"观察一瓶水"　　图2-7 教科版一年级下册"它们去哪里了"

在中年段,则主要通过动手实践,深入了解水在不同形态下的物质特性,水与其他物质之间的作用等。常见的实验有:

① 观察水结冰的过程:将装有一定量纯水的试管插入装有食盐和碎冰的烧杯,由于碎冰加入食盐后温度会降到0 ℃以下,因此试管内的水会逐步凝固成冰。观察水结冰的过程,比较水在改变形态前后的物质特性,比如结冰过程中温度的变化,结冰后冰的体积的变化等。通过这样的实验帮助学生了解水结冰过程中温度不变,且水结冰后体积会变大等。如图2-8所示。

② 探究物质溶解快慢的影响因素：先让学生猜想食盐溶解快慢的影响因素，通常是温度和搅拌两个因素，但有时也需要考虑食盐晶体颗粒大小的影响。然后再引导学生分析得出，研究加热因素的影响时，除了温度要有区别以外，又有哪些因素是实验前后需要保持不变的，最后才进行实验、得出结论。对其他影响因素的研究也是如此。这个实验的重点不在于得到结论，而在于引导学生思考、分析有哪些需要控制的影响因素，以及如何控制过程。这是典型的、以培养学生学会使用控制变量法为目标的实验。如图2-9所示。

2 观察记录水结冰过程中的各种变化。
- 在一支试管中加入约四分之一的清水，在水面处做好标记。
- 将装有清水的试管放入盛满碎冰（加入了食盐）的容器中，用温度计测量试管中水的温度。

- 温度计插入水中的位置保持不变，等待试管中的水结冰。
- 当试管中的水开始结冰时，记录温度。
- 水完全结冰后，在试管上标记冰柱的高度。

图2-8　教科版三年级上册"水结冰了"

参考方法：
- 准备两份相同质量的食盐。
- 分别加到同样多的热水和冷水中。
- 静置不动，观察比较食盐溶解的快慢。
- 将结果记录下来。

3 探索搅拌与溶解快慢的关系。

参考方法：
- 准备两份相同质量的食盐。
- 同时倒入两个盛有同样温度、同样多水的烧杯中。
- 搅拌其中的一个烧杯，另一个烧杯始终不搅拌。
- 观察哪个烧杯中的食盐溶解得快。
- 将结果记录下来。

图2-9　教科版三年级上册"加快溶解"

在高年段，则主要是与对热学的研究相互结合起来，通过观察水结冰或水沸腾过程中温度的变化情况，来了解温度的变化是引起水结冰或沸腾的主要因素等。

3. 空气是一种常见而重要的混合物质

学习内容	学习目标		
	1～2年级	3～4年级	5～6年级
3.1 空气具有质量并占有一定的空间，形状随容器而变，没有固定的体积。	• 观察并描述空气的颜色、状态、气味等特征。	• 知道空气具有质量并占有一定的空间，空气总会充满各处。	
3.2 空气是由氮气、氧气、二氧化碳等组成的混合物质。		• 知道空气中的氧气和二氧化碳对生命具有重要意义。	• 知道空气是一种混合物质，氮气和氧气是空气的主要成分。
3.3 空气的流动是风形成的原因。		• 通过观察，描述热空气上升的现象。 • 知道空气的流动是风形成的原因。 • 列举生活中常见的形成风的一些方法。	

该部分学习内容在低年段,主要通过观察空气的物质特性这一过程,巩固和锻炼学生观察某物体或某种物质的方法和能力。常见的实验有:

认识一袋空气:根据前面观察其他物质的练习,运用不同的感官去观察一袋空气,并将它的特征描述并记录下来。通过这样的方法锻炼学生观察的能力。如图 2-10 所示。

图 2-10 教科版一年级下册"认识一袋空气"

在中年段,则主要通过动手实践来深入了解空气的主要物质特性。常见的实验有:

① 压缩、扩充空气和水的体积,并比较其中的不同:将相同体积的空气和水分别放入注射器中,堵住注射器的出口,尝试推拉注射器,观察并感受这个过程中的不同之处。通常能发现,相较之下,空气比较容易改变体积,而水几乎无法改变体积。通过这样的方法,可以帮助学生了解水和空气在可压缩性上的差异,同时这一结论还可以尝试推广到液体与气体的差异上,并引导学生思考这其中的缘由。如图 2-11 所示。

② 探索风的成因:在一个侧面装有透明塑料膜的密封纸盒上,于其顶部和另一相邻侧面各打一个孔,然后在盒内点燃一根蜡烛,并在侧面孔附近点燃蚊香。一段时间后,观察蚊香的烟的轨迹是否从笔直上升改为横向进入盒子,并从顶部的孔中流出。这个实验是在前文学过的"热空气会上升"这一概念的基础上设计的,它的主要目的是借助这个模拟实验,让学生了解"形成横向风的前提条件是空气需要被加热"这一概念,然后还可以引导学生思考大自然中的风是如何形成的,大自然中的热空气又是从何而来的等。如图 2-12 所示。

1. 用两个相同的注射器，分别抽进同样多（达到同一刻度）的水和空气，然后堵住注射器管口，将活塞向下压，会发生什么变化呢？
   把你的预测画下来，并说说你的理由。
2. 进行上面的实验，记下初始的刻度，堵住注射器管口，慢慢用力向下压活塞，然后松手，记录你的观察结果。

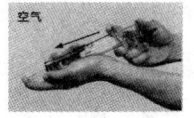 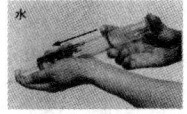

3. 慢慢用力向上拉注射器活塞，然后松手，你又发现了什么？

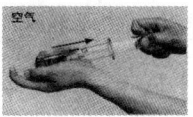 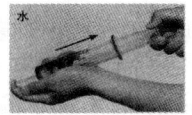

图 2-11　教科版三年级上册"压缩空气"

探索

做风的模拟实验。

活动手册

1. 准备好一支蜡烛、一张透明塑料薄膜、一个无盖的长方形纸盒、一段蚊香和一束纸条。

2. 在纸盒的两个侧面各打一个圆洞。

3. 点燃蜡烛后，将蜡烛放在盒中，然后用透明塑料膜封住纸盒。

4. 借助蚊香的烟雾和纸条观察空气的流动。

图 2-12　教科版三年级上册"风的成因"

4. 物体的运动可以用位置、快慢和方向来描述

学习内容	学习目标		
	1～2年级	3～4年级	5～6年级
4.1　可以用某个物体相对于另一个物体的方向和距离来描述该物体在某个时刻的位置。	• 使用前后左右、东南西北、远近等描述物体所处位置和方向。	• 知道可以用相对于另一个物体的方向和距离来描述运动物体在某个时刻的位置。	
4.2　通常用速度大小描述物体运动的快慢。		• 知道测量距离和时间的常用方法。 • 知道用速度的大小来描述物体运动的快慢。 • 知道自行车、火车、飞机等常用交通工具的速度范围。	
4.3　物体的机械运动有不同的形式。		• 列举并描述生活中常见物体的直线运动、曲线运动等运动方式。 • 比较不同的运动，举例说明各种运动的形式和特征。	

该部分学习内容主要集中在中年段，其目标重点是通过动手实践的形式来深入了解如何描述物体的位置、轨迹、速度大小等运动形式。常见的实验有：

① 描述目标物体的相对位置：通过游戏的形式，让学生描述自己相对于另外一人

的位置;根据地图,将自己的位置告诉其他人。以这样的方式初步让学生建立"描述某物体的位置前,先要选取参考系或参考物"的概念。如图2-13所示。

② 研究不同物体在斜面上的运动形式:观察方木块、六棱柱铅笔、小圆球等物体从相同的斜面自由下滑的过程,并描述它们的运动情况。通常方木块是滑动,小圆球是滚动,而六棱柱铅笔是先滑动一段距离再滚动而下。然后再把斜面倾角提高,使之更陡峭,再重复上述实验,观察各种物体的运动形式是否变化。通过这样的方法,初步让学生了解"在同样的斜面上,不同物体的运动形式各有不同"这样的现象,并尝试从中推导得出"在同样的斜面上,物体的形状对其运动形式有影响"这样的结论。如图2-14所示。

③ 比较相同距离或相同时间内两个物体的速度大小:通过比较在同一条轨道上不同小球运动的时间,以及在相同时间内不同同学前进的距离,来找到谁的速度更大。这既可以让学生了解"速度是描述物体运动快慢的科学词汇"这一概念,更是让他们初步把握"速度"这一抽象概念的契机。如图2-15和图2-16所示。

图2-13 教科版三年级下册"运动和位置" 　　图2-14 教科版三年级下册"物体在斜面上的运动"

图2-15 教科版三年级下册"比较相同距离内运动的快慢" 　　图2-16 教科版三年级下册"比较相同时间内运动的快慢"

5. 力作用于物体，可以改变物体的形状和运动状态

学习内容	学习目标		
	1~2年级	3~4年级	5~6年级
5.1 有的力可以直接施加在物体上，有的力可以通过看不见的物质施加在物体上。	• 知道推力和拉力是常见的力。 • 知道力可以使物体的形状发生改变。	• 知道生活中常见的摩擦力、弹力、浮力等都是直接施加在物体上的力。	• 知道地球不需要接触物体就可以对物体施加引力。
5.2 物体运动的改变和施加在物体上的力有关。		• 举例说明给物体施加力，可以改变物体运动的快慢，也可以使物体启动或停止。	

该部分学习内容在低年段，主要是通过观察、体验的方式，了解生活中一些基本的力，以及一些力（主要是磁力）不需要接触物体也能产生作用等。常见的实验有：

① 通过推拉的方式感受推力、拉力对小车的作用：推拉小车，使小车运动起来。以这样的方法让学生了解什么是"推力"和"拉力"，以及这些力会通过作用于物体而使物体移动这样的现象。

② 通过磁铁隔空使小车移动起来等：此实验是在上述实验基础上完成的。在了解推力、拉力的概念以及它们的作用后，再用磁铁从不同方向吸引小车，使小车也能运动起来。以这样的方式可以让学生感受到"磁力不与物体接触，也能使物体运动"这一现象。如图2-17所示。

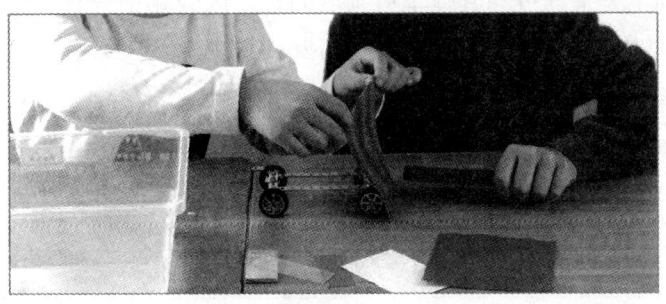

图2-17 教科版二年级下册"磁铁怎样吸引物体"

在中年段，则主要是通过动手实践的方式来深入了解不同的力都可以对物体施加影响，改变物体的运动状态等。常见的实验有：

① 悬挂不同数量的垫片使小车运动起来：将小车置于水平桌面上，并通过一根细线与一个轻质托盘相连，使托盘处于悬挂状态。然后依次往托盘上放入金属垫片，观察需要多少枚垫片，才能使小车刚好开始运动。通过这样的实验，可以让学生认识到拉力的变化能改变物体的运动状态（由静而动）这一现象，同时还可以让学生研究拉力大小与物体运动速度的关系等。如图 2-18 所示。

② 感受滑动与滚动摩擦对移动同一物体的影响的区别：将纸盒置于水平桌面上，并通过一根细线与一个轻质托盘相连，使纸盒处于悬挂状态，然后测量需要多少枚垫片才能使纸盒运动起来。再给纸盒下方增加筷子作为"滚木"，重复上述步骤，对比此时又需要多少垫片才能使纸盒运动起来。通过这样的实验，可以让学生比较发现，对移动同一物体而言，滚动所需的拉力大小远小于滑动。同时还可以更加深入地研究发现，这是因为两种运动形式所产生的摩擦阻力大小差距甚远。如图 2-19 所示。

图 2-18 教科版四年级上册"让小车运动起来"

图 2-19 教科版四年级上册"运动与摩擦力"

在高年段，则主要是通过和其他学科领域的学习内容相结合，以大概念的形式了解地球会对其附近的物体施加引力，且引力不需要接触也能产生影响等。

6. 机械能、声、光、热、电、磁是能量的不同表现形式

（1）声音因物体振动而产生，通过物质传播

学习内容	学习目标		
	1~2 年级	3~4 年级	5~6 年级
6.1.1 声音可以在气体、液体、固体中向各个方向传播。		• 举例说明声音在不同物质中可以向各个方向传播。	

续　表

学习内容	学习目标		
	1～2年级	3～4年级	5～6年级
6.1.2　声音因物体振动而产生。		• 举例说明声音因物体振动而产生。	
6.1.3　声音的高低、强弱与物体振动有关。		• 知道声音有高低和强弱之分；制作能产生不同高低、强弱声音的简易装置，知道振动的变化会使声音的高低、强弱发生改变。 • 知道噪声的危害和防治；知道保护听力的方法。	

该部分学习内容主要集中在中年段，其目标重点在于了解声音是如何产生和传播，以及声音的一些基本特性等。常见的实验有：

① 研究橡皮筋、钢尺等不同物体如何发声：固定橡皮筋两端，通过按压、拉伸、揉搓等方式，尝试使橡皮筋发出声音；类似的，用各种方法尝试使钢尺、鼓、音叉等物体发出声音。通过这样的方法，可以让学生初步了解物体是通过振动发出声音的。如图2-20所示。

② 探索物体振动快慢对音高的影响：将钢尺的一部分伸出桌面，用相同大小的力拨动露出的部分，观察钢尺伸出长度与钢尺振动快慢之间的变化规律。通过这样的方法，可以让学生感受到物体振动快慢与发声的音高之间的关系。如图2-21所示。

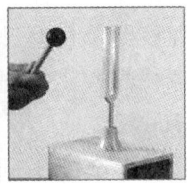

图2-20　教科版四年级上册"物体怎样发出声音"

图2-21　教科版四年级上册"声音的高与低"

(2) 太阳光包含不同颜色的光,光遇到不同的物质时传播方向会发生改变

学习内容	学习目标		
	1～2年级	3～4年级	5～6年级
6.2.1 有的光直接来自发光的物体,有的光来自反射光的物体。			• 识别来自光源的光,如太阳光、灯光;识别来自物体反射的光,如月光。 • 知道来自光源的光或来自物体的反射光进入眼睛,都能使我们看到光源或该物体。
6.2.2 光在空气中沿直线传播;行进中的光遇到物体时会发生反射,会改变光的传播方向,会形成阴影。		• 描述行进中的光遇到阻挡时,就形成了阻挡物的阴影。	• 知道光在空气中沿直线传播。 • 知道行进中的光遇到物体时,会发生反射现象,光的传播方向会发生变化。
6.2.3 太阳光包含不同颜色的光。			• 描述太阳光穿过三棱镜后形成的彩色光带,知道太阳光中包含有不同颜色的光。

该部分学习内容主要集中在高年段,其目标重点在于通过观察、实验、思辨的方式,了解光的直进性,光的反射、折射以及色散现象等。常见的实验有:

① 验证光的直线传播实验:将四张硬卡纸依次树立于桌面上,并在前三张硬卡纸相同位置打出小孔,使手电筒的光能穿孔而过,在第四张卡纸上留下光斑。然后横向移动任意前三张硬卡纸中的其中一张,观察移动前后还能否观察到最后一张卡纸上的光斑。通过这样的实验,可以让学生推理得出"光在空气中沿直线传播"的结论。如图2-22所示。

② 观察光的折射现象:将一束激光斜射入一杯水中,观察光线传播路径的变化;再将一支铅笔插入水中,改变插入的角度,观察铅笔所呈现出的变化,并将光的路线图画出来。通过这样的方法,可以让学生了解到"光在遇到透明或半透明物体时,光的传播方向会发生改变"这一现象。如图2-23所示。

③ 观察不同色光的合成现象:将圆形硬卡纸的不同区域涂上不同的颜色(通常是红蓝绿三色),再以陀螺的形式快速旋转硬卡纸,观察旋转前后色彩的变化。通过这个实验可以让学生了解到,不同色光的混合会改变其总体色彩,而阳光就可以视为由许多不同颜色的光混合而成的。如图2-24所示。

④ 观察光的反射现象:将黑色硬卡纸蒙在手电筒上,只留下一条细缝使光射出,然后在暗室中,将手电筒的光射向平面镜,观察反射光线与入射光线的角度等特性。通过

这样的实验,可以很清晰地观察到光的反射现象。如图 2-25 所示。

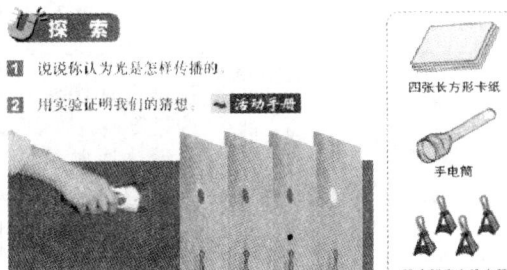

图 2-22 教科版五年级上册"光是怎样传播的"

图 2-23 教科版五年级上册"光的传播方向会发生改变吗"

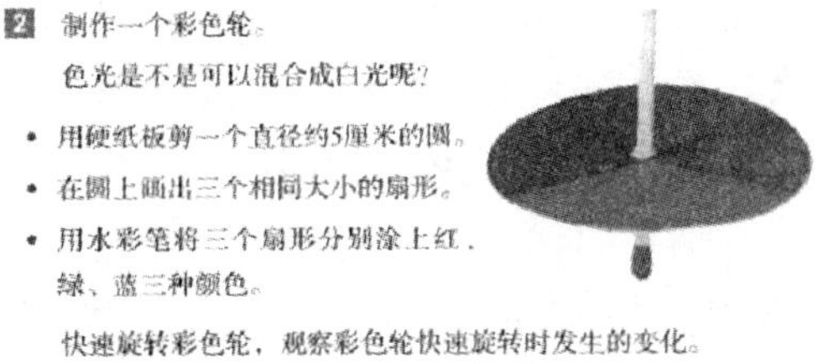

图 2-24 教科版五年级上册"认识棱镜"

图 2-25 教科版五年级上册"光的反射现象"

（3）热可以改变物质的状态,以不同方式传递,热是人们常用的一种能量表现形式

学习内容	学习目标		
	1~2年级	3~4年级	5~6年级
6.3.1 用温度来表示物体冷热的程度,摄氏度是温度的一种计量单位。		• 描述测量物体或空气温度的方法;知道国际上常用摄氏度作为温度的计量单位来表示物体的冷热程度。	
6.3.2 加热或冷却时物体的体积会发生变化;加热和冷却也可以改变某些物质的状态。		• 知道一般的物体具有"热胀冷缩"的性质。 • 知道水结冰时体积会膨胀。 • 描述加热或冷却时常见物质发生的状态变化,如水结冰、冰融化、水蒸发和水蒸气凝结。	

续 表

学习内容	学习目标		
	1~2年级	3~4年级	5~6年级
6.3.3 热可以在物体内和物体间传递，通常热从温度高的物体传向温度低的物体。			• 说出生活中常见的热传递的现象，知道热通常从温度高的物体传向温度低的物体。 • 举例说明影响热传递的主要因素，列举它们在日常生活和生产中的应用。

该部分学习内容在中年段，主要是通过研究水在不同温度下的变化，引出温度和热量的概念，同时也可了解热胀冷缩等现象。而在高年段，主要是通过一系列对比和探究实验，了解热的传递形式与过程、不同材料的导热能力等。常见的实验有：

① 观察冰完全融化后的体积变化：提前预制好一试管冰，在试管上标记好冰的体积，再使冰融化，观察融化后的水的体积变化。通过这个实验可以让学生了解到冰融化后体积会变小的现象。如图2-26所示。

3 观察记录冰融化成水的过程中有哪些变化。　活动手册

取一个结冰的试管，在冰面处做上标记，把试管浸在热水里，观察冰的融化过程

在冰完全融化后，在水面处做上标记，比较冰和水的体积

图2-26　教科版三年级上册"冰融化了"

② 验证铜钢铝三种材料的导热性差异：先引导学生思考不同材料的导热能力是否有所不同，再引导他们自主设计一个探究实验来验证自己的想法。实验设计可参考如下：将长短、粗细等相同的铜、钢、铝棒一端固定在一起，另一端呈扇形散开，再在三根棒子上方等距离处，用等量的蜡固定住若干火柴棒。用酒精灯加热固定端，观察三根棒子中，哪种材料的棒子上的火柴会先掉下来。通过这样的实验，可以让学生以探究的形式，发现不同材料的导热能力不同。

（4）电可以在特定物质中流动，电是日常生活中不可缺少的一种能源

学习内容	学习目标		
	1～2年级	3～4年级	5～6年级
6.4.1 电路是包括电源在内的闭合回路，电路的通断可以被控制。		• 说出电源、导线、用电器和开关是构成电路的必要元件，说明形成电路的条件；解释切断闭合回路是控制电路的一种方法。	
6.4.2 有的材料容易导电，而有的材料不容易导电。		• 知道有些材料是导体，容易导电；有些材料是绝缘体，极不易导电。	
6.4.3 电是重要的能源，但有时也具有危险性。		• 列举电的重要用途。 • 知道雷电、高压电、交流电会对人体产生伤害；知道安全用电的常识。	

该部分学习内容主要集中在中年段，其目标重点在于通过动手实践的方式了解电路的基本组成及特性，材料的导电性以及安全用电常识等。常见的实验有：

① 点亮小灯泡：将电池、导线、小灯泡以及开关等连接起来，组成一个基本电路，使灯泡点亮。这个实验旨在通过体验的形式，让学生了解电路是什么、电路的必要组成元件，以及如何以通断的形式控制电路等。如图2-27所示。

② 检验不同材料是否能导电：在可以点亮小灯泡的电路中，依次增加连入诸如橡皮、铅笔、木块、硬币等不同的材料，观察加入不同材料后灯泡的亮灭情况。通过这样的实验，可以让学生直观感受到不同材料的导电性，并为导体、绝缘体等概念的引出做好铺垫。如图2-28所示。

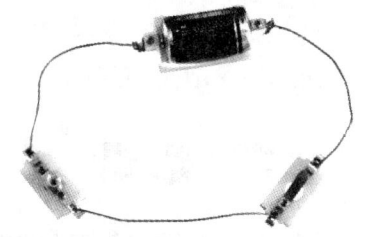

图2-27 教科版四年级下册"简易电路"

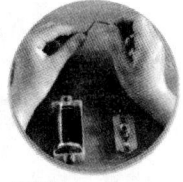

图2-28 教科版四年级下册"导体和绝缘体"

（5）磁铁有磁性，可对某些物体产生作用

学习内容	学习目标		
	1～2年级	3～4年级	5～6年级
6.5.1 磁铁能对某些物体产生作用。	• 列举生活中常用的不同外形的磁铁。 • 描述磁铁可以直接或隔着一段距离对铁、镍等材料产生吸引作用。 • 知道指南针中的小磁针是磁铁，可以用来指示南北。		
6.5.2 磁铁总是同时存在着两个不同的磁极，相同的磁极相斥，不同的磁极相吸。	• 说出磁铁总是同时存在着两个不同的磁极。 • 知道相同的磁极相斥，不同的磁极相吸。		

该部分学习内容主要集中在低年段，其目标重点在于通过观察与动手实践，体验和认识到磁铁能对部分物体产生吸引作用，且所有磁铁都同时存在有两极，它们同极相斥，异极相吸等。常见的实验有：

① 磁铁具有两极：将条形磁铁靠近装有铁粉的塑料盒，观察磁铁对铁粉的吸引现象。以此可以推导出磁铁具有两极，且两极处磁力最强。如图 2-29 所示。

② 研究不同磁极之间的相互作用现象：将不同磁铁的两极相互靠近，感受磁铁之间是互相排斥还是吸引。通过这样的实验可以让学生了解"同极相斥，异极相吸"等现象。如图 2-30 所示。

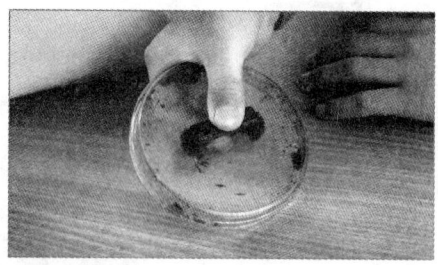

图 2-29 教科版二年级下册"磁铁的两极"

图 2-30 教科版二年级下册"磁极间的相互作用"

（6）自然界有多种表现形式的能量转换

学习内容	学习目标		
	1～2年级	3～4年级	5～6年级
6.6.1　自然界中存在多种能量的表现形式。		• 识别日常生活中的能量。 • 知道运动的物体具有能量。	• 知道声、光、热、电、磁都是自然界中存在的能量形式。
6.6.2　一种表现形式的能量可以转换为另一种表现形式。			• 调查和说明生活中哪些器材、设备或现象中存在动能（机械能）、声能、光能、热能、电能、磁能及其之间的转换。

该部分学习内容主要集中在高年段，其目标重点在于首先了解生活中有哪些常见的能量及其存在形式，再通过调查等方法，找到这些能量之间具有怎样的转换关系等。常见的实验有：

① 调查身边的能量形式：以科学调查的形式，让学生寻找生活中有哪些运用能量的设施设备，并分析找到它们输入的是哪种类型的能量，输出的又是哪种能量。通过这样的形式，可以让学生了解到日常生活中有各种各样的能量利用形式，也能初步建立"不同形式的能量之间可以互相转化"这一概念。如图 2-31 所示。

② 探究电磁铁磁力大小的影响因素：这是实施难度较高的一个实验，其重点在于，通过探究的方式，让学生自己提出猜想、设计实验，找到影响电磁铁磁力大小的因素，以及具体是如何影响的。通常来说，可以由教师与学生一起探究线圈圈数的影响，再逐步放手，引导学生自主探究电池数量等因素的影响。在这个过程中，教师要尤其注意引导学生思考有哪些实验条件是不能改变的，并要由此推导设计出实验的实施方案。如图 2-32 所示。

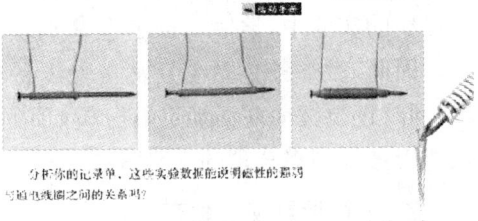

图 2-31　教科版六年级上册"各种形式的能量"　　图 2-32　教科版六年级上册"电磁铁"

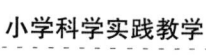

三、物质科学领域实验的特点

物质科学领域实验的内容总体上呈现出这样几个特点：

（1）各个大概念的实验内容之间并不孤立，而是呈现出互相影响、互相支持的结构关系，并且根据不同年龄层认知能力等的不同，在难度上呈现出螺旋上升式的排列。这就要求教师在确定每堂课的教学目标时，不能把目光仅仅局限在这一课堂上，而是需要整体考虑各个大概念之间的内在关联、与其他领域的横向联系等，这样才能正确把握每堂课的教学目标。

（2）既重视通过探究式学习的方式获得正确的科学结论，更重视获得这一结论的过程。和其他领域实验内容相比，物质科学领域更强调培养学生的科学思维能力，而科学思维能力直接影响了一个人的科学素养。这就要求教师在授课时，要重点突出探究式学习，并通过这样的方式锻炼学生的科学思维方法，要避免程式化、表面化的科学探究，还不能忽视其他类型的科学学习形式，如科普剧、科学秀、科学辩论会等。做到有主有次，符合学生的认知规律，才能激发学生主动学习的兴趣，从不同的维度培养学生的科学素养。

（3）所选取研究的案例、现象等，往往都取材于生活，贴近于学生的认知水平，既生动活泼，又能潜移默化地树立"科学来自生活"的思想。这也给教师做出了提示，在设计导入问题或选取研究目标时，最好是选用一些来自生活，能与学生的生活经验产生共鸣或认知冲突的现象。

四、物质科学领域实验的原则

1. 重视过程中的安全性

物质科学领域的实验中，往往会使用一些实验设备或材料来达成实验的目标。这些设备材料对于小学生通常是新奇的、具有吸引力的，而受限于小学生的自我约束能力，一旦手上有了"新玩具"，他们就很难再把注意力转移到其他地方，以至于"听不到"教师所说的安全事项了，这往往就是一些实验事故产生的根源所在。例如在一些有加热操作的实验中，学生一旦手上拿到了试管，往往就"听不到"使用酒精灯的注意事项了。因此，教师务必要在分发实验设备材料前，就向所有学生说明实验步骤和注意事项，同时还要提前对活动进行分析，预测整个活动中有哪些安全风险点，以及这些风险点能否被控制在合理的水平等。

2. 重视世界观的教育

本领域内容的特殊性决定了在教学实施过程中，世界观教育的重要性。即在教学实施过程中，教师要时刻把握"世界是物质的"这一核心思想，尊重事实和证据，认真对待实验记录和数据，用科学的态度对待每一堂课、每一次实践活动，万不可因为小学生实验内容简单、操作方法不难等而产生轻视的想法。只有这样，才能引导学生正确认识世界，科学看待事物，润物细无声式地培养学生的科学精神与科学素养。

3. 重视信息技术对人、对教学的影响

信息技术的发展给人类社会带来的影响是全方位的，而在教育领域，尤其是小学科学物质科学的教育教学领域，它带来的变化主要呈现在：

（1）许多小学生不再是"一张白纸"。他们生长在网络时代，从小接收的信息量远大于非网络时代的同龄人，因此，课堂上时不时就出现教师刚把需要讨论的问题抛出来，就有学生迫不及待地说出了"谜底"的现象。然而，受限于年龄和认知能力水平，他们对自己所说的"谜底"却又往往一知半解，甚至是错误理解。所以，这就要求教师们科学合理地应对学生的这种新变化，既要小心呵护学生们对新知识探索追求的热情，又要引导他们正确参与到课堂学习中来，有时还需要提前准备多种预案，以应对具有较高基础的学生。

（2）大部分小学生越来越熟悉现代化信息技术的教学手段。由于信息技术，尤其是人工智能技术的普及和推广，部分基础教育段的学校都配备了智能黑板、专业化实验室等现代教学设施。因此在学生眼里，在课堂中使用智能化、现代化设备进行教学成了理所当然的事情，如果不用，反而奇怪。这就对少部分习惯于传统教学模式的教师产生了一定冲击。诚然一些优秀的传统教学手段必须得到保存和发扬，但就大的趋势而言，在课堂上使用信息化教学手段已然逐步成为"标配"，这就要求教师们主动改变，掌握更多更新的现代化教学手段。

4. 重视学习共同体的作用

一般认为，学习共同体指的是一个由学习者及其助学者（包括教师、专家、辅导者等）共同构建的团体，他们彼此之间经常在学习过程中进行沟通交流，分享学习资源，共同完成学习任务，并且在这个过程中形成了相互影响、相互促进的人际关系。这样的团体显然会有效促进课堂教学的效率，对于培养学生的团队协作能力、自我约束能力等也会起到一定积极作用。因此，教师在实践活动过程中也要注意把握自己的角色，尽量避免"教师讲，学生听"的课堂效果，同时要尽可能发动和促进更多学生以及其他助学者参与到学习过程中来。

五、物质科学领域实验的步骤

物质科学领域实验更注重探究式学习的过程，更强调"控制变量法"等实验设计能力的掌握，而探究式教学的模式通常包括创设情境、启发思考、自主（或小组形式）探究、分享交流、总结提高这几个步骤。

1. 分析研究问题，确立实验目标

确立实验目标是所有实施步骤的第一步，通常也是最重要、最困难的一步，这一环

节完成质量的好坏将直接影响整个实验教学活动的走向。

对于大部分课堂实验,其实验的内容、目标等往往都是来源于教材的,因此许多科学教师在教学过程中就忽视了这些实验背后的设计意图,没有让学生进行前置思考(比如做实验的目的是什么,为什么要这样进行实验等)就直接进入实验操作的环节。这样的处理方式并没有起到锻炼学生科学思维能力的效果,也浪费了学生亲历科学探究过程、培养其科学素养的机会。

因此,在实验教学活动的一开始,教师就需要深入细致地分析所要研究的问题,弄清楚实验的目的、类型、重难点等,并尽可能地让学生也参与到对实验的分析过程中,这样才能帮助他们更好地了解实验的目标、实验设计的理由等。须知,在物质科学领域,实验往往只是手段,深层次的目标还是在于帮助学生建立相应的科学概念,发展其科学素养等。

此外,在教学过程中也偶尔有一些计划外的实验。这往往出现在中高年级的学生中,因为他们已经初步具备了科学实验的设计与思维能力,所以会对书本上的实验提出不一样的实施意见,或对生活中一些有关联的科学现象有着自己的思考与理解。比如在"探索物体依靠振动发声"实验中,有的学生就可能对扬声器的发声原理产生疑惑,如果课堂上出现了这种现象,教师也不必意外与慌张,在不影响当堂教学目标的前提下,最好是抓住这个机会,引导学生一起探讨实验实施的目标及可能产生的现象等,以学生的视角,从侧面丰富学生对课堂教学内容的理解。

2. 博览教学资源,甄别其中真伪

信息技术的出现,极大地丰富了教师们获取教学资料的方式,可以不必局限于教学参考资料或某几位教师的个人经验。这对于拓展教师视野,提升教学质量是有积极作用的,但同时也让部分教师滋生了"想当然"式的教学习惯。

网络资源固然丰富多彩,但其真实性和可靠性还需要教师本人去验证才可用于教学。一些教师在看过别人的网络实验后,想当然地认为自己也可以成功复制,结果却因为网络视频中无法呈现的细节等问题而失败。这对于课堂教学而言是具有灾难性影响的,教师们应予以重视,尽量避免。多看、多学习优秀教学案例固然是好的,但更需要自己实践确认其可靠性之后再用于自己的教学中。

3. 设计实验方案,鼓励学生参与

在确立实验教学目标、博览众家之长后,就可以设计自己的实验教学方案了。在这个过程中,除了确立实验目标、分析实验步骤、罗列实验材料等常规要求外,更需要考虑如何让更多的学生参与到实验过程中来。通常由于教学资源、教学时间等的限制,课堂实验往往是以小组形式合作完成的,这就会导致有部分学生无法参与到实验操作的过程中来,降低了他们的学习兴趣,也违背了科学课程的设置初衷。因此,教师在设计实验教学方案的时候,就需要考虑到"让更多的学生参与进来,让学生更多地参与进来"这样的原则,比如修改实验环节,让小组内不同学生承担不同的责任等。

此外,无论进行何种实验,安全都应是首先需要考虑的因素。

4. 重视总结交流,引导学生表达

在完成实验后,许多教师会根据学生的实验结果自行分析,获得预设的结论,然后草草结束一堂课,这往往是不可取的。课堂教学是具有其完整结构的,大多数情况下实验都只是其中一环,所以,完成实验后,教师需要迅速将学生引导至思考实验结果有没有达成实验目标的环节中来,尽可能多地让学生去分析实验所得数据或结论,引导他们思考这些数据、结论的背后隐藏着怎样的科学规律,只有通过这样的方式才能有效锻炼他们的科学思维能力,培养他们的科学素养。

5. 及时记录反思,逐步提升教学

对教师而言,一个实验或一堂课的结束并不代表可以放松了,课后的反思也同样重要。所谓"教育是一门遗憾的艺术",任何一个实验、一次课堂教学,总是会遗留下或多或少的失误和遗憾。只要每次实验或课后都能及时把这些反思、遗憾记录下来,汇集成册,并且时时回忆,温故知新,那么这将对教师个人教学水平的提升有巨大的积极影响。

六、物质科学领域常见的实验工具

1. 弹簧测力计

工具简介	利用弹簧受到拉力大小与其伸长量成正比的原理制成的测量工具。主要由圆环、指针、刻度盘、弹簧、挂钩等部件组成。能测量一定范围内力的大小。 通常有 5 N、10 N 等量程的种类。	图示	圆环 指针 刻度盘 弹簧 挂钩
适用实验范围	需要测量力的大小,或某物所受重力大小的实验,如比较滚动与滑动摩擦力大小实验等。		
操作要点	1. 选择合适量程的弹簧测力计; 2. 使用前,要移动刻度盘,使指针与零刻度线对齐; 3. 使用时,要保持竖直状态; 4. 读数时,视线垂直于刻度盘; 5. 读取至少三次数据,取平均值为最终读数。		
注意事项	弹簧测力计使用时原则上需要保持竖直状态,并且不能倒置使用,否则所测得数据会与真实值差距较大。		

2. 温度计

工具简介	利用"特定物质能根据温度变化而改变自身体积"的原理制成的测量工具。常见的实验室温度计由玻璃泡、毛细管、刻度等部件组成。能测量一定范围内温度的高低。 大多数温度计可分为指针式和数字式温度计，而按使用目的可分为实验室温度计、体温计、气温计等。	图示	
适用实验范围	需要测量温度的实验，如观察水的沸腾实验等。		
操作要点	1. 选择合适量程的温度计； 2. 使用前，要进行校验，如和标准温度计进行比对等； 3. 由于热惯性，要在数据稳定后读取数据； 4. 读取至少三次数据，取平均值为最终读数。		
注意事项	水银温度计中水银具有一定毒性及挥发性，若不慎泄漏，应立即开门开窗保持通风，并用适量硫黄粉末与之反应生成不易挥发的硫化汞固体，或湿棉签收集至密闭小瓶内保存回收。切不可直接触碰水银液体。 在设计实验时，教师也应尽量使用无毒安全的温度计。		

3. 托盘天平

工具简介	利用杠杆原理制成的测量工具。主要由指针、托盘、平衡螺母、横梁、标尺、底座、分度盘、游码等部件组成。能测量一定范围内物体的重量。 托盘天平的使用还需搭配若干砝码，其测量精度一般为 0.1 g，基本满足小学阶段实验需求。	图示	
适用实验范围	需要测量物体重量的实验，如探索不同物质溶解度的实验等。		
操作要点	1. 选择合适量程的托盘天平； 2. 使用前，要把托盘天平置于水平桌面上，用镊子将游码拨动至零刻度位置，再调节平衡螺母进行校准； 3. 一般将待测物体放在左侧托盘内，再用镊子，由重及轻地将砝码放入右侧托盘内，如有必要，调节游码，直至平衡； 4. 测量至少三次后，取平均值为最终读数。		
注意事项	用托盘天平测量一些化学药品重量时，需要先在托盘内垫入干净的滤纸，否则会污染或损伤托盘。 若对测量精度有所要求，建议使用电子天平等较为精密的设备。		

4. 酒精灯

工具简介	利用酒精蒸汽燃点低于灯芯的原理制成的加热工具。主要由灯体、灯芯、灯芯管、灯帽等部件组成。能提供稳定热源进行加热操作。	图示	
适用实验范围	需要进行加热操作的实验,如观察水的沸腾实验等。		
操作要点	1. 使用酒精灯前应准备一块湿抹布,若不慎打翻酒精灯,应立即用湿抹布盖在火焰上以扑灭它; 2. 点燃酒精灯时要用安全火柴,若用打火机点燃,则有引燃瓶内酒精蒸汽等风险,造成安全事故; 3. 用酒精灯加热时,因为其外焰温度最高,所以一般用外焰进行加热; 4. 熄灭酒精灯时要盖至少两次灯帽,以防酒精灯复燃。		
注意事项	酒精灯内酒精存量不能超过其容积的三分之二,所用酒精最好是95%无水酒精,若纯度过低则容易发生断燃现象。 并不是所有实验仪器都可以像试管、蒸发皿等能直接用酒精灯加热,比如烧杯就需要隔一层石棉网才可以加热;而培养皿、量筒等设备无论是直接或间接都不可以加热。		

七、物质科学领域实验案例及解析

(一)探索食盐溶解快慢的影响因素

1. 实验简介

在教科版现行教材中,此实验被安排在三年上册一单元第 6 课"加快溶解"中,是典型的、需要在课堂上完成的实验。

在本实验前,学生已经了解水能溶解一些物质、不同物质在同样的水中溶解能力不同等现象及概念,而在本实验中,学生将继续深入学习与溶解相关的内容。将分为两步,分别学习加热和搅拌能加快物质溶解速率的现象,既丰富了学生对"水"这个大概念的认识,更初步锻炼了学生对"控制变量法"这一重要实验设计方法的运用能力。

2. 实验目标

通过对比实验的方式,分别探索加热、搅拌对于食盐溶解快慢的影响。

3. 实施步骤及解析

实验名称	探索加热对于食盐溶解快慢的影响	
材料准备	食盐,相同规格的玻璃杯(或烧杯),热水、冷水等。	
	重点实施环节	解析
创设情境	通过前面的学习,大家已经知道食盐是可以溶于水的,但有的时候(比如做菜煲汤的时候)我们还需要加快食盐溶解的速度,那么大家知不知道有什么方法可以加速食盐的溶解呢?	与已经学过的内容建立联系,同时确立第一步实验的内容。
启发思考	请大家各抒己见,提出自己的猜想。	将学生的各种猜想都分类记录下来,通常学生都能通过生活经验,提出关于加热以及搅拌的猜测。
设计实验	很多同学都认为加热可以加速食盐的溶解,我们先来讨论这个猜想。 请大家分组讨论,我们应当如何设计实验来验证加热对于食盐溶解快慢的影响。	引导学生分析有哪些条件是不能改变的。通常需要考虑: ① 热水与冷水的量要相同; ② 所加食盐的量要相同; ③ 加入食盐的时机要相同; ④ 加入食盐后,都要静置。
实施实验	请大家按照刚才设计的实验步骤,领取材料,进行实验。	确认实验步骤后,分发材料,巡堂,督促学生按要求完成实验。实验完成后要及时回收。
分享总结	根据实验的结果,请大家总结实验的结论。	引导学生思考,并总结出加热会使食盐溶解更快的结论。

实验名称	探索搅拌对于食盐溶解快慢的影响	
材料准备	食盐,相同规格的玻璃杯(或烧杯),常温的水,搅拌棒等。	
	重点实施环节	解析
创设情境	通过刚才的实验,大家已经知道加热后,食盐溶解更快。那么搅拌是不是也能加快食盐溶解速率呢? 我们同样也需要通过实验来验证我们的猜想。	与前面加热的实验相联系,同时确立第二步实验的内容。
设计实验	与之前探索加热影响的实验一样,请大家分组讨论,我们应当如何设计实验来验证搅拌对于食盐溶解快慢的影响。	引导学生分析有哪些条件是不能改变的。通常需要考虑: ① 所用水的量,以及水的温度均要相同; ② 所加食盐的量要相同; ③ 加入食盐的时机要相同; ④ 加入食盐后,一杯搅拌,另一杯静置。
实施实验	请大家按照刚才设计的实验步骤,领取材料,进行实验。	确认实验步骤后,分发材料,巡堂,督促学生按要求完成实验。实验完成后要及时回收。
分享总结	根据实验的结果,请大家总结实验的结论。	引导学生思考,并总结出搅拌会使食盐溶解更快的结论。

（二）制作太阳能热水器

1. 实验简介

在教科版现行教材中，此实验活动被安排在五年级上册二单元第 7 课"做个太阳能热水器"中，通常是需要利用课后，甚至学生在家的时间来完成的。

在本实验活动前，学生已经了解光照越强温度越高、不同材料吸热能力不同、光照角度对聚热效果的影响等现象及概念，而在这个实验活动中，学生将进行综合性、实践性学习，通过制作太阳能热水器的活动来对前面所学内容进行综合运用，既能了解太阳能热水器中所蕴含的科技知识，也能体验工业工程方面设计、制作、改进等过程。

2. 实验目标

利用身边的材料，制作一个简易太阳能加热装置，使热水器中的水（200 mL）尽快升高温度。

3. 实施步骤及解析

实验名称	做个太阳能热水器	
材料准备	装有 200 mL 水的透明塑料瓶，瓦楞纸（或纸盒），锡纸，透明塑料薄膜，废旧报纸，水彩笔，透明胶带，胶水，剪刀，温度计等。	
	重点实施环节	解析
背景调查	大家知道太阳能热水器是怎么工作的吗？它主要是由哪些部件构成的呢？请同学们查阅资料，调查太阳能热水器的相关内容吧。	此部分调查活动需要学生在课前完成。
启发思考	大家已经知道太阳能热水器的主要结构和工作原理了，现在请大家分小组讨论，如何利用身边的材料，制作一个简易太阳能热水器，要求能把 200 mL 水的温度尽快升高。	确立本实验活动的内容。
制作装置	请大家按照自己的设计，完成本小组的太阳能热水器。	此部分活动可能需要结合课上课下的时间才能完成制作。 需要强调安全第一的思想，同时还可能需要多与学生沟通，根据他们的设计思路，完善他们的制作方案，尽量让学生自己完成制作，而不要借助家长的力量。
展示装置	请大家分小组展示自己的热水器，并演示其加热能力。	展示是必不可少的环节，它能有效调动学生参与的积极性，激发他们的自豪感，同时锻炼他们的描述表达能力。
分享总结	请在某方面有突出表现的小组来分享他们在制作过程中的一些经验体会。 请所有同学一起总结，我们在制作过程中都运用到了哪些学过的知识和技能。	在总结时，教师要有意识地从不同的角度去发现各个小组的闪光点，要多鼓励，肯定学生的努力成果。 同时教师还需要引导学生对于制作过程中所学到的知识、技能，所遇到、解决的问题进行总结回顾，发掘其中的深意，避免只是单纯的制作。

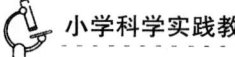

探究电磁铁磁力大小的影响因素实验浅析

电磁铁是一种利用电流磁效应而产生磁力的设备。在小学科学实验中,通常是用导线按同样方向紧密缠绕在铁钉上制成的,一旦通电,缠有线圈的铁钉会像磁铁一样产生磁力,吸引回形针等物体。通过这样的实验,可以让学生体会到电与磁之间的转化等。

在"探究电磁铁磁力大小的影响因素"实验中,学生通常能够猜到线圈缠绕圈数、电流大小(电池数量)等影响因素,然而在验证猜想的实验设计过程中,却往往不能根据控制变量法,全面考虑到应保持一致的条件,这里对此做出简要分析。

以探究线圈圈数的影响为例,需要保持一致的条件有:

1. 电流的大小,也就是电池的数量、连接方式等;
2. 铁钉的长短、粗细,以及氧化程度等;
3. 线圈缠绕的方向、紧密程度;
4. 线圈堆叠的层数;
5. 导线的粗细。

然后,将缠绕圈数不同的电磁铁去吸引回形针,通常能发现,缠绕圈数越多的电磁铁吸引的回形针数量更多,这样就能推导得出线圈圈数越多,电磁铁磁力越强的结论。

然而,在实际操作过程中不难发现,实际上这个实验本身很难做到完全的控制变量。这是因为,电磁铁利用的是电流磁效应,所以通电后,其每一个线圈都能视为一个微型的磁铁;但是,磁铁对于回形针的吸引是有范围的,也就是说,远离回形针一端的线圈,其磁力范围很可能无法影响到另一端的回形针,以至于虽然在计算圈数时考虑了这个线圈,但实际上它并不能吸引回形针。

所以,电磁铁产生磁力的根本原因,不是单纯的线圈圈数多少,而应该是能对回形针产生磁吸力的空间范围内,所有线圈所产生的磁效应之和。

此外,这个实验中不易控制的条件还有很多,比如电池的新旧程度,由于电磁铁本质上是短路了电池,所以电池的耗电量会远大于正常使用的情形,以至于一节新电池用了5分钟后就无法继续使用了。因此,若条件允许,最好使用稳压电源来提供电源输出,以方便电源电压保持一致。

这也提示我们,简单的实验中也可能会蕴含深刻的科学原理,作为教师要勤于思考,善于发现,才能实现教学相长的目标。

第三节 生命科学领域

一、生命科学领域实验概述

在小学科学生命科学领域,无论哪个版本的教材,内容明显呈现从点到面、从具体到一般、从单一知识到综合理解运用的特点。在中年级主要通过对单个生命体的细致观察研究,如观察蜗牛、养蚕、种凤仙花等,发现理解一些生命个体的常识,由这些活动触类旁通,逐渐建立与其相类似生命个体特征的概念。到了高年级,重点放在对生命世界共性特征以及差异性的研究,如归纳动物、植物、微生物的特点。此外,高年级还紧紧将生命世界与现实生活结合起来,如环境保护、污水处理、垃圾填埋等。

二、生命科学领域实验的设计与实施

(一) 生命科学领域实验的概念

生命科学实验是指在特定的环境条件下,运用一定的仪器、材料和药品,通过科学方法,有目的地观察研究一般情况下不易观察到的生物体结构和生命活动现象的过程。生物学是一门以实验为基础的自然科学,通过生物实验,不仅能帮助学生理解生物学的概念和规律,真正学好生物学基础知识,而且有利于启发学生积极思维,进行科学方法训练,培养学生的科学素质。

(二) 实验的目的与意义

小学科学课注重科学性、基础性、实践性。新时代教育教学背景下,小学科学课程的教学目标和任务提倡以探究为主要的学习方式,鼓励和组织学生像科学家那样探究。实验是学科学最有效的探究手段。小学生通过动手动脑做实验可以激发学习科学的兴趣,有效地开发智力,提高学生的科学素质,培养他们的探究欲望。

通过生命科学领域课程的学习和实验,有助于激发学生了解和认识自然界的兴趣,帮助学生初步形成生物体的结构与功能、局部与整体、多样性与共同性相统一的观点,形成热爱大自然、爱护生物的情感。

(三) 实验的内容与目标

本领域实验内容主要是围绕生命科学领域的六大基本概念而设的,主要用来帮助学生形成以下主要概念:
(1) 地球上生活着不同种类的生物。

（2）植物能适应环境，可制造和获取养分来维持自身的生存。

（3）动物能适应环境，通过获取植物和其他动物的养分来维持生存。

（4）人体由多个系统组成，分工配合，共同维持生命活动。

（5）植物和动物都能繁殖后代，使它们得以世代相传。

（6）动植物之间、动植物与环境之间存在着相互依存的关系。

本领域学习内容的知识结构图如下：

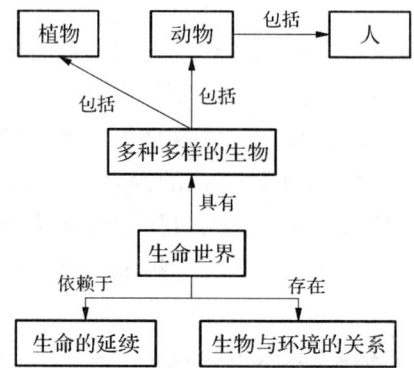

围绕这些基本概念，同时根据各个年龄段学生认知能力等的不同，生命科学领域实验的目标也各有不同：

1. 地球上生活着不同种类的生物

学习内容	学习目标		
	1～2年级	3～4年级	5～6年级
1.1 生物具有区别于非生物的特征。	• 知道动物和植物都是生物。	• 描述生物的特征。 • 知道生物与非生物具有不同特点。	
1.2 地球上存在不同的动物，不同的动物具有许多不同的特征，同一种动物也存在个体差异。	• 说出生活中常见动物的名称及其特征。 • 说出动物的某些共同特征。	• 能根据某些特征对动物进行分类。 • 识别常见的动物类别，描述某一类动物（如昆虫、鱼类、鸟类、哺乳类等）的共同特征。 • 列举我国的几种珍稀动物。	
1.3 地球上存在不同的植物，不同的植物具有许多不同的特征，同一种植物也存在个体差异。	• 说出周围常见植物的名称及其特征。	• 说出植物的某些共同特征。 • 列举当地的植物资源，尤其是与人类生活密切相关的植物。	• 对常见植物进行简单的二歧分类。

续　表

学习内容	学习目标		
	1~2年级	3~4年级	5~6年级
1.4 细胞是生物体的基本组成单位。			• 说出细胞是生物体的基本组成单位。
1.5 地球上多种多样的微生物与我们的生活密切相关。			• 知道蘑菇和木耳是生活中可以直接看到的微生物。 • 知道感冒、痢疾是由肉眼难以观察到的微生物引起的。

该目标主要在低、中年段体现。植物和动物是小学生的亲密伙伴，他们对植物和动物具有天然的好奇心。让孩子把植物、动物作为一个生命体来思考，运用各种感官进行观察，有助于形成生命科学整体概念，提高相应技能。完成这一教学目标的主要实验方法是观察法，作为教师一方面要引导学生用感官观察，还要注意对观察对象进行描述与记录（个人记录和班级记录），注意提醒小学生形成有条理的观察和实验行为，注意让他们养成注意倾听和深入思考的习惯。如引导学生从整体观察一棵植物到局部观察叶，用多感官对植物的"根""茎""叶"进行局部观察，并引导学生用科学词汇描述植物的器官。

2. 植物能适应环境，可制造和获取养分来维持自身的生存

学习内容	学习目标		
	1~2年级	3~4年级	5~6年级
2.1 植物具有获取和制造养分的结构。	• 说出植物需要水和阳光以维持生存和生长。	• 描述植物一般由根、茎、叶、花、果实和种子组成，这些部分具有帮助植物维持自身生存的相应功能。	• 知道植物可以吸收阳光、空气和水分，并在绿色叶片中制造其生存所需的养分。
2.2 植物的一生会经历不同的发展阶段，其外部形态结构也会发生相应的变化。		• 说出植物通常会经历由种子萌发成幼苗，再到开花、结出果实和种子的过程。	
2.3 植物能够适应其所在的环境。		• 举例说出生活在不同环境中的植物其外部形态具有不同的特点，以及这些特点对维持植物生存的作用。	

该目标主要在中年段体现。教师可指导学生栽种盆栽凤仙花的种子，观察和记录种子萌发成幼苗，再到开花结果的过程。通过对植物进行观察和记录，初步认识植物体生长过程中需要养分，且植物体的外部形态特征会发生变化；通过收集资料和讨论等途径，初步了解生活在不同环境中的植物具有适应其所在环境的外部形态特征，并都具有生命的基本特征及维持生命活动的相应结构。

3. 动物能适应环境，通过获取植物和其他动物的养分来维持生存

学习内容	学习目标		
	1～2年级	3～4年级	5～6年级
3.1 动物通过不同的器官感知环境。	• 举例说出动物可以通过眼、耳、鼻等感知环境。	• 举例说出动物通过皮肤、四肢、翼、鳍、鳃等接触和感知环境。	
3.2 动物能够适应季节的变化。		• 举例说出动物适应季节变化的方式；说出这些变化对维持动物生存的作用。	
3.3 动物的行为能够适应环境的变化。			• 举例说出动物在气候、食物、空气和水源等环境变化时的行为。

该目标主要在低、中年段体现。如"校园里的动物"一课，教师可引导学生通过说一说、认一认，帮助学生聚焦和认识校园里的一些常见动物。学生借助工具，利用科学的观察方法去寻找校园里的动物，观察它们的生活环境、生存方式、身体特征、运动情况等。在寻找后的"研讨"活动中，学生通过交流观察到的动物的名称、生活地点、在做什么等信息，能提升学生对校园动物的认识。

4. 人体由多个系统组成，分工配合，共同维持生命活动

学习内容	学习目标		
	1～2年级	3～4年级	5～6年级
4.1 人体有感知各种环境刺激的器官。	• 识别眼、耳、鼻、舌、皮肤等器官。		• 举例说出人体对某些环境刺激的反应方式和作用。 • 列举保护这些器官的方法。
4.2 人体具有进行各种生命活动所需的器官。		• 简要描述人体用于呼吸的器官。 • 简要描述人体用于摄取养分的器官。 • 列举保护这些器官的方法。	

续　表

学习内容	学习目标		
	1～2年级	3～4年级	5～6年级
4.3　人脑具有高级功能，能够指挥人的行动，产生思想和情感，进行认知和决策。			• 简要描述脑是认知、情感、意志和行为的生物基础。
4.4　脑需要被保护。			• 举例说出为保护脑的健康需要采取的主要措施。比如，人需要充足的睡眠，需要避免长期的精神压力，防止外界的激烈冲撞，保持愉快、积极的情绪等。
4.5　生活习惯和生存环境会对人体产生一定影响。			• 列举睡眠、饮食、运动等影响健康的因素，养成良好生活习惯。 • 列举噪声、雾霾、污水等对人体健康的影响，养成环保意识。

该目标主要在中、高年段体现。通过观察、调查、讨论等多种途径，初步认识人体的结构组成以及保健常识，进而形成健康生活的意识，养成良好的生活和行为习惯。

通过测量、统计和分析全班同学的肺活量，讨论呼吸系统保健、呼吸系统传染病、抽烟、一氧化碳中毒、大气污染等与呼吸有关的问题。制订自己的作息计划。从健康的角度评价家庭生活质量（可以从饮食、家居环境、生活习惯等方面评价）。

5. 植物和动物都能繁殖后代，使它们得以世代相传

学习内容	学习目标		
	1～2年级	3～4年级	5～6年级
5.1　生物有生有死；从生到死的过程中，有不同的发展阶段。		• 举例说出植物和动物从生到死的生命过程。	

续 表

学习内容	学习目标		
	1～2年级	3～4年级	5～6年级
5.2 生物繁殖后代的方式有多种。		• 描述有的植物通过产生足够的种子来繁殖后代,有的植物通过根、茎、叶等来繁殖后代。 • 描述和比较胎生和卵生动物繁殖后代方式的不同。	
5.3 生物体的后代与亲代非常相似,但也有一些细微的不同。			• 描述和比较植物后代与亲代的异同,如花的颜色,叶的颜色、大小与形状等。 • 描述和比较动物后代与亲代的异同,如毛皮的颜色、躯体的大小、外形和外貌等。
5.4 有些曾经生活在地球上的植物和动物现在已不复存在,而有些现今存活的生物与它们具有相似之处。			• 根据化石资料举例描述已灭绝的生物,如恐龙、猛犸象等。 • 描述和比较灭绝生物和当今某些生物的相似之处。

该目标主要在中、高年段体现。通过种植观察记录凤仙花的生长过程,了解植物一生要经历出生、生长发育、繁殖、死亡的生命周期。通过指导学生亲历养蚕的过程,了解蚕的一生要经历出生、生长发育、繁殖、死亡的生命周期,并以蚕的生命周期为例,从常见动物的生命过程中,以及从人体特点的观察中,认识动物和人的生命周期。

6. 动植物之间、动植物与环境之间存在着相互依存的关系

学习内容	学习目标		
	1～2年级	3～4年级	5～6年级
6.1 动物和植物都有基本生存需要,如空气和水;动物还需要食物,植物还需要光。栖息地能满足生物的基本需要。		• 描述动植物维持生命需要空气、水、温度和食物等。 • 举例说出水、阳光、空气、温度等的变化对生物生存的影响。	• 举例说出常见的栖息地为生物提供光、空气、水、适宜的温度和食物等基本需要。

续　表

学习内容	学习目标		
	1～2年级	3～4年级	5～6年级
6.2　动物的生存依赖于植物，一些动物吃其他动物。		• 列举动物依赖植物筑巢或作为庇护所的实例。	• 说出不同动物以植物或其他动物为食，动物维持生命需要消耗这些食物而获得能量。 • 说出常见植物和动物之间吃与被吃的链状关系。
6.3　动物会给植物的生存带来影响。		• 列举动物帮助植物传粉或传播种子等实例。	
6.4　自然或人为干扰能引起生物栖息地的改变，这种改变对于生活在该地的植物和动物种类、数量可能产生影响。		• 举例说出人类生产、建筑等活动对动植物生存产生的影响。	• 认识到人与自然环境应该和谐相处。 • 认识到保护身边多种多样的生物非常重要。

该目标主要在中、高年段体现。可通过"种子发芽实验""蚯蚓的选择"研究生物的生存和非生物环境的关系。通过引导学生观察分析生态群落中的食物链和食物网，通过对生态瓶的制作、观察，探究生态群落中生物和生物、生物和非生物相互依存的关系。通过对典型事例的分析，将以上认识拓展到自然界，认识到保护大自然、维护生态平衡的重要性。

在本单元中，将通过研究生物与环境的关系，掌握对比实验的探究技能，加强运用数据对实验现象进行分析、解释的能力。在研究生物与环境关系的同时，小学生还将学习使用图式（包括肢解图式和箭头关系图式等）。此外，他们还将面临几次较长时间的观察，这些都将促进学生方法技能的形成，更加有效地开展活动。

三、生命科学领域实验的特点

作为小学科学课程的重要内容和组成部分，生命科学领域的实验除具备小学科学实验的一般性特点外，还具有本领域自己的特点。

（1）观察是几乎所有实验的必备和基本技能。生命科学领域的实验从小学生观察身边的植物、动物、环境开始，随着年龄的增长，实验的难度加大，复杂性增加，但观察始终是所有实验都要采用的方法，观察能力的强弱很大程度上影响实验效果和结果。培养和训练小学生的观察能力对本领域的实验十分重要。

（2）工具使用的难度和对工具的依赖性越来越大。低年级的实验中，以观察为主，使用的工具多为放大镜等简单易操作的器材,没有放大镜,对实验结果也不会产生重大影响,但随着年龄的增加,实验中工具使用的比重越来越大,工具的操作难度也在增加,实验结果很大程度上取决于能否正确、熟练使用工具,如使用显微镜、望远镜、解剖器材等。因此,训练小学生掌握正确、规范的操作要领也是十分重要的。

（3）能够增强小学生身心健康。生命科学领域研究的对象是生命世界,生命科学领域的实验天然渗透着热爱自然、尊重生命的理念,通过教师的设计和引导,本领域的实验能够促使小学生了解自身,贴近自然,走入自然,培养人与环境和谐共处,增强身心健康。

（4）课外活动十分重要。生命科学领域实验中周期长的实验较多,课堂的时空有限,很多生命现象的观察、记录、实验无法在教室内完成,如种子的发芽、喂养蚕宝宝、调查生物的多样性等。课外活动作为本领域实验的一种形式就显得尤为重要,这对教师的实验设计能力和组织能力提出了更高的要求。

四、生命科学领域实验的原则

1. 实验目标要具体

很多实验往往有多个目标,可以把复杂、难度大的目标分解为多个简单目标。实验时首先确定单项目标,先从简单的目标开始,再逐步增加难度大的目标,最后汇总多个实验目标,形成实验的总目标。例如观察蜗牛,可选择的实验目标有:蜗牛的取食范围、最爱吃什么、怎样吃、蜗牛的运动等等,若在一次实验中进行多项实验目标,容易引起小学生注意力分散,最后达不到实验效果,因此要制订分段的具体目标。例如,第一次的观察重点是蜗牛的身体与运动,第二次用多种材料试验蜗牛爱吃什么,第三次用放大镜观察蜗牛是怎样吃食物的。这样,通过分步的、每一步都具体可行的实验目标,既可以提高小学生的实验技能,更能训练他们养成良好的实验思维,实验效果也会更加明显。

在具体实验中,教师要向学生明确实验目标,即便是发散式的观察实验,教师也要引导学生循序渐进地完成一个个实验目标。

2. 实验过程要规范

实验的规范性是实验成功的基本保障,也是培养小学生实验技能的重要因素。实验的动作要规范,实验的记录要规范,实验的步骤要规范,实验器材的名称要规范,对实验器材的操作和摆放要规范。教师在指导学生进行规范性实验的过程中,要不失时机地介绍各种规范操作的要领和原因,让学生在理解中规范实验行为。例如,在显微镜的操作中,当装片放在载物台上后,用准焦螺旋调节镜筒时,只能上升不能下降,原因就是观察时镜筒下降的距离无法把握,很容易出现物镜击破装片的现象,既破坏了装片,也污染了镜头。讲清这个原因后,学生在操作显微镜时,就会自觉遵守镜筒只升不降的这一规范要领。

3. 实验设计要符合认知特点

实验的设计要立足教材内容,根据学生的年龄特点和认知特点进行设计,实验的难度不能超出学生的认知能力,即便是拓展,也不能把超年龄段的知识和技能硬塞给小学生。科学探究实验的设计,尤其要遵守这一原则。对于中低年级的小学生,实验更应该易于操作。学生观察实验现象时要认真,用笔记录实验时要对学生做必要的指导。对复杂的实验进行分解,降低实验难度。例如对植物叶片的观察,可以用放大镜观察,但不能让小学生制作切片,然后用显微镜观察。

此外,激发学生对科学的兴趣,给予学生主动学习和探究的时间和空间,让学生有机会选择自己喜欢的实验研究形式。老师的语言要简练、明了,安排多的时间让学生动手操作。

4. 准备好各项实验材料

材料是学生进行科学实验的载体,会直接对实验现象和学生的探究方向产生影响。实验前针对预设的实验目标充分准备材料,尽量多从生活中获得实验材料。

五、生命科学领域实验的步骤

生命科学领域实验的步骤与物质科学领域大体相同,除此以外,还需注意以下几点:

1. 注重实验导入,明确实验目的

学生都喜欢科学实验,但孩子们只是凭自己的兴趣边玩边做,科学探究的习惯尚未形成,导致观察不仔细,实验无序操作。为此,教师对实验的导入尤为重要,教师要正确地引导,提出实验目的与任务,包括本节课要探究什么、达到什么目的,抓住学生的好奇心和求知欲,调动学生学习的主动性和积极性。学生带着探究的目的,才能有序地实验,注意力集中到所要做的事上,他们才能深入细致地去做。因此,明确实验目的对学生上好实验课是至关重要的,它能让学生明白该实验是为了研究什么而设置的。通过教学导入,明确实验目的,确定研究活动的方向。

2. 注重课前实验,做好预习准备

课前准备工作是确保实验顺利完成的基础。实验课需要的器材较多,不管是演示实验还是分组实验,教师都必须提前做好器材准备和实验操作技能准备。比如要了解本节课所需的器具、实验的过程、通过实验应得出的结论等。有些容易出错的实验,教师要亲自动手做一做,预习将要进行的实验操作,这样就明白哪些地方容易出错,哪些现象不够明显,哪些器材要换,哪一种方法需要改进。教师做好实验准备,有利于更充分地做好教学准备,有效有针对性地指导学生,这样在演示或指导学生实际操作时,可防止出现操作失败等现象,避免教学失误。

3. 注重实验过程,鼓励创新

实验过程是为完成实验目的而结合动脑、动手的一项探究活动,也是培养学生实验技能的重要环节。通过实验,学生能更细致地观察和研究自然现象,验证一些规律,掌握仪器的使用方法及其性能。为此,实验前应提出明确的要求(如方法、步骤和注意事

项),讲清楚实验的目的和需要研究的问题,交代仪器的名称及操作方法,并准备相关材料供学生选择,为学生分组实验创造良好的条件。

4. 注重引导,得出实验结论

实验报告是对实验的一个阶段性总结。在这个过程中,教师不但要指导好学生正确填写实验报告,还要为后面的汇报交流做好准备。在分组实验过程中,首先要教会学生有条理地进行数据整理。经过多次训练后学生就会掌握实验记录的方法。汇报交流可以使实验知识得到进一步的深化与巩固,是实验课最后不可缺少的一项程序,因此,教师要指导各小组成员共同研究讨论,交流心得,相互学习,并要求小组代表汇报实验结果,最后师生共同总结,完成实验报告。

六、生命科学领域实验方法

(一) 观察法

观察法是人们为了认识事物的本质和规律有目的有计划地对自然发生条件下所显现的有关事物进行考察的一种方法,是人们收集获取记载和描述感性材料的常用方法之一,是生命科学领域最基本最直接的一种实验方法。简单的观察法就是仔细的看,它和一般的看不同,是通过感觉器官或借助科学仪器,有目的、有计划地感知客观对象从而获得科学事实的一种研究方法。

1. 观察要有顺序,有重点

观察要按从整体到局部或从外到内的顺序进行,如在观察油菜花时,首先引导学生整体观察一株油菜的结构,指出它的六大器官;再局部重点观察一朵油菜花的结构。在观察油菜花时,先整体观察花冠的形态,再从外向内观察它的萼片、花瓣、雄蕊和雌蕊。

2. 观察要有记录,记录要客观

观察是有目的的活动,观察获得的信息要以文字或图画的形式记录下来,为科学认识的获得提供依据。对观察结果的记录实际上是对观察对象的描述,这种描述要客观。不能将推理加工后的结果作为描述,也不能将自己的感觉加入观察结果中。如对蜗牛的观察,"蜗牛嘴里有很多牙齿",不能写出推理结果"蜗牛嘴里有一万多颗牙齿";"一碰蜗牛,它就把头缩回壳里",不要加入个人感情色彩"蜗牛是胆小鬼"等。

3. 所观察的主题和变量要少,并且要进行比较

观察的现象一般不超过两个变量。如花的观察,提供油菜花作为完全花来观察花的基本结构;提供南瓜花或柳树的花,观察不完全花。最好是每次观察一种类型的花,如果让学生同时观察这两类花,学生的认识会产生混乱。

通过观察自然界中各种各样花的结构,并进行比较,学生可以直观地总结花的共同

特征,体会生物的多样性。

4. 观察活动要突出科学原理

观察是为了获得经验和对经验进行分析研究,所以观察的重点在理解科学的概念及其形成过程,也就是要突出科学原理。如对昼夜交替的观察,重点在让学生理解地球的自转,而不是单纯地观察昼夜交替的自然现象以及各种生物的昼夜节律现象。

5. 长周期观察帮助学生形成观察习惯

小学科学的长周期观察是指针对某一事物展开的长时间观察活动,活动具有综合性、过程性、生成性和探究性等特点,是提升小学生科学素养的重要手段。由于年龄和心理特点的限制,小学生的观察和记录往往流于形式,相比课堂的实验观察记录,长周期观察记录活动较难执行,缺乏精确性和深刻性。它对教师的组织能力,学生观察记录能力以及观察耐心来说都是一个大挑战。

教科版小学三年级科学教材中关于"植物的一生"和"动物的生命周期"两个单元都是要求学生进行长期观察的实验内容。教师在指导学生进行实验记录时要注意的问题包括强调实验记录的客观性和准确性,鼓励学生使用记录本并及时评价,培养学生使用专业术语等。要根据年级的不同、学生掌握知识深度的不同,对实验记录单进行再设计,使学生能够根据实验记录单进行具体操作。

(二) 控制变量法

控制变量法是指讨论多个变量的关系时,通过控制几个量不变,只改变其中一个量从而转化为多个单一量影响某一个量的问题的研究方法。这种方法在实验数据表格上的反映为某两次实验只有一个条件不同,若两次实验结果不同则与该条件有关,否则无关。反之,若要研究的问题是物理量与某因素是否有关,则只要使该因素不同,而其他因素均应相同。

如在研究植物的生长实验中,影响豆苗生长的因素有水的多少、是否提供阳光、肥料多少、温度高低等。若研究阳光对豆苗生长的影响,选择两组豆苗,保持水的多少、肥料多少、温度高低都相同,一组豆苗置于阳光下,另一组始终放置在一个纸盒内,观察豆苗的生长情况。

(三) 类比法

类比法就是"触类旁通""举一反三",它是根据两个或两类对象之间某些方面的相同或相似而推出它们在其他方面也可能相同或相似的一种逻辑思维,从而可以帮助理解较复杂的实验和较难的科学知识。类比是一种推理方法,不同事物在属性、数学形式及其他量描述上有相同或相似的地方就可以用类比推理,如植物茎内导管类比毛细管。

七、生命科学领域实验工具及其使用

（一）生命科学实验常用仪器的用途和使用方法

名称	主要用途	使用方法和注意事项
放大镜	放大镜常用于观察较大生物体的外形结构和器官，如蜗牛的外部特征、桃花的花蕊等。一般只能放大 10 倍及以下。	1. 一般有手持式、折叠式和三足式三种放大镜。折叠式适合野外动、植物标本采集时使用，而三足式适合于实验室使用。 2. 使用时，只要与观察对象对准焦距即可观察。 3. 使用时应尽量避免镜面受到碰擦而磨损；不用时应及时放回盒中。
昆虫观察盒	昆虫观察盒的盒盖（观察口）是一个凸透镜，利用凸透镜能成正立、放大像的原理可以方便地观察小昆虫。	1. 由学生自己动手，捕捉昆虫，放置在盒中，观察昆虫的生活习性。 2. 不要在阳光直射的地方使用；不与丙酮等化学试剂接触；使用完后要用软布擦拭干净。
显微镜	精密仪器，可用于观察微小生物个体或微小结构，如酸牛奶中的乳酸菌、洋葱鳞茎表皮细胞等。可放大 25～2 000 多倍。也可用于物理实验中微小物体的观察和测量。	1. 一般有光学、电子显微镜等，小学实验一般使用普通光学显微镜。 2. 把所需观察的物体制成切片或装片，置于载物台上，调焦至物像清晰即可观察。
望远镜	野外观察最主要的工具之一，如用于野外观察鸟的行为等。	1. 一般是双筒望远镜，其中央有调节焦距的旋钮。 2. 使用时调节焦距的旋钮，直到观察对象清晰。
载玻片和盖玻片	用于制作临时或永久的装片和切片，如洋葱表皮细胞的临时装片等。	1. 载玻片呈长方形，是用来托载标本的普通玻璃片，使用时一般用大拇指和食指拿着。 2. 盖玻片呈正方形，是用来盖住标本的玻璃片，小而极薄易碎，使用时一般用镊子轻轻取用。
解剖刀	常用于切、割、削、剥等，如剖开桃花雌蕊的子房。	1. 可分为圆解剖刀和直刃解剖刀。 2. 使用时，有执弓式、执笔式、握持式和反跳式四种执刀法，每种执法各有其应用范围。
解剖剪	一般用于剪开皮肤或剪断生物体的一部分等。	1. 种类很多，一般有尖头剪、圆头剪等。 2. 各种剪各有其应用范围。
解剖针	用来分离动、植物纤维或孔洞。	1. 常用的有直头和弯头两种。 2. 使用后及时洗净并擦干。
镊子	应用广泛。	1. 一般有 AA 镊、眼科镊子、弯头镊子和鼠齿镊子等。 2. 根据其特性选择使用。

(二)基本操作和要求

1. 显微镜的使用

低倍显微镜的使用方法：

(1) 取镜和放置：显微镜平时存放在柜或箱中，用时从柜中取出，右手紧握镜臂，左手托住镜座，将显微镜放在自己左肩前方的实验台上，镜座后端距桌边1~2寸为宜，便于坐着操作。

(2) 对光(一定用低倍镜对光)：用拇指和中指移动旋转器(切忌手持物镜移动)，使低倍镜对准镜台的通光孔(当转动听到碰叩声时，说明物镜光轴已对准镜筒中心)。打开光圈，上升集光器，并将反光镜转向光源，以左眼在目镜上观察(右眼睁开)，同时调节反光镜方向，直到视野内的光线均匀明亮为止。光对好后不要再随便移动显微镜，以免光线不能准确地通过反光镜进入通光孔。

(3) 放置玻片标本：取一玻片标本放在镜台上，一定使有盖玻片的一面朝上，切不可放反，用推片器弹簧夹夹住，然后旋转推片器螺旋，将所要观察的部位调到通光孔的正中。

(4) 调节焦距：使用准焦螺旋调节焦距，找到物象可以说是显微镜使用中最重要的一步，也是操作者感觉最为困难的一步。

操作者在操作过程中极易出现以下错误：

一是在高倍镜下直接调焦；

二是不管镜筒上升或下降，眼睛始终在往目镜中看视野；

三是不了解物距的临界值，物距调到2~3厘米时还在往上调，而且转动准焦螺旋的速度很快。

前两种错误往往造成物镜镜头抵触到装片，损伤装片或镜头，而第三种错误是操作者使用显微镜时最常见的一种现象。针对以上错误，操作者要注意，调节焦距一定要在低倍镜下调，先转动粗准焦螺旋，使镜筒慢慢下降，物镜靠近载玻片，但注意不要让物镜碰到载玻片，在这个过程中眼睛要从侧面看物镜，然后用左眼朝目镜内注视，并慢慢反向调节粗准焦螺旋，使镜筒徐徐上升，直到看到物像为止。

一般显微镜的物距在1厘米左右，所以如果物距已远超1厘米，但仍未看到物像，那可能是标本未在视野内或转动粗准焦螺旋速度过快，此时应调整装片位置，然后再重复上述步骤，当视野中出现模糊的物像时，就要换用细准焦螺旋调节，只有这样，才能缩小寻找范围，提高找到物像的速度。

高倍镜的使用方法：

(1) 选好目标：一定要先在低倍镜下把需进一步观察的部位调到中心，同时把物象调节到最清晰的程度，才能进行高倍镜的观察。

(2) 转动转换器，调换上高倍镜头，转换高倍镜时转动速度要慢，并从侧面进行观察(防止高倍镜头碰撞玻片)，如高倍镜头碰到玻片，说明低倍镜的焦距没有调好，应重新操作。

(3) 调节焦距：转换好高倍镜后，用左眼在目镜上观察，此时一般能见到一个不太清楚的物象，可将细调节器的螺旋逆时针移动约 0.5～1 圈，即可获得清晰的物像（切勿用粗调节器！）。

如果视野的亮度不合适，可用集光器和光圈加以调节，如果需要更换玻片标本时，必须顺时针（切勿转错方向）转动粗调节器使镜台下降，方可取下玻片标本。

2. 临时装片的制作及注意事项

以洋葱表皮临时装片的制作为例，步骤如下：

(1) 准备：把载玻片和盖玻片用纱布擦干净后，用吸管在载玻片中央滴上一滴清水。

(2) 取材：用解剖刀在洋葱鳞片内侧切开 0.3 cm×0.3 cm 左右大小的正方形表皮，并用镊子取下。

(3) 展平：把撕下的洋葱表皮，放在载玻片的水滴中，并用解剖针展平。

(4) 盖片：用镊子夹起盖玻片，让盖玻片的一边先接触载玻片，当水沿着盖玻片一侧边缘散开后，再轻轻地放平。用吸水纸把盖玻片周围的多余水吸干。如果盖玻片下水太少，可用吸管在盖玻片的一侧将水徐徐加进，另一侧用吸水纸将水吸过去，使盖玻片下有水。

3. 植物标本的制作

腊叶标本的制作：腊叶标本又称压制标本，就是将新鲜的植物材料用吸水纸压制，使之干燥后装订在白色硬纸上（这种纸称为台纸）制成的标本。腊叶标本制作简单、容易保存，是最容易制作的一种标本，其制作步骤大致如下：

(1) 采集

采集要完整。如果植物较小，可采集包括根在内的整枝植物；如果植物过高或过长，可折叠或分段采集；如果植物较大，可采集包含植物特征的部分，如植物的叶、茎、花、果、根部位。有多型叶时要收齐不同形态的叶片；有地下茎的草本，要尽量挖取地下茎部分；对于匍匐草本、藤本，则注意挖取主根和不定根；木本植物截取有花或果的枝条。繁殖器官（花和果）在被子植物的物种鉴定中很重要，标本采集必须具备花或果的材料，或两者兼有。

采集要典型。要采集发育正常的植株，如果不是特殊需要，不要采集病态或变异的植株。

采集的植株要妥善保管，及时夹在吸水纸中，并记录采集的地点、日期、采集人及植物的生长环境等。

(2) 干燥

为防变色，采集的植株不能通过晒的方式干燥。应将植株整理好放在吸水纸上，叶片要平展，并使部分叶正放，部分叶反放。若根或茎太长，可折两三折放置，在上方铺上吸水纸，纸的上方再压上重的书。每天要换上几次干燥的吸水纸，尤其是最初几天，待标本基本干燥后,则可隔天换一次,直至吸水纸将标本中的水分吸干。这种自然干燥法虽很耗时,但压制的标本颜色较为逼真。

（3）上台纸

将干燥的标本固定在台纸上,固定方式可采用针线固定。在台纸上贴上标签,标签上除注明植物的名称外,还要注明采集的地点、日期、采集人及植物的生长环境等。

（4）保管

给每个标本进行编号,分门别类地保管。保存时要注意避光,否则易变色。

另外,对一些果实、肥厚的根茎,不适宜采用腊叶标本的方法,可采用液浸标本的方法保存。

4. 动物标本的制作

其一,动物浸制标本的制作。

对一般失水后易变形的动物及器官常采用浸制的方法制作标本,如爬行类、两栖类、鱼类动物及动物的内脏器官等,其制作步骤大致如下：

（1）选材

选择的材料要有代表性,要新鲜,个体大小合适。如果是活体,则可将活体和乙醚棉球一起放入密闭容器中,使其麻醉致死。

（2）整形与固定

用清水将动物体表清洗干净,用注射器往动物体内注入适量福尔马林,以固定内脏器官。再将动物尽量整理成生活时的姿态,例如,将鱼类的鳍展开并利用夹子和薄片进行固定。

将动物体浸入福尔马林固定液中,直至变硬时形态固定。

（3）装瓶保存

将固定后的动物体放入大小合适的标本瓶中,或用线固定在玻璃片上,再放入标本瓶中,往瓶内注入福尔马林,最后用蜡封住瓶口。在瓶上贴上标签,注明动物的名称、捕获时间、地点、浸制日期等。如果过一段时间后发现液体浑浊变色,则须更换福尔马林液。

其二,动物干制标本的制作。

对一般失水后不易变形的动物体常采用干制的方法制作标本,大多数的昆虫标本制作采用的就是这种方法,其制作步骤大致如下：

（1）捕杀

昆虫采集一般用网捕,在一个长竹竿头上安一个铁圈,圈上缝一个长网袋,这样就可以用它捕捉许多在空中飞与水中游的昆虫了。

为保持昆虫的体形完整不变形,要将捕捉到的昆虫投入毒瓶中致死而不能捏死。毒瓶的制作方法是找一只能密封的玻璃瓶,将吸附了药剂（乙醚或氯仿等）的棉花放入瓶中即可。

（2）展翅、风干

对有较大翅膀的昆虫都需要展翅。展翅需要在展翅板上进行。展翅板可以用泡沫塑料制成,只要在泡沫塑料板上开一条槽即可,槽的宽度与深度以能容纳昆虫的躯体为宜。

展翅时,将昆虫的躯体置于干槽中,用针加以固定,注意插针的位置,以既能起到固定作用,又不损坏标本为宜。用镊子将翅膀向两边展开,再用两根纸条分别压住左右两边翅膀,并用针固定纸条。

展翅后的标本可放在通风处自然风干,也可使用干燥剂使之干燥。展翅后的标本能保持昆虫最美的姿态。有些不需要展翅的昆虫可直接风干。值得注意的是,一些内脏较大的昆虫,为防霉变,应先设法取出内脏,再进行展翅、风干。风干时间需一周左右。

(3) 装盒

将展翅风干后的标本放入标本盒中,标本盒也可自制,只要是盒底能固定标本,盒顶是透明的即可。为防止发霉和虫蛀,盒内应放入干燥剂和樟脑丸。最后在合适位置贴上标签。

制成的标本保存时要注意避免阳光直射,否则易变色,为防霉变应置于干燥处。

5. 玻片标本的制作

(1) 涂片法

涂片法是将材料均匀地涂在载玻片上的一种制片方法。单细胞生物、小型藻类、血液、细菌培养液等常用此法制作玻片标本。

涂片时应注意:① 载玻片必须清洁。② 载玻片要持平。③ 涂层须均匀。涂抹液滴在载玻片中间偏右,用解剖刀刃或牙签等涂匀。④ 涂层要薄。用另一载玻片作推片,沿滴有涂抹液的载玻片面(两块载玻片之间夹角应为30°～45°)由右向左轻轻推动,涂成一均匀薄层。⑤ 固定。如需固定可用化学固定剂或干燥法(细菌)固定。⑥ 染色。细菌用亚甲基蓝,血液用瑞氏染液。染色液要盖住全部涂面。⑦ 冲洗。用吸水纸吸干或烤干。⑧ 封片。长期保存用加拿大树胶封片。

(2) 压片法

压片法是将生物材料置于载玻片和盖片之间,施加一定压力,将组织细胞压散的一种制片方法。

(3) 装片法

装片法是采取整体封固将生物材料制成玻片标本的方法,用此法可制成临时或永久装片。微小生物如衣藻、水绵、变形虫、水蚤,植物的叶表皮,昆虫的翅、足、口器,人的口腔上皮细胞等常用此法制作玻片标本。

装片法制作时应注意:① 手持载玻片时,应注意持平,或放在平台上。滴水时水量要适当,以恰好被盖玻片盖满为宜。② 应将材料用解剖针或镊子将其展开不能重叠,展平在同一平面上。③ 放盖玻片时,从一侧慢慢盖在水滴上,防止出现气泡。④ 染色时,将一滴染色液滴在盖玻片的一侧,用吸水纸从另一侧吸收,使盖玻片下的标本均匀着色。着色后,用同样的方法,滴一滴清水,把染色液吸出后,在显微镜下观察。

八、生命科学领域实验案例及解析

(一) 与生物观察有关的实验

实验 1　观察花（完全花）的结构

【目标】小学生在掌握观察方法的基础上，要学会动手操作，通过解剖和观察活动，使学生清楚地了解花的构造，并培养他们有步骤地进行观察实验。安排让学生观察和解剖油菜花，学生在观察花朵外形的基础上，动手解剖一朵花，进一步认识花的各个结构，了解花的功能，认识到花是植物的繁殖器官。

【要求】掌握观察实验的顺序：从外到内，从整体到局部，从宏观到微观。掌握观察方法。先观察花的形态，识别花的各个部分及功能。

【方法】掌握植物花的解剖方法，按照从外向内的顺序进行解剖。用镊子夹住各部分的基部，从外到内取下各部分结构，依次为萼片→花瓣→雄蕊→雌蕊，记录它们的数量、位置及彼此的关系。

【材料用具】菜薹花1朵；剪刀，镊子，刀片，解剖针，放大镜等。

【实验步骤】

1. 取一朵菜薹花，观察它的外形、颜色，了解观察花的基本形态和构造。让学生手持花朵绘画出外形，做好记录、绘图、标示。

2. 用镊子从外向内依次摘下萼片、花瓣、雄蕊、雌蕊，观察它们的形态、颜色、数量，小组讨论各部分功能。

3. 引导学生观察雄蕊的花丝和花药，用镊子夹开一个花药，用放大镜观察花药里的花粉。

4. 观察雌蕊的柱头、花柱和子房，用手摸一摸柱头，感受是否有黏液。

5. 用刀片分别纵向、横向剖开子房，再用放大镜观察胚珠的形态、数量。

6. 将花的各部分按照一定的顺序贴在白纸上，并标明各部分的结构名称。

7. 用同样的方法分别观察各种单性花的雄花和雌花，并画图，一一做好记录。

解析：注意选择花冠较大、结构完整的花进行解剖。解剖前让学生先观察花的基本形态和构造。用放大镜观察花的各个部分，了解雄蕊，雌蕊的柱头、子房等结构特点。

实验材料的准备：发动学生课前采集一些鲜花，教育学生最好采摘野生植物的花或自己家里栽培的花，不要随意采摘公共场所和校园里的花，不可采摘名贵种类的花。采摘的鲜花最好连枝带叶，这样保持新鲜的时间可以长一些，在观察时不至于凋谢，也可以在上课前几天采摘有花蕾的枝条，插在水瓶内，上课时可以直接观察使用。

设计好实验记录单，讨论、总结部分要引导学生比较不同种类的花在结构上的相同和不同，要及时准确地将观察结果记录在表格中。

花的观察记录表

名称	萼片	花瓣	雄蕊	雌蕊	其他
梨花					
海棠花					
迎春花					
玉兰花					

课外实验案例

种植凤仙花

【目标】组织和指导学生通过种植凤仙花的活动了解植物的生长过程,鼓励学生完成植物生长全过程的观察活动,让学生学会持续地、多方面地对事物进行观察,提高科学研究的能力。

【实验材料】凤仙花种子、花盆、泥土。

【实验过程】

(一)活动准备阶段

1. 组建活动小组,制定活动计划。

2. 准备实验相关材料:种子、花盆、泥土、各类记录表格等。

(二)实验操作阶段

1. 选种。

解析:要挑选那些饱满的、没有受过损伤的种子。

2. 准备好花盆和土。

解析:注意花盆底部的出水孔,可以把一块小瓦片放在花盆的出水孔上,然后放入适量的土。

3. 用手指在土中按2~3个小坑,深度约1厘米,每个小坑里放1粒凤仙花的种子,再用土盖上。

4. 往花盆中浇适量的水,使土壤湿润,将花盆移至温暖的地方。

(三)做观察记录

凤仙花的生长变化记录

时间	我们的实验操作	观察到的现象	根的长度(毫米)	植株高度(厘米)	叶的形状和数量
月 日					
月 日					
月 日					
月 日					

解析：种植植物是一项长期的观察研究活动。要注意将播种凤仙花、芽出土、出现花芽、开花、果实成熟的准确日期记录下来，还可以用文字、图画和照片等方式写观察日记。

实验 2 观察种子的结构

以"种子的萌发"一课为例，通过观察浸泡过的蚕豆种子内部结构，观察发芽的蚕豆结构特征。

【目标】通过观察活动，使学生了解种子的内部结构，培养他们细致的观察能力，以及用归纳方法进行思考的能力。

【实验材料】绿豆、大豆、蚕豆、花生、南瓜、玉米等植物的种子，培养皿，放大镜，镊子，刀片（解剖刀）、解剖针、滴管、碘液。

【实验过程】

活动一：观察种子的外形

以小组为单位，观察、辨认各小瓶内装的是哪些植物的种子，自主探究两个问题。

问题1：同学们观察到什么？

观察种子的颜色、形状、大小有什么特点？有什么新的发现？

问题2：用力捏浸水的蚕豆种子，有什么现象？

观察：在蚕豆的一端，有一条长而下凹的黑色条疤，是种子成熟后从种柄或胎座上脱落后留下的疤痕，是它的种脐。在种脐的旁边，有个小孔是种孔，用手指按压种脐，水从种孔冒出来（说明，植物萌发前，种孔是水进入种子的重要通道，也是种子进行呼吸作用、气体交换的通道）。

活动二：观察探究种子的内部结构

观察双子叶植物蚕豆种子结构

利用解剖工具对蚕豆种子进行解剖，操作步骤如下：

1. 剥开种皮。用镊子把种皮轻轻剥下，可以看到乳白色的豆瓣——子叶。两片子叶比较肥厚，贮藏着营养物质。

2. 分开子叶。把两片子叶轻轻用镊子分开，剥开时要格外小心，否则胚会受到破坏。

3. 放大镜观察。用放大镜仔细观察，可以看见两片子叶的连接处有一条圆锥形、又白又嫩的胚根，还有两片浅黄色的小叶，这是胚芽。

观察单子叶植物玉米种子结构

操作步骤：

1. 纵切玉米。用刀片将玉米种子从中央纵向剖开，使用刀片时一定要小心，以防割到手指。

2. 滴加碘液,在剖面上滴一滴碘液。

3. 观察。用放大镜观察被碘液染成蓝色的胚乳,以及未被染成蓝色的果皮和种皮、胚根、胚芽、胚轴、子叶。玉米种子的胚含有1片子叶,不肥厚。

胚乳被染成蓝色的原理:淀粉遇碘变蓝色。胚乳是种子内贮藏主要营养物质(淀粉、脂肪)的组织。种子萌发时,营养物质被胚消化、吸收和利用。

总结蚕豆种子和玉米种子的结构异同点,见表格:

项目		蚕豆种子	玉米种子
不同点	子叶	2片	1片
	胚乳	无	有
	营养储存	贮存在子叶里	贮存在胚乳里
相同点		都有种子和胚	

解析: 观察是小学科学实验中最常用的实验方法,也是最基础的实验方式,对小学生养成良好的实验习惯,提高实验技能至关重要。观察实验的一般步骤:由表及里,先形态后结构,先宏观后微观。

给教师的建议: 实验中,要培养学生仔细观察的能力;为使实验现象明显,实验中要注意将选择好的种子在实验前一两天放在水中浸泡,使种子吸水膨胀;所选择的种子外形要完整、肥壮。

观察到的各种植物的种子都有胚和种皮。剥开两片子叶时,要从种子稍空的背面慢慢分开,以免损坏胚根和胚芽,若是瓜类及花生种子要从下部分开。

课外实验案例

持续性观察实验的设计——种植油菜

【目标】

1. 开展观察种子、观察小苗出土、观察小苗的生长变化、观察研究植物生长的条件等一系列观察实验。

2. 培养持续观察能力和长期观察的耐心。

3. 培养做观察记录的能力。

【实验材料】托盘、油菜种子、白菜种子、花盆、标签、土壤。

【实验过程】

活动一:观察油菜种子

1. 将学生分组,分发一定量的油菜种子,学生观察油菜种子的外形、颜色、大小、硬度等,记录种子的特征。

2. 学生播种油菜花种子,一个小组播种一盆。

活动二：观察发芽的小苗

油菜开始发芽时组织学生观察，并设计观察记录单、指导学生记录观察结果。

油菜苗观察记录单 1

小组　　　姓名

观察项目	记录时间	记录结果
小组花盆中长出几颗苗		
发芽的时间		
植物幼苗的形态		
长出的第一对叶的形态		
测量小苗的高度（测量时间）		
观察总结		

活动三：持续观察发芽的小苗形态特征

学生每隔一段时间对小苗的生长情况进行一次观察，每一次都将观察到的情况及时记录在观察记录单上。

油菜苗观察记录单 2

小组　　　姓名

第　次观察	描述	观察的时间
小苗的高度		
小苗叶子的变化		
小苗颜色的变化		
我观察到的其他情况		
观察总结		

实验 3　观察昆虫的主要特征

【目标】通过观察活动，引导学生从原有的"虫"的概念中得出准确、科学的昆虫概念。同时培养学生观察、比较、概括的能力。

解析： 在小学科学课程中，昆虫身体的外部形态和昆虫的生命周期是生命科学领域的重要内容，昆虫是小学生比较喜爱的动物，从小学生喜欢的动物入手来学习生命知识，是很好的方法。以蝗虫和蚕的一生为例，小学生可以观察昆虫的身体外部形态及生长发育特征。

活动一：观察蝗虫

观察昆虫的外部形态。按照一定的观察顺序依次观察。

解析： 观察动物的外部形态一般采用从整体到局部的观察顺序。整体上观察动物身体的形状、颜色、身体分为几个部分等。局部再按照方位顺序观察。我们可以用眼睛看，可以用手摸，也可以用鼻子闻，还可以借助放大镜、镊子、昆虫盒等工具进行观察。

整体上看，蝗虫呈褐色，蝗虫的身体分为三部分：头部、胸部和腹部。

蝗虫的头部有一对触角，呈丝状，触角外侧有一对较大的复眼，两根触角根部，头部正面中间共有三个单眼，头部腹面是一个咀嚼式口器。

蝗虫的胸部有三对足，前足和中足比较细小，是步行足；后足肌肉发达，是跳跃足。中胸和后胸各有一对翅，称为前翅和后翅。前翅狭长、革质，覆盖于后翅上，可以用来起保护作用；后翅宽大、膜质、柔软，常折叠在前翅之下，飞行时展开，是飞翔的器官。胸部还有 2 对气门，中胸 1 对，后胸 1 对。

蝗虫的腹部有 1 对半月形的听器；腹部有八节，第一节至第八节各有一对气门；末端，雌性有产卵器，雄性有交接器。

活动二：观察蚕的一生

1. 教师展示蚕的一生的图片，蚕的一生需要经历卵、幼虫、蛹和成虫四种形态，四种形态都不一样，我们把这种发育特点叫完全变态。

2. 观察蚕卵。刚产出来的蚕卵是淡黄色的，用放大镜看起来扁扁的、有点椭圆，若一直放在常温下会逐渐变成紫黑色。蚕卵一般都保存在冰箱中，取出后放在室温下，最适合蚕卵孵化的温度大约是室温 25℃，蚕卵会逐渐变成紫黑色，大约两个星期左右，即可孵化出幼虫。幼虫把卵壳咬破后，先露出头部，然后爬出卵壳。

3. 观察幼虫。刚孵出的蚕，全身黑黑的长满黑毛，像蚂蚁一样，叫作蚁蚕，或称一龄蚕。蚁蚕通过摄食迅速生长，体色逐渐变淡转呈青白色，约两天后毛即不明显了。蚕生长到一定程度时需蜕去旧皮，生长出较宽大的新皮再继续生长。蚕在蜕皮过程中，新皮形成时需要睡觉，称为"眠"。蚕"眠"后，蚕开始从头到尾"蜕皮"。眠又是划分蚕龄的界限，蚁蚕摄食后称第一龄蚕，第一次眠后称第二龄蚕，依次类推，第四次眠后称第五龄蚕。每个龄期的眠期长短不一，从数小时到一天。眠期的幼虫不吃不喝。在蚕宝宝时期，共要脱皮四次，成为五龄蚕后才开始吐丝结茧。

4. 观察蛹期。蚕发育到五龄末期，逐渐停止取食，蚕体收缩，排空消化道，呈透明状，此时叫熟蚕。熟蚕开始吐丝。熟蚕从吐丝至结茧完毕，2 天左右。蚕结完茧后，再经过 2～3 天，在茧中会再蜕皮一次化蛹。蛹的颜色是咖啡色。蚕在蛹期不吃不喝，外观上没有形态变化，体内却在剧烈蜕变，幼虫器官的解离、改造和成虫器官的发生、形成均在此期间完成。

5. 观察成虫。当蛹完成发育后，会蜕一次蛹皮，羽化为成虫——蚕蛾。羽化后的蚕蛾体内生殖器官已发育成熟，会分泌汁液，侵蚀蚕茧，由头部从茧内钻出。

蚕蛾有三对足、两对翅膀、一对触角，身体可以分成头、胸、腹三部分。雌蚕蛾羽化后约经 12 小时，无论交尾与否，均会产卵。产完卵，蚕蛾就死了，标志着蚕的一生结束了。

6. 小组讨论，教师引导归纳实验总结：经过观察，我们知道昆虫的特征，身体分为头、胸、腹三部分;头部有一对触角、一对复眼和一个口器;胸部有三对足,一般有两对翅;发育过程有变态。

解析: 在小学科学课程中有养蚕的活动,这个活动从蚕卵孵化开始一直到蚕蛾产卵为止,经历了蚕的一生,持续的时间为50多天,属于长期观察,训练学生坚持不懈地观察、记录,确实不容易,因此教师需要做好前期设计、中期检查、末期总结,这样学生才能收获更多。

课外实验案例

户外观察小动物的活动

【目标】 通过观察区域内小动物的种类、外形特征和生活习性,使学生学会观察和调查的方法,并完善调查记录。

【实验材料】 昆虫盒、放大镜。

【实验过程】

(一)活动准备阶段

1. 组建活动小组,制定活动计划。
2. 准备实验相关材料:昆虫盒、放大镜、各类记录表格等。
3. 选定观察的区域。

(二)实验观察活动

1. 引导学生在不同的地点观察动物。
2. 学生分组仔细观察。
3. 指导学生把观察结果写在或者画在活动记录表上。

解析: 在观察活动中,引导学生爱护小动物,不伤害它们,保护它们的生存环境。注意安全,不在有危险的地方活动。

调查记录表

日期	发现地点	观察到的动物
	花坛	蝴蝶
	花坛泥土里	蚯蚓
	砖块下	蚯蚓
	草丛中	瓢虫

实验 4　观察鱼的主要特征

【目标】 通过观察活动,使学生形成准确的科学的鱼的概念,同时培养学生的观察能力和探究科学的兴趣。

【实验器材】 水槽1个、鲫鱼1条、纱布、抹布、红墨水、胶头滴管、气球皮。

解析： 在小学科学课程中有观察鱼的活动，鱼是生活中常见的动物，生活在水中。可以向学生提问：鱼为什么能在水中生活呢？可以从观察鱼的外部形态、鱼的呼吸、鱼的运动分析鱼是怎样适应水中生活的。

观察是人们有目的、有计划的活动，是利用感官直接或借助一定的仪器间接去认识自然界中各种现象的活动，是人们获得经验知识的方法。

观察的时候需要做好记录，可以用文字描述，也可以采用画图、录像、拍照等方法记录观察到的信息。

【实验过程】

活动一：观察鲫鱼的外部形态

明确观察对象及观察目标；把鱼放在水槽里，让鱼自由游动。按照一定的观察顺序依次观察，有方位顺序，从整体到局部，从上到下，从前到后，从左到右；也有时间顺序，按照时间先后进行观察。

解析： 尽量应用感官观察，包括视觉、听觉、味觉、嗅觉、触觉。

1. 首先观察鲫鱼的外部形态。观察鱼的外部形态，明确对象和目标后，我们通常采用的顺序是方位顺序，从整体到局部。整体观察鱼的形状、颜色，身体分为几部分。局部则可以从前到后、从上到下，引导学生进行观察。将观察到的结果如实记录下来。

2. 把鱼从水中抓出来，拿在手里观察。通过观察，我们知道鲫鱼的身体整体呈流线型，摸起来黏黏的，全身被鳞，身体上部颜色深、下部颜色浅。整个身体可以分为头部、躯干部和尾部。

头部从前到后，最前端是口，口的上方是鼻孔、鼻的后方是一对眼、眼的后方是鳃盖，打开鳃盖能看见里面鲜红的鳃。

躯干部背上有一个背鳍，腹面有一对胸鳍、一对腹鳍、一个臀鳍，尾部有一个尾鳍。

在躯干部的两侧中央每片鱼鳞上有一个黑点，这些黑点连成一条线，是侧线，用来感知水流方向及水压。

活动二：观察鲫鱼的呼吸

解析： 教师可以引导提问：鲫鱼是怎样呼吸的呢？用鼻子还是口进行呼吸？

【观察方法】

1. 观察鲫鱼的呼吸动作，看它的口和鳃盖是怎样相互配合动作的？

通过观察我们发现鱼的口一张一合，鳃盖也一张一合。口和鳃盖是怎样配合的呢？口张开，鳃盖合上；口闭上，鳃盖张开。当观察到这种现象时，我们就会产生猜测，鱼是在喝水还是在呼吸呢？

2. 设计一个实验。将红墨水滴到鱼的口边，看看有什么现象发生？当红墨水滴到鱼的口边，发现红墨水从鳃盖后方出来。说明鱼张嘴喝的水没有进到肚子，而是从鳃盖后面出来了。

通过前面观察,发现鳃盖里面是鲜红的鳃丝,通过鳃丝的毛细血管交换气体,说明鱼是用鳃呼吸的。

活动三:观察鲫鱼的运动

观察鱼缸中的鲫鱼在游泳时各种鳍的动作,猜测鱼鳍起什么作用?

观察验证我们的猜测。

设计探究方法:

1. 用橡皮筋套住鱼的胸鳍和腹鳍,然后把鱼放入水中,观察鱼游泳姿势有什么变化。
2. 用橡皮筋套住鱼的背鳍,然后把鱼放入水中,观察鱼游泳姿势有什么变化。
3. 用纸板夹住鱼尾,再用橡皮筋捆住纸板,观察鱼游泳姿势有什么变化。

通过观察,当套住胸鳍和背鳍时,鱼的身体摇晃,不能平衡;当套住背鳍时,鱼的身体不能直立;当套住尾巴时,鱼不能转弯。因此鱼的背鳍是起保持直立的作用,胸鳍、腹鳍是起保持平衡的作用,尾鳍是起保持方向和提供运动动力的作用。

结论:鱼能够在水中生活,身体呈流线型,体表有鳞,用鳃呼吸,用鳍游泳。人类利用鱼鳍的作用,发明了船桨。

课外实验案例

观察金鱼

【目标】通过观察金鱼,让学生了解金鱼的形态特征,探究金鱼的吃食、呼吸和运动。

【实验过程】

1. 观察金鱼的外形。观察金鱼的身体构造、鱼鳍及运动方式。

解析: 不要触摸金鱼,要安静认真地观察,小组讨论金鱼游泳的方式。

2. 观察金鱼的呼吸方式。观察金鱼鳃的活动,数数鱼鳃一分钟开合几次。
3. 观察金鱼的捕食。准备一些鱼食或面包屑。轻轻往鱼缸里放几粒鱼食,观察金鱼是怎样把食物吃下去的。观察鱼缸里有金鱼的粪便吗?从哪里排出来的?是什么样的?

解析: 鱼食不能喂太多,容易把金鱼胀死。

4. 小组交流讨论实验结论。

(二)与生命共同特征有关的实验

实验 1 根的吸水作用和向地性、向水性实验

【目标】引导学生通过实验了解植物的根有向地性、向水性。了解环境对植物有很大的影响,并提高实验设计和分析能力。

解析：教师可以通过前面做过种子萌发的实验观察到"种子萌发时是先长根，再长茎和叶"，提问引导学生：为什么植物要先长根呢？根在植物生长过程中起着什么样的作用呢？根在生长方向上有什么特别的呢？

将采取观察法、控制变量法和动手实验的方法，记录实验结果，分析原因，得出结论。

【实验过程】

活动一：研究植物根的作用

1. 选择一株带根的植物，放在一个盛水的容器中。
2. 将植物的根浸泡在容器的水中。
3. 在水面滴一层油，使容器中的水不会被蒸发到空气中，并在容器外壁的水面处做好标记。
4. 观察容器中水量有什么变化。
5. 实验结果：放置几天之后，容器中的水面下降到标记的下方，容器中的水量在减少。

注意事项：为使实验效果更明显，可选叶片较多的植物，放在细长的容器中，并将整个实验装置放在阳台上。

解析：植物的根能够吸收土壤中的水分，满足植物生长的需要，还能将植物固定在土壤中。农作物倒掉以后，不需要扶起，一段时间后，它们的根总是向下生长，茎向上生长。

活动二：研究根的生长方向

1. 将绿豆或其他豆类的种子，放在含水的卫生纸上一昼夜。
2. 取三个透明的杯子，在杯壁内铺上一层纱布或餐巾纸，向杯中加入一定的土壤。
3. 取三颗已萌发的种子放到杯子和纱布之间的壁上，注意调整它们的方向，使种脊处于不同的方向。
4. 每天浇适量的水，保证纱布或餐巾纸处于湿润的状态。
5. 观察幼根的生长方向。
6. 观察到的实验现象是三种放置方向种子的幼根均向下生长。
7. 结论：种子萌发时先长根，再长茎和叶。根的生长速度较快。植物的根总是朝着地心的方向生长，即植物具有向地性。

注意事项：杯子里水的量要适宜，保证幼苗的正常生长。

活动三：观察根的向水性生长

1. 将纸巾或纱布平铺在培养皿中，可以多铺几层。用剪刀从中间剪开，放入塑料片隔开。
2. 用滴管在纸巾的一头滴水，保证纸巾的充分湿润。
3. 将发芽的绿豆逐一摆放在纸巾的另一边，靠近塑料片，使芽的方向与塑料片方向一致。用滴管轻微湿润绿豆，保证其正常生长。
4. 定时充分湿润纸巾。

5. 结论：植物的根能吸收水分，供植物生长所需。根具有向水性特点，植物的根朝着有水的地方生长。

 课外实验案例

探究种子的萌发条件

【目标】引导学生通过实验了解种子萌发必须具备的条件，培养学生的分析思维能力和设计对比实验的能力。

【实验材料】准备未发芽的绿豆种子40粒左右，湿纸巾，一个小勺，标签纸，培养皿，清水。

解析：学生在掌握了观察和动手实验技能后，要开始引导孩子们主动观察身边的世界，探究各种感兴趣的问题，并在教师的指导下设计实验。观察种子萌发条件的实验，是基于学生对种子的结构有了了解后，对种子发芽条件进行研究，引导学生提出问题、进行假设、制定计划、控制变量、观察现象、总结结论，考察学生知识的运用和动手能力。

【实验过程】

活动一：探究绿豆种子发芽必须要有水吗？

两个组相同的条件：温度、空气、5粒大小相同的绿豆种子。

两个组不同的条件：水。

实验方法：

(1) 准备两个培养皿，设为1组和2组。培养皿分别放上纸巾。

(2) 第1组纸巾加水湿润种子，保持湿润，叫实验组；第2组种子纸巾保持干燥，叫对照组。

(3) 及时观察记录种子的变化，及时记录。

日　期	种子的变化	
	第1组	第2组

实验结果：

第1组的种子全部发芽了，第2组的种子都没有发芽，说明种子的萌发需要水。

活动二：探究绿豆种子发芽需要阳光吗？

两个组相同的条件：温度、空气、5粒大小相同的绿豆种子。

两个组不同的条件：光照条件。

实验方法：

(1) 1组和2组培养皿内分别放上同样条件的纸巾和绿豆。

(2) 1组盖上透明培养皿,2组盖上黑色培养皿。

(3) 及时观察记录种子的变化,及时记录。

第1组盖上透明培养皿,是对照组;第2组罩上黑色培养皿,是实验组。实验注意:培养皿桌面接触的地方留有空隙,方便空气流通。

日　　期	种子的变化	
	第1组	第2组

实验结果:

第1组和第2组的种子全部发芽了,说明光照对种子萌发影响不大。

活动三:探究绿豆种子发芽需要空气吗?

两个组相同的条件:温度、光照、5粒大小相同的绿豆种子。

两个组不同的条件:空气条件。

实验方法:

(1) 1组和2组盘子内分别放上同样条件的纸巾和绿豆。

(2) 1组正常条件培养,2组封上透明封口袋,用针管把空气吸出成真空状态。

(3) 及时观察记录种子的变化,及时记录。

第1组正常培养的种子是对照组;第2组真空状态培养的种子是实验组。

日　　期	种子的变化	
	第1组	第2组

实验结果:

1组的种子全部发芽了,2组的种子都没有发芽,说明种子萌发需要充足的空气。

活动四:探究绿豆种子发芽需要适宜的温度吗?

两个组相同的条件:空气、光照、5粒大小相同的绿豆种子。

两个组不同的条件:温度。

实验方法:

(1) 1组和2组盘子内分别放上同样条件的纸巾和绿豆。

(2) 1组正常室温(25 ℃)培养,2组放置冰箱里培养。

(3) 及时观察记录种子的变化,及时记录。

第1组正常室温(25 ℃)培养的种子,是对照组,第2组真空状态培养的种子是实验组。

日　　期	种子的变化	
	第1组	第2组

实验结果：

1组的种子全部发芽了，2组的种子都没有发芽，说明种子的萌发需要适宜的温度，外界温度过高或过低都会对种子的萌发产生影响。

解析： 可以引导学生设计拓展实验"探究种子的自身条件对种子萌发的影响"，引导学生进行假设、制定计划、控制变量，最后得到实验结论：

(1) 种子是完整的，并且是活的。

(2) 已经过休眠期(休眠期的种子是不能萌发的)。

实验建议： 种子要选择好，用肥壮一致的。

实验2　蚯蚓喜欢的环境

【目标】 通过对蚯蚓进行细致的观察，使学生了解蚯蚓的运动方式，培养他们的观察能力、分析思维能力等。

解析： 引导学生提出问题、进行假设、控制变量、制定计划、动手实验、分析总结、得出结论，是小学生进行科学探究性实验的基本步骤，不仅运用于对植物的探究，对动物的探究也可按照这个步骤进行。可以引导蚯蚓可能适宜的环境条件，设计实验步骤，进行问题探究，多次重复实验得出实验结论。

问题探究1：蚯蚓喜欢黑暗还是光亮的环境？

设计实验过程：

(1) 准备长方形的盒子，将盒盖的一端剪掉一块。

(2) 将一组5条蚯蚓放在盒子中间，盖好盖子，5分钟后，打开盒盖观察，做好记录。

(3) 重复实验步骤(2)，统计实验结果。

实验次数	明亮一端的蚯蚓数	盒子中间的蚯蚓数	黑暗一端的蚯蚓数	我们的解释
1				
2				
3				

实验结果： 实验小组的蚯蚓全部待在黑暗的一端。

问题探究2：蚯蚓喜欢干燥还是湿润的环境？

设计实验过程：

(1) 在盒子两端分别铺上同样土质的泥土，不同的是一边干燥，一边湿润。

(2) 把蚯蚓放在盒子的中间,盖好盖子。

(3) 5分钟后打开盒盖,做好观察和记录。

(4) 重复实验几次。

实验次数	干燥土壤的蚯蚓数	盒子中间的蚯蚓数	湿润土壤的蚯蚓数	实验说明
1				
2				
3				

实验结果:

实验小组的蚯蚓都待在湿润土壤一侧,蚯蚓喜欢潮湿的环境。

蚯蚓生活在阴暗潮湿、富含有机物的环境中,15 ℃～25 ℃为最佳温度,土壤的含水量一般在60%以上。

总结:蚯蚓喜欢生活在黑暗、潮湿的环境中。

拓展:如何通过实验设计和动手实验来验证下列设想?

蚯蚓的呼吸要靠能分泌黏液、始终保持湿润的体壁来完成。

(知识点:蚯蚓的体壁密布毛细血管,空气中的氧气会先溶解在体表黏液里,然后渗进体壁,再进入体壁的毛细血管中。体内的二氧化碳也经过体壁的毛细血管由体表排出。动物生活需要适宜的温度。蚯蚓不能保持恒定的体温,只能生活在温度变化不太大的土壤深层。)

解析:教师可以通过实验范例,使学生掌握探究性实验的一般步骤和方法,课后要引导学生进一步就感兴趣的问题进行拓展实验。

(三) 与生物、环境有关的实验

实验 1 食物网的制作

【目标】研究生物体与生物体之间的相互作用,探究动植物及微生物之间的依存关系,以及动植物间的食物关系。

解析:需提前掌握食物链和食物网的概念。在一簇花丛中生活着一些生物,比如小草、蚜虫、瓢虫、小鸟,小草被蚜虫吃,蚜虫被瓢虫吃,瓢虫被小鸟吃,生物之间这种像链环一样的食物关系叫作食物链。田野里有很多生物,这些生物间存在着复杂的食物关系。同一种植物会被不同的动物吃掉,同一种动物也可吃多种食物,生物之间这种复杂的食物关系形成了一个网状结构,叫作食物网。

【实验过程】

(一) 准备工作

1. 选择一个特定的食物网栖息地。

2. 列出栖息地中的生物。拿出一张纸,开动脑筋,想想所选的栖息地生活着哪些生物,把它们全部列出来。

3. 拿一张大纸,绘制食物网。

解析: 由于食物网不是线性的,如果其中涉及很多生物,可能就需要很多的位置来绘制。选一张足够大的纸,要能放得下生物名称甚至插图,也可以使用电脑的绘图程序来绘制食物网。

4. 为食物网命名。在食物网的顶部,用较大的字写下标题,标题应该能够很好地描述整个网络,比如用你正在研究的栖息地类型来命名。

5. 确定是用标签、插图,还是同时使用两者来代表生物。

解析: 应该使用统一的唯一规则来标示食物网。其中可以包含插图,但它们画起来会花费更长的时间。除此以外,只用生物的名字或学名来标记它们也是可以的。

(二)绘制食物网

1. 在纸上列出所有生产者。生产者的位置可以画在页面底部,也可画在任何的地方,只要在它们之间留出一定的间隔就行。

2. 在页面上列出初级消费者。它们位于食物网的另一层级。初级消费者是以生产者为食的生物。它们只吃植物,也被称为食草动物。

3. 添加次级消费者。它们可能是只吃肉的肉食动物,也可能是既吃肉,又吃植物的杂食动物。在你的列表中查找这类生物,然后把它们添加到页面的任意位置。

4. 加入三级和更高层级的消费者。这些生物以次级消费者、初级消费者和生产者为食。它们可以把上述三类生物都当作食物,但是吃次级消费者是成为三级消费者的必要条件。除此以外,你还可以添加以三级消费者为食的动物。

5. 在生物之间画上箭头,表明食物关系。完成这一步后,食物网才会看起来像一张网。用一些箭头连接捕食者和猎物。箭头以被吃的动物为起点,指向捕食的动物。每种生物都可以是多个箭头的起点或终点。

解析: 本课研究的是生物与生物之间的关系,并对动植物间的食物关系进行重点研究,通过对食物链和食物网的学习,为认识生态平衡打下基础。这一课需要重点让学生理解箭头的含义,它是按照谁被谁吃的顺序表示食物关系,因此是由被吃者指向吃者,也代表着食物链中能量流动的方向。

实验 2　生态瓶的制作

【目标】 在学生已经认知食物链和食物网的基础上,进一步研究生物与生物之间相互依存、相互作用、相互制约的关系。

解析: 生态瓶就是一个微型生态系统。一个完整的生态系统,包括生物和非生物。在生态瓶内,小虾、小鱼以水草为食,吸收水草光合作用放出的氧气得以生存。水草则依靠自身的叶绿素,利用阳光、水和小虾、小鱼呼出的二氧化碳进行光合作用,合成自身需要的营养,同时放出氧气。小虾排出的粪便由细菌分解,分解后的粪便正好是绿藻的肥料,两者相辅,得以长期生存。生态瓶是密封的,因此不能加入任何食物或气体,唯一可进入系统的是光线,整个系统也是靠光线做能量推动的。

（一）材料准备

1. 挑选合适的瓶子:在水生生态系统中,越大的瓶子,生态系统越稳定。

2. 选择植物:水草种类繁多,选择合适的水草才能保证它能够在瓶子中继续蓬勃生长。

3. 选择动物:鱼类在生态瓶内极容易死亡,因此建议大家选择一些更加小型的鱼类、螺。

4. 选择沙:沙子是必不可少的,沙子可以让大量硝化细菌附着,是微生物附着的主要场所,生态系统中分解者也扮演着十分重要的角色。（注意清洗沙子）

5. 选择水:池塘水是最适合的,尽量不要选择自来水作为生态瓶的主要用水。

（二）环境布置

将塑料瓶清洗干净后剪掉上面一部分,再在桶底装入一层淘洗干净的沙,再装入大半桶自然水域中的水。

（三）放入生物

用镊子把水草的根部固定在沙子中,注意水草的量不宜太多,待水草存活后再将小动物也加入进去。

（四）观察记录

将瓶子密封放在光线充足的地方,每天注意观察生态瓶里发生的变化,把自己的发现记录在表上。

【注意事项】

1. 动植物的合理配比。生态瓶与平时我们养金鱼用的水缸等开放式体系（需要换水、投食）不同,生态瓶作为封闭体系,除了阳光,没有任何输入,如果其中的动物吃太多,超过植物生长的速度,系统就会失去平衡。选好了植物和动物,生态瓶就可以说成功了大半。

2. 合适的光照和温度。为了让植物有足够的光照可以进行光合作用,生态瓶需要放置在光照足够的地方。但光照如果过强（如被太阳直射）,生态瓶较小,温度很容易升高,而植物一般不耐高温,很容易死亡,且瓶内温度高,对小鱼也很不利。

3. 终止实验。当你发现生态瓶已无法维持时（植物大片死亡,动物数量急剧下降）,请及时干预或将活着的生物放生。生态瓶终究无法完全还原大自然,所以它的自动调节能力有限,不可能永久维持,如果失败也是正常的。

解析: 学习生态瓶的原理及制作方法,可全面认识生物与生物之间相互依存、相互作用和相互制约的关系,进而建立起初步的生态系统的概念。该实验容易进入一个误区,变成金鱼的饲养、观察,因此设计时要特别注意提醒学生生态瓶制作好后需要密封处理,只能让阳光进入生态瓶中。

 课外实验案例

观察池塘里的生态环境

【目标】引导学生发现生物之间互为食物的关系,模拟池塘制作生态瓶研究池塘生物之间的关系,并坚持长期观察和记录。

【实验材料】生态缸、小鱼、水草等。

【实验过程】

1. 出示池塘群落的挂图,引导学生观察。
2. 取池塘水样带回实验室观察水中的微生物种类。
3. 用食物链的方式将各种生物的食物关系进行排列。
4. 把池塘搬回家,利用实验材料在家里制作一个模拟的"小池塘"。
5. 做好观察记录,分析生物之间的相互关系。

观察实验记录单:模拟池塘的生态环境

观察日期	植物的情况	动物的情况	水的情况	其他情况

(四)与健康生活有关的实验

实验 1　唾液对淀粉的消化实验——提取食物中的淀粉

【目标】探究唾液对淀粉的消化作用。

解析:淀粉是人类摄取的主要食物来源之一,我们常吃的米饭、马铃薯等食物中就含有丰富的淀粉。实验材料获取比较方便。

【实验方法】观察法、控制变量法和动手实验。

解析:可利用淀粉和碘酒相遇时颜色会发生变化这一特性,检验一些食物中是否含有淀粉。唾液中含有的唾液淀粉酶可以消化淀粉。

【实验材料】马铃薯、清水、碘液、淀粉液、试管、小烧杯、小量筒、水浴。

【实验过程】

(一)以马铃薯为例,提取淀粉

第一步:取一个马铃薯,将其切开,在剖面滴2～3滴碘酒,发现遇碘酒的部分变成蓝黑色,证明马铃薯中含有淀粉。

第二步:将马铃薯去皮,切成细末。

第三步:把马铃薯细末放在一块纱布上,把布兜放入水中用手使劲搓揉,布缝中有细小的粉末渗出。

第四步:静置大约半小时后,水盆底部会有白色的沉淀物,倒去上面的水,把白色沉淀物取出晒干,即马铃薯的淀粉。

(二)唾液消化淀粉的实验过程

第一步:准备两个试管,在试管外壁贴好不同标签。实验组加入唾液,对照组不加唾液。

第二步:收集唾液。

解析:注意要漱口,把舌尖抵在下颌门齿的下方。很快,就会有洁净的唾液沿唇滴下,进入试管。

第三步:在两个试管内分别装入不超过试管体积1/3的淀粉糊,摇晃混匀。

第四步:将两个装有淀粉糊的试管同时放在盛有37度左右温水的烧杯中,约五分钟。

解析:可组织学生讨论"为什么水温是37度左右?"

第五步:将碘酒分别滴入两个试管中,可以看到未加入唾液的淀粉糊变成蓝色,而加入唾液的淀粉糊不变色或变色不明显。

解析:实验过程中水温不宜过高或过低,温度超过40℃,会破坏消化酶活性;温度过低,消化酶会缺少活力。

课外实验案例

动物园观察动物牙齿

【目标】

1. 发现不同动物牙齿形状与功能的关系。
2. 了解食草性、杂食性、食肉性动物特征。

【实验过程】

1. 去武汉市内动物园,对该园的动物进行识别观察。
2. 观察具有代表性的6种动物的牙齿(鳄鱼、松鼠、骆驼、海象、大象、狮子),记录不同动物牙齿的特点。

解析:有些动物不便于直接观察牙齿特点,可以结合动物园的展览图或者动物模型进行了解。

3. 观察牙齿的形状,并根据形状分类。根据形状分类,数一数相同类别的牙齿的分布及数量。
4. 总结食草性、杂食性、食肉性动物牙齿的特征。

实验报告单:观察牙齿

动物名称	牙齿的形状	牙齿的名称	牙齿的数量	牙齿的作用
鳄鱼	尖、钝、多、小			
松鼠	长门牙			
骆驼	平、钝			
海象				
大象	牙齿长在外面			
狮子				

实验 2　测量肺活量

【目标】

1. 使学生认识到肺活量是人体吸入最多的空气后,呼出去空气的量,是人体发育是否健康的一个指标。
2. 学生学会利用简易设备测量肺活量。
3. 使学生意识到呼吸系统与空气质量关系密切,逐步建立环境保护的意识。

【材料准备】 简易肺活量测量袋、吸管、回形针、实验记录单。

【实验过程】

1. 展开测量袋,将吸管插入测量袋。

解析: 教师在测量开始前要确保测量袋中没有多余空气。

2. 深吸一口气,捏紧袋口,将气体从吸管呼入测量袋。

解析: 教师要注意提醒学生只能吹一口气,中途不允许换气。

3. 肺部全部气体呼出后,拔掉吸管,向里卷折测量袋,卷的过程中注意避免空气漏出,直到卷不进去为止。

4. 读取鼓起的测量袋上的最大数值,单位为毫升。反复测量三次,记录数据。选择最大值作为肺活量值。

5. 各小组数据汇总,统计全班学生的肺活量数据表。

第四节　地球与宇宙科学领域

一、地球与宇宙科学领域实验概述

地球与宇宙科学领域是小学科学课程内容之一,包括三条主要概念:在太阳系中,地球、月球和其他星球有规律地运动着;地球上有大气、水、生物、土壤和岩石,地球内部有地壳、地幔和地核;地球是人类生存的家园。本领域内容是小学生认识大自然的基础,是小学生科学素养不可或缺的组成部分,也是小学生十分喜欢的内容。模拟实验是本领域常用的实验方式,但由于诸多客观条件的制约,该领域的实验活动在教学中面临着许多困难,特别是教具学具缺乏和配备水平与课程实施的要求间存在的矛盾,影响了这一部分内容的学习。

二、地球与宇宙科学领域实验的主要内容

(一) 地球与宇宙科学领域实验的概念

地球与宇宙科学领域多为宏观、抽象的内容,一般是通过模拟实验来进行探究。所

谓模拟实验就是指客观条件不能对某些自然现象进行直接实验,只能借助间接的手段,先设计一个与需要研究的自然现象(原型)相似的"模型",然后通过对模型的研究间接认识自然现象及其规律的实验。例如,在深秋的早晨,能在树叶和草地上看到露水。露水是怎样形成的?通过推测,分析出露水是大气中的水汽遇冷凝结而成的。在此基础上,建立实验模型:把一个冷的物体(铁筒中放入冰水,使物体表面温度明显低于气温)放在空气中,过一段时间后看看冷的物体表面是否有水珠产生。通过实验得出,露水是空气中的水汽在遇冷时凝结而成的。

(二)地球与宇宙科学领域实验的功能

1. 地球与宇宙科学领域实验的认知功能

在科学知识维度,地球与宇宙科学领域的实验是在小学科学教学中进行的与地球表面或者宇宙空间知识相关的科学事实的模拟实验,因此在认知方面的功能就是促进学生探究有关地球表面和宇宙空间的自然现象背后的原因、自然事物发展变化过程中导致最终结果出现的自然因素之间的因果关系,了解自然界中的现象是由多种因素导致出现的。

2. 地球与宇宙科学领域实验的方法功能

地球与宇宙科学领域实验在实验操作对象、仪器、方法等方面有与其他科学实验不同的地方,但"课标"中并不强调这种特殊性,它关注的是科学实验的一般方法。在"课标"中的"科学探究"的具体内容标准中科学领域实验方法功能:提出问题、猜想与假设、制订计划、观察实验制作、搜索整理信息、思考与结论、表达与交流。将地球与宇宙科学领域的实验过程完全展开后,更为准确的对应应该是,了解原型提出问题、猜想与假设、制定计划、建立模型进行实验、搜索整理信息、思考得出结论、类比推理至原型、表达与交流。当学生经历以实验为主要方法的科学探究时,可在以上七方面得到训练。事实上,在科学教学中不可能让每个学生都经历每个实验的完整过程,学生一般是经历部分环节,可能是实验操作环节或整理信息环节,也可能是思考与结论环节,因此,具体的实验设计要看教材及教师的教学安排。

3. 地球与宇宙科学领域实验的情意功能

地球与宇宙科学领域实验可以激发学生学习兴趣,养成实证品质,体会科学技术与社会关系。学生有了学习兴趣,容易表现出想知道、爱提问、能参与中长期的探究活动、愿意合作与交流等行为。

(三)地球与宇宙科学领域实验的内容与目标

地球与宇宙科学领域的内容是一个知识与方法有机统一的科学学科体系,涉及地球系统的组成、结构、成因、变化过程和规律、运行机制以及各要素相互作用下的运动形式和物质、能量的交换。结合小学生的认知特点及学习过程,小学科学突破了原有的学科体系,将地球与宇宙科学领域的相关内容整合成三大主要概念:在太阳系中,地球、月球和其他星球有规律地运动着;地球上有大气、水、生物、土壤和岩石,地球内部有地壳、地幔和地核；地球是人类生存的家园。

1. 在太阳系中，地球、月球和其他星球有规律地运动着

学习内容	学习目标		
	1～2年级	3～4年级	5～6年级
1.1 地球每天自西向东围绕地轴自转，形成昼夜交替等有规律的自然现象。	• 描述太阳每天在天空中东升西落的位置变化；描述怎样利用太阳的位置辨认方向。	• 描述一天中在太阳光的照射下，物体影子的变化规律。	• 知道地球自西向东围绕地轴自转，形成了昼夜交替与天体东升西落的现象。 • 知道地球自转轴（地轴）及自转的周期、方向等。
1.2 地球每年自西向东围绕太阳公转，形成四季等有规律的自然现象。	• 描述一年中季节变化的现象，举例说出季节变化对动植物和人类生活的影响。		• 知道正午时物体影子在不同季节的有规律的变化。 • 知道四季的形成与地球围绕太阳公转有关。
1.3 月球围绕地球运动，月相每月有规律地变化。	• 描述月相的变化现象。	• 知道月球是地球的卫星。 • 描述月相变化的规律。	
1.4 太阳系是人类已经探测到的宇宙中很小的一部分，地球是太阳系中的一颗行星。	• 知道太阳能够发光发热，描述太阳对动植物和人类生活有着重要影响。	• 知道地球是一个球体，是太阳系中的一颗行星。 • 描述月球表面的概况。 • 知道太阳是一颗恒星。	• 知道太阳是太阳系的中心；知道太阳系中有八颗行星，描述它们在太阳系中的相对位置。 • 描述月球、地球和太阳的相对大小和相对运动方式。 • 知道宇宙中有无数星系，银河系只是其中的一个。 • 知道大熊座、猎户座等主要星座；学习利用北极星辨认方向。 • 了解人类对宇宙的探索历史，关注我国及世界空间技术的最新发展。

在教学中，教师可以指导学生开展以下实验活动：

（1）观察、记录、描述太阳每天东升西落的现象，认识太阳每天的位置变化规律，学习观察的方法。

（2）观测、记录一天中不同时段和一段时间内阳光下影子的方向和长短，描述影子

变化的规律;模拟地球自转和围绕太阳公转的运动状态,并将影子的变化与地球运动联系起来。

（3）持续观察、记录一段时间内(上半月)月球在天空中的位置变化和月相变化,学习长期观测的方法;用做游戏等方式,模拟日、地、月三球的运动模式。

（4）收集资料,认识太阳系八颗行星及其大小、位置的相对关系。

2. 地球上有大气、水、生物、土壤和岩石,地球内部有地壳、地幔和地核

学习内容	学习目标		
	1~2年级	3~4年级	5~6年级
2.1 地球被一层大气圈包围着。	• 知道有阴、晴、雨、雪、风等天气现象。 • 描述天气变化对动植物和人类生活的影响。	• 使用气温计测量气温,描述一天中气温变化的大致规律。 • 利用气温、风向、风力、降水量、云量等可测量的量,描述天气。 • 知道气候和天气的概念不同。	• 描述雾、雨、雪、露、霜、雹等天气现象形成的原因。
2.2 地球表面有由各种水体组成的水圈。		• 知道地球表面海陆分布的情况。 • 知道地球陆地表面有河流、湖泊等水体类型。	• 描述地球上的水在陆地、海洋及大气之间处于不间断的循环之中。 • 举例说明水在地球上的循环产生了云、雾、雨、雪等天气现象。 • 举例说明水在地表流动的过程中,塑造着地表形态。
2.3 陆地表面大部分覆盖着土壤,生存着生物。	• 观察并描述周围的土壤上生长着的植物和生活着的动物。	• 知道土壤是地球上重要的资源。 • 知道组成土壤的主要成分。 • 观察并描述沙质土、黏质土和壤土的不同特点;举例说出沙质土、黏质土和壤土适宜生长不同的植物。	
2.4 地球表面覆盖着岩石。		• 知道岩石是由矿物组成的。 • 观察花岗岩、砂岩、大理岩的标本,认识常见岩石的表面特征。 • 知道矿产是人类工农业生产的重要资源。	

续　表

学习内容	学习目标		
	1～2年级	3～4年级	5～6年级
2.5　地球内部可以划分为地壳、地幔和地核三个圈层。			• 描述地球内部有地壳、地幔和地核三个圈层。 • 知道地壳运动是地震、火山喷发等自然现象形成的原因。 • 说出地壳主要由岩浆岩、沉积岩和变质岩三大类岩石构成。

在教学中，教师可以指导学生开展以下实验活动：

（1）使用气温计测量一天中不同时段或不同地点的气温，描述一天中气温变化的大致规律；观察、测量、记录一段时间的天气现象。

（2）运用地球仪或世界地图，简要说明地球上的海陆分布状况，以及陆地上有不同类型的水体；做与地球水循环有关的成云致雨的模拟实验。

（3）观察土壤标本，知道土壤的基本成分，做对比实验，比较沙质土、黏质土和壤土的特征。

（4）利用图片和视频资料，或通过模拟实验，初步了解地震和火山喷发形成的原因。

3. 地球是人类生存的家园

学习内容	学习目标		
	1～2年级	3～4年级	5～6年级
3.1　地球为人类生存提供各种自然资源。	• 说出人类生活离不开动植物的一些实例，初步树立珍惜动植物资源的意识。	• 举例说出人类生活离不开淡水，树立节约用水的意识。 • 说出人类利用土壤进行农业生产的例子，树立保护土壤资源的意识。 • 说出人类利用矿产资源进行工业生产的例子，树立合理开采利用矿产资源的意识。	• 了解地球上的海洋为人类生存提供了生物、矿产、能源等多种资源。 • 知道一些自然资源是可再生的，一些自然资源是不可再生的，列举日常生活中一些可回收或可再利用的资源，树立回收或再利用资源的意识。 • 树立保护资源的意识，说出自己力所能及的保护资源的举措。

续　表

学习内容	学习目标		
	1~2年级	3~4年级	5~6年级
3.2　人类生存需要不同形式的能源。			• 描述人类的生产生活离不开能源。 • 知道太阳能是生活中可利用的一种清洁、可再生能源。 • 描述煤炭、石油和天然气是目前人类利用规模最大的能源，知道它们的形成与太阳能有关。 • 树立节约能源的意识，了解开发利用新能源的一些举措。
3.3　人类生存需要防御各种灾害，人类活动会影响自然环境。		• 了解台风、洪涝、干旱等气象灾害对人类的影响。	• 了解地震、火山喷发等自然灾害对人类的影响，知道抗震防灾的基本常识。 • 说出人类不合理活动对自然环境的影响，树立保护环境的意识。 • 举例说出人类保护环境的举措，能够针对现实环境问题提出适当建议。

在教学中，教师可以指导学生开展以下实验活动：

（1）调查日常生活中垃圾分类、资源回收、物品重复使用等情况。

（2）查阅和分析资料，认识一些资源、能源及其形成过程；认识我国是一个能源短缺的国家，我们需要节约能源，积极开发利用新能源。

（3）观看台风、洪涝、干旱等气象灾害，以及地震、火山喷发等自然灾害的图片或视频资料，了解防御各种灾害的措施。

（4）调查、考察当地水体或空气污染情况，提出一些防治水体或空气污染的合理化建议。

三、地球与宇宙科学领域实验的特点

1. 研究对象或原型与现在时间跨度较大

地球与宇宙科学领域的研究对象大多是自然事物或现象发生现场或发展过程、条件是无法重复和重建的。要想研究这类原型,就需要模拟原有环境或过程,如米勒模拟原始地球环境,在实验室中进行生物起源实验的研究,并取得了成功;比如沙洲的形成过程模拟实验。

2. 研究对象或原型涉及的立体空间范围广

地球与宇宙科学领域的模拟实验,尤其是牵涉日、地、月三球运动的昼夜变化,四季变化,太阳与月球三大模块中的模拟实验对学生的立体空间想象能力要求比较高。此领域的模拟实验主要涉及宇宙空间科学,在模拟实验过程中要求学生对三球的空间运动模式有清晰的认知,在此基础上建立模型,控制变量进行实验,研究昼夜交替、四季变化、日食、月食等的成因。还有一类情况是研究对象在自然状况下难以控制、涉及范围广,且对环境甚至实验者本人都有影响的,例如"模拟酸雨对植物的影响"实验、"河流对土地的影响"实验。在自然状态下很难控制降雨的酸度、河流,因此此类实验宜用模型研究。

3. 研究对象或原型变化过程周期长

很多变化过程往往周期较长,通常需要数月甚至数年。如钟乳石的形成、化石的形成、化石的变化等需要很漫长的过程。在模拟实验中,我们可以利用影响化石因素的替代物模拟其形成变化过程,进而分析化石的变化规律。

四、地球与宇宙科学领域实验的原则

地球与宇宙科学领域的模拟实验更多的是利用模型进行模拟实验。模型是对原型的科学抽象,模型的设计就是利用模拟法,对原型进行合理简化和近似。由于研究目的的不同,设计模型的方法也会有所不同。在设计模型时,通常要遵循一定的原则。

(1)相似性原则。世界上运动着的事物是千差万别的,但在差别中存在着同一性,这种同一性的重要表现就是它们都具有某种程度的相似性。设计模型和运用模型时必须以相似性原则为指导,运用比较、类比等逻辑方法,使模型与原型之间有某些相似之处,如结构相似、过程相似、功能相似、数量关系相似等。这样建立的模型才能真实反映原型的某些属性、特征和规律。

(2)简化原则。建立和运用模型时,既要关注其真实性,又要尽可能加以简化。例如利用三球仪模型模拟日地月三者的运动关系,既考虑到了月球自转和公转的周期、地球自转和公转的周期,以及它们的运动方向等问题,又具体生动形象地表示出了三者的运动关系。

(3)客观性原则。任何模型都视作对原型某一方面的属性、特征和规律的模仿,它是真实的、有条件的,只是在它所模拟的某个方面、阶段才有意义。因此,在将通过模型取得的结论外推到原型时,一定要注意核实和修正,使之更符合客观事实。模型的设计主要包括思维模型和物理模型两个阶段。其中思维模型的设计,是指设计模型或构思模型,通过对原型的认识、理解,抽取内在的、本质的因素,从而抓住原型中的主要矛盾以便进行简化。

例如,在设计月相变化实验模型的时候,首先,通过分析月相过程中主要的因素是月球、地球和太阳三者的位置关系,以及它们的运动情况;其次,进行思维模型设计,即月球绕地球转动,当月球运动到地球背着太阳一侧的影子中时,地球上的人看不到月球,在月球继续转动的过程中,地球上的人将看到月球被照亮的区域变大,从而出现了月相;最后,在思维模型的指导下,以灯泡代替太阳,聚集在一起的一小组学生为地球,而一侧涂黑的篮球代表月球,没涂黑的一侧要时刻冲着灯泡,并且"月球"围绕"地球"公转,"月球"与"地球"之间的距离小于其与"太阳"之间的距离。

五、地球与宇宙科学领域实验的步骤

在小学科学地球与宇宙科学领域中,有关现象事物规律,具有时空的复杂性,常需要通过建构模型模拟实验进行研究。模拟实验是根据事物之间的相似性,对于不可能或不允许进行实际实验的研究对象,运用模拟的方法,设计出模型,对被研究对象进行研究的一种实验类型。根据"从原型到模型再到原型"的规律,细化了模拟实验步骤,具体如下。

(一)感知原型,推测成因

1. 提供资源,获取更多原型信息

感知原型是模拟实验的基础。在一些探究自然现象形成的教学中,让学生穿越时空经历历史或体验各种自然现象是不切实际的,模拟实验之前,要尽可能用更合理的途径让学生获得关于研究对象更全面的信息,如可以提供图片、视频、实物、文字等,引导孩子对这些材料进行全面的观察、解读。对原型了解越深入,模拟实验设计时细节就能考虑得越周密,模拟实验就越科学有效。

2. 搭建思维"脚手架",引导科学推测

推测成因是模拟实验顺利完成的阶梯。推测是一种重要的思维活动,它是人们在已有知识基础上,对未知的事物做出一种大胆的猜测。由于"地球与宇宙"的内容比较抽象,在做推测时,可以提供结构化的资料和利用有针对性的语言,为孩子的思维搭建"脚手架",引导孩子科学推测,培养学生的空间想象能力和逻辑推理能力。

(二)建构模型,模拟实验

1. 材料选取注重"相似性"

模拟实验材料的选择不当,会直接影响实验的科学性。模拟实验材料的选择必须遵循相似性的原理,模型和研究对象(原型)之间具有相似性、模拟所处的实验条件与研究对象所处的实验条件之间具有相似性。

2. 模拟实验设计体现"自主性"

有些教师认为,模拟实验比直接实验更有难度,常直接讲解并演示方法,让学生小

组实验观察现象。这样学生根本不清楚实验的目的,只能按教师的要求去做,没有任何思维活动,设计实验的能力无从培养。模拟实验设计环节是培养学生设计思维的良好途径,教师可以利用"有层次的问题串"引导学生小组自主 合作设计实验,再全班交流完善方案,真正让孩子自主设计实验、设计好实验。

3. 实验操作体现"规范性"

在实验过程中,有些学生没有规范操作,教师要发挥组织者的作用,在操作前强调按实验设计进行操作,在实验中加强调控,并引导孩子细心观察、做好记录。

(三)回到原型,建构概念

1. 还原思考,类比推理

模拟实验的目的就是通过对实验过程与现象的解析,形成概念或建立假说。实验后教师还必须对模拟实验进行还原思考,引导学生将模拟实验的过程和结果转化到现实研究对象中,让孩子去类比推理实物变化的过程和结果,也能很好地训练类比迁移思维能力。

2. 有根有据,建构概念

科学概念的建构是学生的感性认识上升到理性认识的过程。这个建构过程要遵循科学探究的本质——证据意识。教师要引导学生充分运用实验所收集到的证据,和已有的知识经验,进行综合,有根有据地建构概念(假说)。

总之,小学科学地球与宇宙科学领域的模拟实验有其复杂性,不同的教学内容,教学策略可能有差异,细化模拟实验步骤,在各步骤采取相应的教学引导策略,能培养学生的空间想象、模型思维、实验设计和逻辑推理等能力,使模拟实验的教学更加有效。

六、地球与宇宙科学领域实验工具及其使用

(一)地图的使用

1. 工具简介

地图就是依据一定的数学法则,使用制图语言,通过制图综合在一定的载体上,表达地球(或其他天体)上各种事物的空间分布、联系及时间中的发展变化状态的图形。随着科技的进步,地图的概念是不断发展变化的,将地图看成是"反映自然和社会现象的模型""空间信息的载体""空间信息的传递通道"等。传统地图的载体多为纸张,随着科技的发展出现了电子地图等。

2. 工具用途

一是认识功能。作为表达空间现象的一种主要的图形形式,它的认知功能表现在许多方面:可以组成整体、全局的概念,也就是确立地理信息明确的空间位置;获得物体

所具有的定性及定量特征;建立地物与地物或现象与现象间的空间关系;易于建立正确的空间图像。

二是模拟功能。概念模型是对实体的一种概括与抽象,它又可分为形象模型与符号模型。形象模型是运用思维能力对客观存在进行的简化与概括。符号模型是运用符号和图形对客观存在进行简化和抽象的过程。地图是一种"形象—符号"模型。作为一种时空模型,地图在科学预测中发挥重要作用,如气象预报、灾害性要素的变迁及过程预测。

三是信息的传递功能。地图也是空间信息良好的传递工具,地图的另一个重要特征是具有可传递性。地图传递信息时,在传输方式上具有层次性,是平行的,甚至是空间形式的,它比线性传递方式具有更宽的传输通道以及更高的传输效率。

3. 使用方法举例

例如,"地球表面及其变化"单元中的"地球表面的地形"教学。教材只提供了一些地理景观图,只能认识小范围的地形。学生日常生活中见到的地形也受到视野的限制,对于大范围的平原、高原、丘陵,学生难以形成概念。因此,在教学中出示中国(世界)地形图,先认识一些重要图例:蓝色表示江、河、湖、海;绿色表示平原、丘陵;黄色和棕色表示高原、山脉、沙漠;颜色的深浅与高度(深度)相对应。接着通过阅读世界地形图,了解地球表面的地形特点:海洋多陆地少;陆地被海洋分割成几大块,形成大洲、大洋。然后看中国地形图,重点了解我国地形特点:西高东低,地势呈三级阶梯分布;东部多为平原、丘陵,西部多为高原、山脉;认识我国的几个大的平原、盆地、高原等典型地形。

(二)地球仪的使用

1. 工具简介

为了便于认识地球,人们仿造地球的形状,按照一定的比例缩小,制作了地球的模型——地球仪。在地球仪上没有长度、面积和方向、形状的变形,所以从地球仪上观察各种景物的相互关系是整体而又近似于正确的。

按用途分类,地球仪有以下几种类型:① 经纬网格地球仪,在它的球面上只有经纬网格以及度数的注记,也称经纬仪。② 政区地球仪,球面光滑,表示行政区划分的地球仪。③ 地形地球仪,是表示地形的模型,球面可分为平面和立体隆起两种。④ 示意性地球仪,球体仅显示大陆板块及海洋分布情况,常见于装饰性用品。地球仪虽然不能像地图那样详细地表示各种地理事物和现象,也不能完全反映地球的实际情况,但是它没有地图上长度、方向、面积或形状方面的误差和变形,可以帮助我们阐明许多有关的地球概念,获得地球体主体概念。

2. 工具用途

地球仪是学习地理很好的工具,所以地球仪在"地球与宇宙"模块教学中是一种必要的教具。

一是演示地球的自转和公转。理解昼夜交替现象和四季变化现象的成因;认识太阳直射点的变化,极昼、极夜现象。

二是认识经纬线分布特点。认识经纬线形状、方向。

三是认识世界海陆的分布概况。认识七大洲和四大洋的位置关系；认识六大板块位置。

四是学习世界时区的划分。认识世界时区。

3. 使用方法举例

在"地球运动"单元中的"证明地球在自转"教学中，教材中用傅科摆来证明地球在自转，傅科摆的制作有比较高的要求和制作难度，用普通铁架台制作的单摆实验效果又不明显。因此，通过观察地球自转偏向力，来证明地球在自转。具体方法如下：用一个地球仪使地轴垂直于地平面，将地球仪北极向上，先在北半球高纬度处滴一至两滴红墨水，红墨水在地球仪不转动的情况下，就会沿着经线向低纬度流动并留下墨迹。然后自西向东转动地球仪，再在高纬度原地点滴一至两滴蓝墨水，你就会发现蓝色墨水流动的方向与原来红色墨水流动的方向比较，发生了向右改变。同样将地球仪侧转过来，南极向上，用同样方法进行两次演示，比较观察，可发生蓝色墨水流动的轨迹与红色墨水流动的轨道相比，向左偏转了。

再将地球仪静止平放，地轴与地平线平行，在赤道上某点滴一至两滴红墨水，发现红墨水的流动沿赤道线而行。然后在原点再滴一至两滴蓝墨水，并转动地球仪，发现蓝墨水流动轨道与红墨水一致，说明其流动轨道未受地球自转影响。人们在南北两个半球都观察到了水平运动的物体发生偏向现象，而赤道上没有这种现象，由此可以证明地球在自转。

（三）活动星图的使用

1. 工具简介

活动星图（又称"旋转星图"）是一种圆形的可活动星图，有好几个版本，主要可分为夜光型和普通型。这两种结构类似，主要分为上盘和下盘，唯一不同的是夜光型下盘中星图的绘制采用夜光涂料，其中的一个个星点能在夜晚发射出微弱的光亮，不刺激眼睛。上盘（即封面）周围一圈绘有一天24小时的时间刻度圈，封面的一侧往往标明了星等大小、恒星色温等图例，其中心偏向一侧，有一个看似椭圆的窗口，以便星图中在指定时间可以看见的星星能在窗口区域中显示，窗口周围标有东西南北四个方向；下盘，又称星盘，位于封面下方，中心点与上盘固定在一起并可以绕着中心轴自由旋转。下盘从外到内分别绘有12个月和365天的刻度圈，中间绘有由主要亮星组成的圆形的全天星图，包括在地球的某些地区可以看见的亮星、星座和深空天体（部分活动星图有），中心点为北极星（准确地说应该是北极星附近）。因为从地球上能看见的夜空取决于观测者的地理纬度，所以活动星图的窗口会依据纬度做设计，观测者也要选择最接近所在半球纬度的活动星图才能适用。

2. 工具用途

"茫茫星空，繁星点点，怎样去认识它们？从何处开始？"许多小学科学教师在教学星空部分内容时，都会遇到这样的问题。特别是在教学教科版六年级下册"在星空中

"(一)(二)"时,这种困惑就更加强烈,况且许多科学老师本身对星空就不怎么熟悉。此时我们就需要一个观星工具,这就是活动星图。活动星图制作简单,价格便宜,星空图绘制清晰明朗,使用快捷方便,不受条件限制,非常适合初学者、爱好者以及科学教学。活动星图可促动学生持续地观察认识星座,大大延续了学生观察认识星座的活动时间,还可使学生认识星座的质量有所提高。

3. 使用方法举例

在"地球的运动"单元第五课"北极星不动的秘密"教学中,观察北天极天体的东升西落运动现象;观察北斗七星在一年中相同时间不同日期的位置变化;明白北极星处于旋转天体形成的同心圆中心且不移动(准确地说是略微移动,但肉眼无法分辨),所有天体绕北极星东升西落的现象。

因此,顺时针方向旋转上盘(即封面)或逆时针方向旋转下盘(即星盘),在上盘的窗口中即可观察到北天极主要天体东升西落的现象。确定时间,比如每一天的晚8时(即20时),确定一年当中的几个不同日期,将上盘上20时分别对准下盘上的几个确定的日期,在窗口中便可观察到一年中相同时间不同日期北斗七星的位置变化。顺时针方向旋转上盘(即封面)或逆时针方向旋转下盘(即星盘),便可在窗口中观察到北极星处于旋转天体形成的同心圆中心,所有天体绕北极星东升西落的现象。

(四)三球仪的使用

1. 工具简介

三球仪是天文教学和天文普及仪器,又称月地运行仪。它由代表太阳、地球和月球的三个小球组成,并有机械联动装置,是用光学、机械和电子原理制成的一架演示太阳、地球和月球三者运动和相互位置关系以及众多天文现象的教学和展览用的仪器。为了模仿自然界的真实情况,中间的太阳一般采用发光的灯泡,以照亮地球和月球。地球倾斜地在轨道上绕日旋转,月球绕地球的轨道和地球绕太阳的轨道相交成一个角度。这样就可以演示日食和月食、月球的盈亏、地球的自转和公转、昼夜和四季的交替等现象。

2. 工具用途

在小学科学"地球与宇宙"内容领域中,受小学生空间想象能力的影响,关于天体运行变化的教学一直是难点,而采用形象直观的教具是克服困难的关键。三球仪通过机械和电子装置控制日、月、地三者的运转,能直观地展现"三球"在太阳系中最基本和典型的运行状态和轨迹,能反映一年四季中任意一天三者之间的相互位置关系以及各自公转、自转的速度、轨道倾角等,把实际的天体运行情况非常形象地演示出来,使学生能较容易地了解和理解这方面的天文知识。

三球仪还能表演和阐释四季成因,月相变化,月地运行规律,太阳自转,日食、月食的成因,年、月、日的周期形成,日长变化,二十四节气,黄道,天赤道,白道,回归年和恒星年的区别等天文现象和原理,有助于普及天文、地球方面的基本知识,弥补纯理论教学的不足，对破除迷信邪教、提高公众的科学文化素质，有重要的作用。

3. 使用方法举例

在"宇宙"单元"日食和月食"一课中日、月、地三者的运行状态和轨迹的演示，用手连续推动托板，地球绕太阳公转，月球绕地球旋转，可以看到月圆和月缺，当月球运行到地球阴影时，则形成月食；当月球运行到太阳与地球之间时，则形成日食。使用时，用力要轻，按逆时针方向转动。

七、地球与宇宙科学领域实验技能训练策略

学生对地球与宇宙科学领域的知识充满了好奇心，积极地想获取有关知识。但由于地球与宇宙部分的很多认识对象对于学生来说都过于宏观，过于遥远，无法组织学生进行实际观察，因此我们就通过使研究对象微型化或研究对象扩大化的方法，找出研究对象的理想代替物，即组织学生运用模拟实验的方法，认识这类事物。如：大陆漂移，火山喷发，地球公转、自转，流水对地貌的影响，月相、月食和日食等内容，都可以采用模拟实验。模拟实验的主要目的是让学生发现事物的规律，获得新的科学概念。

1. 加强教师操作技能培养，规范课堂演示实验

演示实验是科学课的一种重要而有效的教学方法，是指教师用演示的方法，并结合课堂教学进行的科学实验。其特点是操作简便，现象明显，有较强的直观性与示范性。对于模仿能力比较强的小学生而言，通过演示实验，不仅可以使其比较容易地接受新知识，还可以使其了解正确使用实验器材的方法和操作过程，以便日后独立进行实验时能使用或容易学会使用这些实验器材，并进行正确的实验操作。

小学生模仿能力强，但辨别对错的能力差，演示实验的目的就是给学生展示正确的操作方法，让学生去模仿。如果教师在演示中不注意动作的规范性，很可能让学生学到不好的甚至错误的操作方法，久而久之养成坏习惯就很难改正。因此教师在演示操作中，要加强自身的技能培养，操作力求规范、科学，为学生起到良好的引导作用。

例如在为学生演示"土壤里有什么"实验时，有一个活动是分离小石子、沙、黏土，将干燥的土块放入有水的烧杯中，而后通过搅拌让水和土壤中的物质进行充分的混合，然后进行沉淀，看到土壤中的颗粒按大小的不同自行沉降，通过分层知道土壤中物质的组成。而这一科学概念的形成有赖于学生的操作基础。因此教师在为学生引导这一实验时务必要让学生明确规范操作。努力做到：① 搅拌时玻璃棒要悬空，切不可碰到烧杯壁；② 要给予一定的时间让土壤进行沉降，切不可再去搅拌。在活动操作之前，对于演示中的重点和难点，要放慢操作的速度，并且多和学生沟通交流。让学生在规范操作的同时，加强概念学习和动手操作的联系，提高学生的综合实践能力，促进学生积极主动地发展，从而达到较好的教学效果。

2. 提供有结构的实验器材，培养学生预设能力

所谓有结构的器材就是教师经过精心设计的典型教学器材的组合。这种器材的

组合,既要揭示与教学内容有关的一系列现象,体现教材的科学性,又要符合学生年龄特征和认知规律,贴近学生的日常生活,具有趣味性,使学生喜欢并有能力通过对器材的探索,形成完整形象,进而获取对事物的正确认识。实验教学前,教师应该对实验器材进行合理加工,为学生提供有结构的实验器材,从而更好地培养学生的科学预设能力。那么如何为学生提供有结构的实验器材呢?这主要是考虑实验器材的生活化,为学生选择熟悉的、感兴趣的研究材料。器材的选择脱离学生的生活,一是会分散学生探究的注意力,二是可能会无法引起学生探究的兴趣,三是这些器材学生不易找到,那大量的准备实践器材的工作需要老师去完成,成为一种额外的负担。所以在材料的选择上,教师要尽可能地选学生熟悉的物品或现象帮助学生建构概念。

例如在上"地球内部运动引起的地形变化"一课中,对于模拟火山喷发的实验,一位老师采用了来自学生身边的材料进行实验,起到了非常好的效果。她出示了一瓶可乐,先让学生说出可乐瓶壁与可乐分别模拟的是地球的地壳和里面炽热的岩浆,然后用手晃动使里面的物质运动,模拟地球内部岩浆的剧烈运动。接着老师用一枚针刺破可乐瓶壁模拟地壳出现裂缝,里面的可乐喷涌而出模拟火山喷发。在整个活动中,学生被深深地吸引住了,同时也能根据模拟对象和事物之间的联系,建立科学概念。

3. 精心设计操作环节,规范实验操作要领

教学实践证明,凡是重视并认真做好科学实验,充分发挥科学实验的教学功能,学生的学习能力、观察能力和动手操作能力会得到较大的发展。但同时我们也应该看到,平时教学中关于实验方面有很多地方做得不是很到位。例如教师包办比较多、教师指导不到位、教师关注不全面等。因此在模拟实验操作中,教师既要保障实验材料有结构,也要关注学生的操作规范,提高学生的操作技能。

4. 关注并及时记录实验现象,培养学生科学记录习惯

在实验活动中,观察记录能力是非常重要的。只有准确观察,及时、如实地记录,才能达到实验的目的,才能对实验进行精确的分析和判断,得出科学的结论。在小学科学课堂中,我们发现学生乐于实验,因为学生可以在实验中获得亲历的喜悦、动手操作的欣喜以及成功的快乐。但学生往往表现为爱动手,总是把实验器材摆弄来摆弄去,虽然能仔细、认真地观察,但不爱记录。所以在实验结束之后,学生汇报时往往不能准确地表达在实验过程中观察到的现象,实验记录单也是寥寥几笔简单记录。因此在实验活动中,应指导学生关注并及时记录实验现象,培养科学记录习惯。

5. 学会分析解释实验现象,提升学生信息处理的能力

从观察现象到分析比较、得出实验结论,是一个从具体到抽象的思维过程,是思维从感性到理性的质的飞跃,只有完成了这个飞跃,才算真正得到了知识。当学生在经历了模拟实验的过程,并认真观察了实验的现象时,还少不了对实验现象的分析和解释。这是一个抽象思维的过程,教师在教学中,一定要给予学生一定的时间进行认真细致的实验分析,提升学生信息分析的能力。

八、地球与宇宙科学领域实验案例及解析

实验 1 《月相变化》实验设计

【实验准备】

教师准备:三球仪 1 台、月球模型(黑白球)1 个、太阳卡片 1 张、月相卡片若干张、PPT。

学生准备:每组月球模型(黑白球)1 个、月相记录表 1 张。

【实验过程】

(一)展示月球模型(黑白球)

月球本身不发光,但可反光,在太阳光照射下,向着太阳的半个球面是亮区,另半个球面是暗区,依据这个现象制作了黑白球模型,在实验中,白球面始终朝黑板(太阳)。

(二)介绍实验方法

如图所示,用黑板所在的墙面模拟太阳照射方向,用集中在教室中间的学生模拟地球上的观察者(在学生周围画一个圆圈代表月球绕地球的运行轨道,确定 5-7-1-3 四个点),教师手举黑白球模拟月球。

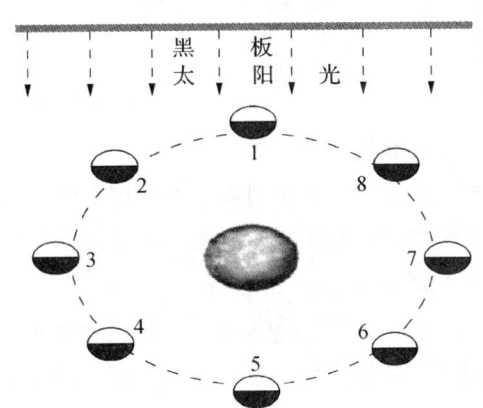

(三)教师演示实验

教师按逆时针转动,依次站到图 5-7-1-3 的位置,请观察者分别观察 4 个位置的"月相",请学生在黑板上用贴图确定相应的 4 个月相,并小结月相变化的含义。

(四)学生分组做模拟实验

学生分组做模拟实验,用贴图确定 2-4-6-8 四个位置的月相。

月相观察记录表

位置	1	2	3	4	5	6	7	8
月相								

（五）汇报、交流月相模拟实验结果

各小组展示月相记录表，汇报观察的实验结果。

（六）得出月相变化原因的结论

分析小组实验结果，得出月相变化的规律。

实验 2　《是谁制造了风》实验设计

（一）实验准备

风的成因实验器（观烟箱）、艾条、点火器、风车。

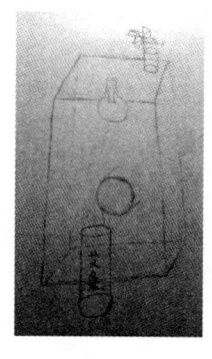

（二）风的模拟实验：关闭灯泡

1. 确定研究对象：老师出示自制实验创新装置，为了更清晰地看到烟雾，我们在课本的基础上将蚊香换成了艾条，将观烟箱中蜡烛换成了灯泡。

2. 小组设计并且汇报完善方案。

3. 请学生猜想：灯泡关闭时候艾条的烟会不会飘进观烟箱？

4. 提醒注意事项和要求：不得随意扇动艾条点燃后的烟，不要用手触摸观烟箱，使用点火器时候注意不要对着人。

5. 汇报总结：灯泡关闭的时候，艾条的烟不会飘进观烟箱。

6. 小结：当灯关闭时，艾烟会往上飘。

（设计意图：原实验装置采用的材料是蚊香和蜡烛。蚊香的烟雾比较轻薄不利于观察，艾条的烟雾比较浓厚有利于学生观察并且有利于健康；蜡烛燃烧后产生难闻的气味且蜡烛不易固定，存在安全隐患，在密闭的演示箱很容易熄灭，蜡烛燃烧也会产生烟雾，学生容易对实验中的烟雾产生混淆，灯泡相对于蜡烛而言比较安全也没有烟雾的干扰。）

（三）风的模拟实验：点亮灯泡

1. 请学生猜想：灯泡点亮时艾条的烟会不会飘进观烟箱？

2. 提醒注意事项和要求：不得随意扇动艾条点燃后的烟，不要用手触摸观烟箱，使用点火器时候注意不要对着人。

3. 汇报总结：灯泡点亮的时候艾条的烟会飘进观烟箱。

4. 小结：当灯点亮的时候，艾烟会通过下方的管口处进入箱内，出口处的小风车会转动。

（设计意图：灯泡亮后有足够多的热量能够使箱内的空气很快受热，使学生能够将风与温度联系起来。）

（四）总结

1. 回顾实验结果：当灯关闭时，艾烟会往上飘；当灯点亮时，艾烟会通过下方的管口处进入箱内，出口处的小风车会转动。

2. 结合实验得出结论：当箱内的空气被加热时候，热空气会上升，周围的冷空气过来补充，促使空气流动，空气流动便形成了风。

3. 那么风是由温度低的地方流向温度高的地方，对吗？

4. 预计学生回答：是。

5. 老师引导学生总结：风是由空气从温度低的地方流向温度高的地方。

（设计意图：通过风的模拟实验，学生直观地感觉到风，对风有更全面的认识和理解。）

拓展阅读

地球与宇宙科学领域的学科本体价值

1. 认识地球内部及其表层环境，探索宇宙空间的奥秘，是人类千百年来孜孜以求的目标。人类生存的家园——地球，是宇宙中一颗普通的天体。地球由固体地球及其外层空间组成。固体地球（内部）由地心至地表，由地核、地幔和地壳三个圈层，构成地球的内部圈层；地球外部由大气圈、水圈、生物圈等圈层组成，构成地球的外部圈层。在地球内部圈层与外部圈层交界处形成了特殊的土壤圈，这里是人类最主要的活动场所。

在人类千百年来的探索中，人类社会对于地球和宇宙（地球以外的外层空间）的认识已经取得巨大进步。例如，世界上最深的地质钻孔已达地球内部12千米，太空探测器也已经可以遨游太阳系的外层空间，但是，仍然有许多问题尚未找到答案。随着人类社会的不断进步，对它们的研究有着更加广阔的发展前景。

2. 地球与宇宙科学的研究，对于人类合理地开发利用空间资源和自然资源，正确认识人类与环境的关系，具有重要的理论意义和实践意义。在理论上，地球与宇宙科学承担着揭示整个地球及宇宙空间的形成、演变规律的科学使命。当代自然科学的一些重大的基本理论问题（如天体的起源、生命的起源等）的最终解决都离不开地球与宇宙科学的研究。

在实践中，宇宙科学促进人类更加全面地认识日地空间环境、开发太阳系资源，以

及和平利用宇宙资源等。而地球科学在推动人类开发和利用自然资源以及维护自然生态系统平衡等方面发挥着巨大作用。

当前,人类社会面临着一系列全球性的资源与环境问题,如淡水资源缺乏、能源短缺,以及大气污染、水体污染、水土流失、土地荒漠化等。这些问题严重威胁着人类社会的可持续发展。在这种形势下,加强人地关系的研究,促进人口、资源、环境的协调发展,成为地球与宇宙科学的重要研究课题。

3. 地球与宇宙科学的研究方法既是本学科自身发展的重要内容,又可以为其他自然科学领域的发展拓展空间。

地球与宇宙科学以庞大的地球及宇宙空间作为研究对象,其中的自然现象、事物和规律具有时间和空间的复杂性,这决定了地球与宇宙科学的研究方法既有与其他自然科学领域共同的方面,又有其自身的特殊性。例如,地球与宇宙科学的研究必须运用综合分析和系统分析的方法,坚持定性描述与定量分析紧密结合,坚持野外调查、实地观测和科学实验相互补充,积极利用地理信息系统(GIS)、全球定位系统(GPS)和遥感技术(RS)等现代研究技术与手段。

经过实践发展,地球与宇宙科学的研究方法已经日益成为自科学发展中的重要组成部分,学习并掌握地球与宇宙科学的研究方法,既是研究地球与宇宙科学的必然要求,又可以为研究其他自然科学领域奠定基础、拓展空间。

第五节 技术与工程领域

一、技术与工程领域实验概述

小学科学课程内容包含物质科学、生命科学、地球与宇宙、技术与工程四大领域。2017版《小学科学课程标准》首次将"工程"纳入小学科学课程之中,学生通过该领域的学习,体验像工程师那样运用科学原理去设计"产品",解决问题。本节介绍了技术与工程领域在小学科学实验教学的意义、基于课程目标的实施方法、原则和工具材料的使用,技术与工程领域教学设计的主要教学流程和实施方法,以及课内实验教学案例和课外实验教学案例,旨在为一线科学教师在技术与工程领域实验教学的设计与实施提供有效的帮助。

2016年,教育部课题组发布了《中国学生发展核心素养》,提出了我国学生"应具备的、能够适应终身发展和社会发展需要的必备品格和关键能力"。它是我国基础教育各学科课程标准制定、课程实施和评价改革的依据。技术与工程已成为许多国家科学教育的重要组成部分。20世纪五六十年代以来,英国、新西兰、美国等发达国家的中小学科学教育,一直在进行改革、调整。他们的共同特征是突出技术教育的作用,重视技术素养的培养,目的是期望科学教育更好地与真实世界、社会生活相关联,以提高学生适应技术世界的实践和应用能力。

技术与工程成为许多国家科学教育的重要组成部分,顺应了国际科学教育发展的趋势。在2013年美国颁布的《新一代科学教育标准》(NGSS)中,用科学与工程实践、跨学科概念和学科核心概念三个维度,表述课程目标、构建课程,通过在科学课程中整合工程设计实践的方式,组织和实施基础工程教育。科学课程中凸显技术与工程,成为世界各国的共识。

技术与工程领域的学习可以使学生有机会综合所学的各方面知识,体验科学技术对个人生活和社会发展的影响。技术与工程实践活动可以使学生体会到"做"的成功和乐趣,并养成通过"动手做"解决问题的习惯。学生能够运用所学知识解决实际问题,特别强调操作性和实用性的实践活动,凸显了"技术与工程"在小学科学教育中的地位,有利于科学教育回归生活,有利于知识整合统一,为创新型人才和复合型人才的培养提供有效的保障和途径。

课程的实施更突出学以致用,"做中学",教学活动以"设计、制作"为主线,以体现科学教育源于生活、为生活服务的理念。在教学中,教师应帮助学生形成以下主要概念:

（1）人们为了使生产和生活更加便利、快捷、舒适,创造了丰富多彩的人工世界。

（2）技术的核心是发明,是人们对自然的利用和改造。

（3）工程技术的关键是设计,工程是运用科学和技术进行设计、解决实际问题和制造产品的活动。

本领域学习内容的知识结构图如下:

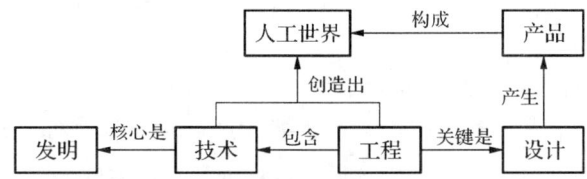

二、技术与工程领域实验的主要内容

（一）概念辨析

作为科学教师首先要明确科学、技术与工程三者的关系。

科学是人类在认识世界和改造世界过程中所创造的,是正确反映客观世界现象、物质内部结构和运动规律的系统理论知识。

技术是在科学的指导下,通过总结实践的经验而得到,在生产过程和其他实践过程中广泛应用的,从设计、装备、方法、规范到管理等各方面的系统知识。

工程是人类有组织地综合运用多门科学技术进行的大规模改造世界的活动,它除了要考虑技术的先进性和可行性,还要考虑成本和质量,做到经济、实用、美观,要考虑对环境的影响,以避免污染。

科学、技术与工程在基本概念、知识的基本形式、活动的基本方式、目的和社会角色的比较如下表。[①]

对象	基本概念	知识的基本形式	活动的基本方式	目的	社会角色
科学	对自然界客观规律的探索	科学概念、科学假说、科学定律、科学原理、科学模型等	最典型的形式为科学研究,包括实验研究和理论研究	有所发现,增加人类的知识和精神财富	科学家
技术	改造世界的方法、手段、过程	手艺、技艺、技术原理和操作方法	技术开发,包括发明、创新、转移	有所发明,增加人类的物质财富,并使人类生活得更美好	发明家
工程	实际的改造世界的实践活动和建造实施过程	工程原理、设计和施工方案等	计划、预算、执行、管理、评估	有所创造,为人类生存发展制造的人工自然与物品	工程师

(二)课标分析

明确了科学、技术与工程基本概念、知识的基本形式、活动的基本方式、目的以及社会角色后,教师在面对技术工程领域的课程内容时,应该先划分出教材中这三者的分布情况,对应课程标准,了解不同学段对应的要求和学习目标,确定对应的技术与工程实验教学在实践活动如何开展。技术与工程实验教学是一个动手实践性较强的过程,所以不仅仅局限于针对科学教材的课堂实验,还包括拓展性学习的课外实验,课外实验是课堂实验的学习延伸。

对应科学课程标准的主要三个概念的学习内容和年段学习目标,分别从低、中、高三个年段阐述了对应开展的针对教材内容的课堂实验和拓展性延伸学习的课外实验,课堂实验和课外实验都是针对技术与工程领域课程标准的具体实践操作活动。

1. 人们为了使生产和生活更加便利、快捷、舒适,创造了丰富多彩的人工世界

学习内容	学习目标		
	1~2年级	3~4年级	5~6年级
1.1 人工世界和自然世界不一样。	• 知道植物、动物、河流、山脉、海洋等构成了自然世界,而建筑物、纺织产品、交通工具、家用电器、通信工具等构成了人工世界。 • 知道我们周围的人工世界是由人设计并制造出来的。	• 区分生活中常见的天然材料和人造材料。	

---

① 石雷先,教科版科学技术与工程领域总体介绍。

续 表

学习内容	学习目标		
	1~2年级	3~4年级	5~6年级
1.2 工程和技术产品改变了人们的生产和生活。	• 体会生活中的科技产品给人们带来的便利、快捷和舒适。	• 举例说出制造技术、运输技术、建筑技术、能源技术、生化技术、通信技术的产品。	• 知道重大的发明和技术会给人类社会发展带来的深远影响和变化。 • 知道某些科技产品可能对人类生活和环境产生负面影响。

低年段课堂实验：低年段从认识周围的世界既有自然世界，也有人类设计、制造的人工世界开始，感受人类设计并改进、制造各种物体为我们的生活带来的各种用途和便捷。通过观察周围的环境，发现自然世界和人工世界。例如教科版二年级上册"材料"单元，教师在这个单元的备课环节，要充分解读课程学习目标，让低段学生在本单元的学习中领略人类技术与工程改造世界的神奇。

低年段课外实验：尝试动手运用一定的科学知识，制作一件生活的小物品。

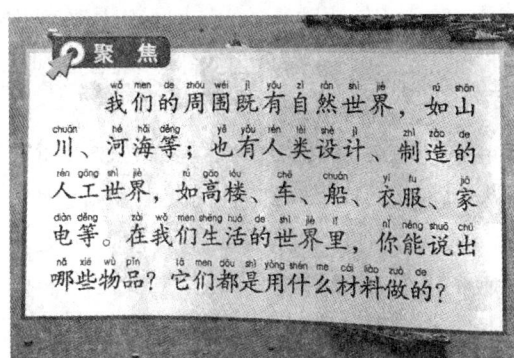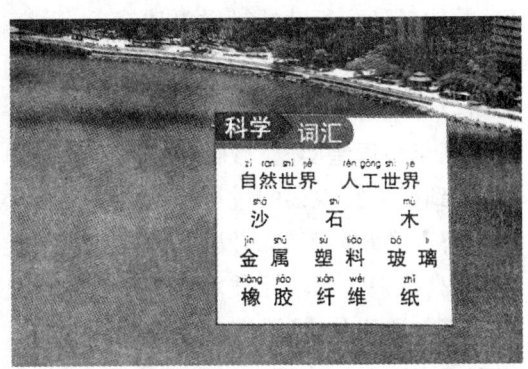

图 2-33 教科版二年级上册"材料"单元第 1 课"我们生活的世界"

中年段课堂实验：中年段通过实验验证科学原理，在制作中体会科学原理融入技术工程的实践运用。比如三年级下册第一单元"物体的运动"中"我们的'过山车'"通过探究物体运动的规律，认识直线运动和曲线运动等科学知识，了解人类利用物体运动的科学知识，发明并制造了过山车这一项惊险刺激的娱乐项目。通过对这一单元每一节课的学习内容和目标梳理，在教学中更明确技术与工程的切入点。在很多版本的教材编写中，都是按单元学习目标依次编排，以"物体的运动"为例，前面6课围绕物体运动的各个科学概念目标展开实验验证观点，最后两课内容从课本知识延伸到生活中，人们利用物理运动相关知识如何创造发明出过山车，通过对过山车运动轨迹、运动路线和运动速度，以及稳定性能的探究，亲身制作模拟"过山车"。技术与工程实验教学的开展，就是对学生前面所学知识的巩固和动手实践，并让学生知道我们所学的书本知识最后都是要为人类社会的技术发展和美化生活服务的，这就是技术工程领域在科学学科中的灵魂和魅力。教师在备课时，一定要以大局观，纵览整个单元内容，环环相扣进行备课，技术工程的实验教学设计绝对不是独立存在的,而是和整个单元内容有机融合。

学习内容	学习目标	课题
物体的位置	区分静止和运动;描述位置	1. 运动和位置
运动的形式	比较不同的运动形式	2. 各种各样的运动
	描述直线运动和曲线运动	3. 直线运动和曲线运动
	物体在斜面上的运动形式	4. 物体在斜面上的运动
运动的快慢	距离相同时,比较快慢	5. 比较相同距离内运动的快慢
	时间相同时,比较快慢	6. 比较相同时间内运动的快慢
技术与工程	设计、制作"过山车"	7. 我们的"过山车"
	观察和测量"过山车"	8. 测试"过山车"

中年段课外实验:中段年级开始对自然界客观规律进行探索,从生活常见中发现科学规律,引导学生在课外实验中观察记录。调查当地的工程项目,了解其设计进程和功用,教师可以根据学生感兴趣的内容或者和学生生活密切联系的物品进行课外实验设计。课外实验一定要先定好科学概念目标,比如"设计超级跑鞋",跑步鞋的特点是弹性好、柔软、轻便,运动的时候更加舒适;耐磨、减震、防滑,有效防止在运动过程中受到伤害;跑步鞋还具有良好的透气性、抓地性、曲挠性、稳定性,通过学生了解跑步鞋的特点,分析设计中有哪些科学知识,学生的设计一定要基于科学知识的理解和运用。

高年段课堂实验:教科版"微小世界"单元,将引领学生经历从肉眼观察到放大镜观察,再到显微镜观察的过程,让学生观察丰富多彩的昆虫、晶体、细胞及微生物,使他们既了解人类观察工具的发展历程,又对人类探索微观世界的部分成果进行梳理,扩大视野,提高认识。本单元技术工程领域主要是带领学生制作简易放大镜。

高年段课外实验:课外实验是课堂实验的拓展,以开拓学生的思路,进一步提高学生的动手能力。比如一张纸的奥秘,可以对学生进行多元化技术工程的学习:知道线、面、体的关系;了解力的分解;了解燃烧条件等。会使用直尺、剪刀等。

2. 技术的核心是发明,是人们对自然的利用和改造

学习内容	学习目标		
	1~2年级	3~4年级	5~6年级
2.1 技术发明通常蕴含着一定的科学原理。		• 知道一些著名工程师、发明家的研究事迹,了解他们的设计和发明过程。	• 知道很多发明可以在自然界找到原型,能够说出工程师利用科学原理发明创造的实例。
2.2 技术包括人们利用和改造自然的方法、程序和产品。	• 认识周围简单科技产品的结构和功能。	• 举例说出改变方法和程序可以提高工作效率。	• 认识生活中保温、防霉、防锈等技术的应用。

续　表

学习内容	学习目标		
	1～2年级	3～4年级	5～6年级
2.3　工具是一种物化的技术。	• 认识常见工具,了解其功能。 • 使用工具对材料进行简单加工。 • 描述肉眼观察和简单仪器观察的不同。	• 使用和制作简易的古代的测量仪器模型,如日晷、沙漏等。 • 知道使用工具可以更加精确、便利和快捷。	• 知道完成某些任务需要特定的工具。 • 知道杠杆、滑轮、轮轴、斜面等是常见的简单机械。 • 使用杠杆、滑轮、轮轴、斜面等简单机械解决生活中的实际问题。

低年段课堂实验: 低段年级在课堂实验中学习"书的历史"了解造纸术和纸的历史发展,知道古人如何利用生活中廉价的材料通过各种技术手段发明了纸,并亲手造纸,尝试在自制的纸上写字。学习"椅子不简单"知道了不同材料制造的椅子有各种不同的功能。通过阅读教材首页科学家这样做等活动,介绍一些著名工程师和发明家,如鲁班、蔡伦、黄道婆、詹天佑、瓦特、爱迪生等。通过检索、阅读各种资料,分析工程师和发明家的研究过程,如爱迪生发明电灯灯丝的探索过程,体会设计和发明离不开创新的勇气、坚强的毅力和持续的努力。纵观整个二年级上册"材料"单元6节课,都和技术工程领域相关联,都围绕着材料和各种制造发明丰富完善我们的现实生活。

学习目标	课题
区分自然世界和人工世界	1. 我们生活的世界
知道不同的材料餐具的特点	2. 不同材料的餐具
纸的历史变迁,不同材料纸的特点	3. 书的历史
改变纸材料的形状,材料的稳定性也会改变,不同材料和形状的纸在生活中有不同的用途	4. 神奇的纸
多种材料组合制作物品优点和用途更广泛	5. 椅子不简单
利用不同的材料制作各种不同功能的帽子	6. 做一顶帽子

低年段课外实验: "纸杯走马灯"通过探究式学习,了解走马灯是中国古人发明的一种灯具,其原理是利用火焰产生的上升热气流推动自身旋转,纸杯上面的侧孔形成气流的反冲力,从而让纸杯旋转。通过纸杯走马灯的制作过程,提高学生的动手能力,鼓励学生会用简单可行易操作的身边材料进行试验探究。

中年段课堂实验: 教科版四年级上册"声音"单元,前面的6课都是在探究有关声音的科学概念，比如声音的产生、声音的传播、我们怎样听到声音、声音的强弱高低变化与什么有关等，人们将科学原理变成了生产技术，发明制造了会发出高低变化的乐器，最后第 7 课"让弦发出高低不同的声音"把"声音"单元的科学概念落实到了现实生活的实物中，让学生继续探究，探究的目的就是要学生完成第 8 课"制作我的小乐器"，学生在设计制作时能亲身感受前人是如何将科学知识和规律转化为技术与发明的过程。在设计制作乐器之前，一定要亲身弹奏乐器，感受如何能发出高低不同的声音，管乐器、弦乐器、打击乐器如何遵循科学原理进行不同的设计改造，这就是发明创造。经过前面充分的探究再让学生画出设计草图，并提醒学生利用身边的合适的废弃材料进行制作。

中年段课外实验：纸飞机是一种用纸折叠而成的玩具飞机，简单易学，深受孩子们的喜爱。孩子们在玩的时候，喜欢与小伙伴们比一比看谁的纸飞机飞得最远，对于同样是用纸折叠的纸飞机，有的飞得远，有的飞得不远，很少有孩子会思考远与不远的原因是什么。在学习"运动和力"之前，我们可以引导学生进行思考：纸飞机的飞行原理是什么？在飞行的过程中受哪些因素的影响？与运动和力又有怎样的关系？……带着这些问题进行学习，可以激发学生的探究兴趣，也可以为学好运动和力的相关知识做好铺垫。

高年段课堂实验：高段年级通过分析保温杯的结构，了解其如何运用科学原理进行技术应用。操作和使用锤子、刀具、温度计、酒精灯等常见的简单工具，对身边的物品进行简单加工、测量、加热等。如通过使用杠杆、滑轮、轮轴、斜面等简单机械，体会机械能够省力，工作更加方便。在生活中寻找常见的简单机械的应用实例，观察简单机械装置的结构和作用，运用杠杆、滑轮、齿轮等简单机械装置的传递改变力的大小。

图 2-34 教科版五年级下册"热"单元"设计制作一个保温杯"

高年段课外实验：例如"不倒翁的秘密"，科学概念——了解不倒翁，了解不倒翁不倒的原因。科学探究——能在玩不倒翁的过程中发现、提出问题；能够运用观察和实验的方法研究不倒翁的秘密。科学态度——通过探究活动体验合作学习的乐趣，培养学生的审美能力，启迪学生的审美情趣。科学、技术、社会与环境——通过探究不倒翁不倒的秘密，知道上轻下重的物体不容易倒；知道在从外观上无法找到问题答案的时候可以通过"解暗箱"的方法来解决；由各种不容易倒的物品，意识到科学技术与人们生活有十分密切的关系。通过动手实践培养学生动手、动脑研究问题的能力。

3. 工程技术的关键是设计，工程是运用科学和技术进行设计、解决实际问题和制造产品的活动

学习内容	学习目标		
	1~2年级	3~4年级	5~6年级
3.1 工程是以科学和技术为基础的系统性工作。		• 举例说出，一项工程运用到的科学技术和原理，如汽车刹车系统的设计中运用到的科学与技术。	• 了解一项工程需要由多个系统组成，如建造住宅需要考虑结构、供水、采光、供暖系统等。
3.2 工程的核心是设计。		• 知道工程设计的基本步骤包括明确问题、确定方案、设计制作、改进完善等。 • 针对一个具体的任务，按照设计的基本步骤来设计一个产品或完成指定的任务。	• 利用摄影、录像、文字与图案、绘图或实物，表达自己的创意与构想。 • 将自己简单的创意转化为模型或实物。 • 根据现实的需要设计简单器具、生产物品或完成任务。
3.3 工程设计需要考虑可利用的条件和制约因素，并不断改进和完善。	• 利用提供的材料和工具，通过口述、图示等方式表达自己的设计与想法，并完成任务。 • 对自己和他人的作品提出改进建议。	• 对自己或他人设计的想法、草图、模型等提出改进建议，并说明理由。 • 在制作过程中及完成后进行相应的测试和调整。	• 根据设计意图，分析可利用的资源。 • 简单评估完成一个产品或系统的可行性，预想使用效果。 • 从经济效益、社会效益、环境效益等方面评价某个工程设计，并提出改进和完善建议。

低年段课堂实验：人教鄂教版低年段一年级上册第四单元"制作小物品"、第11课"制作笔筒"让学生按老师要求收集生活中的各种柱形废弃材料，设置生活中的情境要学生解决遇到的实际困难，观察思考笔筒的形状用途，用画图的方式表达自己的设计，并完成制作笔筒的过程，如图2-35所示。第12课是技术与工程课例的优化展示评价环节，如图2-36所示。一年级学生完成设计和制作活动会有困难，教师可以相应地提供合适的半成品的材料，让学生完成设计和拼装。设计制作笔筒最重要的环节是笔筒的稳定性，设计之前，教师引导学生充分实验探索适合做笔筒的物体的稳定性如何，如卫生纸纸筒、一次性纸杯、纸盒，让学生想办法放文具以后不容易倒，并帮助学生归纳上轻下重的物体具有稳定性，可以采用增大底部面积、加厚底部的方法。然后再进行草图的绘制。技术工程设计课程，一定要把前面的探究部分落实到位，从一年级小朋友开始培养探究工程师的创意设计来自严谨的科学探究过程。

图 2-35　人教鄂教版一年级上册
"制作笔筒"

图 2-36　人教鄂教版一年级上册"展示与改进"

低年段课外实验：根据对应的低年段课程标准制定的实验内容和目标，利用提供的材料和工具，通过口述、图示等方式表达自己的设计与想法，并完成任务。对自己和他人的作品提出改进建议。结合课堂实验可以根据学生的学习兴趣和需求，开展拓展性学习的课外实验内容，比如制作简易喂鸟器、制作泡泡秀简易工具。

中年段课堂实验：新教科版四年级上册"设计制作小车（一）（二）"是"运动和力"单元的最后两节课，这两节课编排的目的就是要学生在学习前面有关运动和力的科学知识的基础上，融入技术与工程，动手动脑完成任务解决实际问题。小车的运动需要动力，通过实验学生知道了动力有拉力、推力、反冲力、弹力，如何减少摩擦力才能增大动力等一系列的科学问题，人们发明相关技术，并运用到工程设计制造中，车应运而生。学生在技术工程课中经历了明确问题、制定方案、实施方案、评估改进的过程。在工程技术课中，一定不能走表面程序，每一步都要落实到位，要学生实实在在地讨论、设计。画图设计和做成实物测试，必然会存在一定误差，所以评估改进这个环节也非常重要。评估改进中可以给学生这些问题思考：

- 制作出的方案能解决问题吗？
- 要怎么实际测试你的解决方案？
- 测试方案，记录测试结果？
- 总结发现的问题，找问题原因，考虑如何改进。

中年段课外实验：举例说出一项工程运用到的科学技术和原理。针对这一项中年段的学习目标，可以让学生说一说自行车刹车装置中的科学技术和原理；利用所学的岩石和土壤的知识，设计制作小径。

高年段课堂实验：教科版高年段五年级下册"浮力"单元在对浮力的学习基础上进行对船的研究，最后落实到技术与工程：设计制作一艘小船。①

---

①　石雷先，教科版科学技术与工程领域总体介绍。

五下	学段目标	课题	展开线索
船的研究	• 观察常用材料的漂浮能力、导热性等性能,说出它们的主要用途。 • 知道地球不需要接触物体就可以对物体施加引力。 • 知道重大的发明和技术会给人类社会发展带来的深远影响和变化。 • 知道很多发明可以在自然界找到原型,能够说出工程师利用科学原理发明创造的实例。 • 将自己简单的创意转化为模型或实物。 • 简单评估完成一个产品或系统的可行性,预想使用效果。 • 从经济效益、社会效益、环境效益等方面评价某个工程设计,并提出改进和完善建议。	1. 船的历史 2. 用浮的材料造船 3. 用沉的材料造船 4. 增加船的载重量 5. 给船装上动力 6. 设计我们的小船 7. 制作与测试我们的小船	人类对船的性能的追求,对材料、稳定性、载重能力、动力、结构等不断改进

高年段课外实验:"榫卯结构"要求认识框架结构的稳定性和不同形状的立柱横梁的承重能力。教师为学生提供榫卯拼装材料和孔明锁,要求学生充分地感受榫卯结构的构件如何相互咬合,相互支撑,承载较大的重力。学生在实验中能够感受到建筑中三角形具有稳定性的特点,能对立柱的承重能力进行比较,在动手操作中还感受了古建筑中榫卯拼接不用一颗钉子就能承受较大重力的奥秘。并利用榫卯结构沉重的特点,设计拼接小玩具。"竹筷倍力桥",筷子搭桥主要是根据廊桥巧妙地利用了力学原理,通过梁柱间的相互别压、穿插,能把所受的重力分解到每根木头,从而使整座桥梁非常扎实、稳当。其特点是不借用外力,通过筷子相互穿插,做成桥形建筑。

以上内容根据《小学科学课程标准》中技术与工程领域的三项主要概念中的学习目标,分年段进行了简要的技术与工程实验教学的阐述。实验教学包括课堂实验和课外实验,它们相辅相成,互相补充。课外实验是课堂实验学习的延展,所述内容仅供参考,教师可以根据实际情况制定课外实验内容。

三、技术与工程领域在实验教学中实施的原则

(1) 精读教材内容,提炼核心概念。在进行技术工程课教学前,需要全面、系统地分析教学内容的特点,明确内容直接的联系,提炼核心概念。精读教材内容的过程也是教师内化知识的过程,准确地把握教学内容的深度和广度。教师的"教"要服务于学生的"学",教师要创造性地选择和应用教学素材,提炼核心概念,使教学切合学生的认知过程。重视探究活动的各个要素,科学探究包括提出问题、作出假设、制订与实施研究方案、收集和分析数据、得出结论、表达交流、反思评价等要素。每个要素都会涉及多个科学思维方法,只有让学生有机会充分练习这些思维方法,科学思维才能逐渐形成,要避免程式化、表面化的科学探究。

(2) 重视学生体验,把握实验教学课堂生成。工程技术课教学中会有各类生成性问题,教师要重视学生的体验成果,有接纳生成性问题的意识,尊重学生的体验,这才是

真正的以学生为主体。对于学生提出的有价值的生成性问题,教师可采用顺水推舟、巧妙引导、适时点拨的方法,给予充分的思考时间和动手操作机会。这样做不仅鼓励了学生热爱思考的习惯,又促进了学生科学探究能力的培养,使课堂真正成为学生展示自我的课堂,也使科学课堂富有活力。

处理好探究式学习中学生自主和教师指导的关系。探究式教学强调要以学生为主体,但这并不意味着教师要放弃指导,从学生原生态的发现活动到较严谨的探究性实验设计与操作,离不开教师的精心指导。为了保证指导的适时有效,教师要对学生在探究中出现的问题保持高度的敏感,必要时给予适当的指导,指导要富于启发,最好是在教师的提示下学生自己发现问题所在。不要把探究式学习作为唯一的学习方式,科学素养包括多个维度,不同的素养要通过不同的学习活动加以培养。科学教师应尽可能掌握多种科学教学方法和策略,要多采用能激发学生兴趣,符合学生认知发展规律,以及能充分调动学生积极性的教学方法和教学策略,使学生愿意主动学习。戏剧表演、科学游戏、模型制作、现场考察、科学辩论会等,都是科学学习的有效方式。

(3)精心设计探究问题。探究问题可以来自学生,也可以来自他人,无论问题来自何方,都必须与学生探究能力的水平相符。在时空有限的课堂上,探究问题应结构良好,容量合适,对于学生科学思维发展更有价值的真实问题也应该占有一席之地,时空的局限可以通过与综合实践活动课程或校本课程的结合等途径加以解决。让学生亲身体验科学技术带来的改变、亲自动手制作,帮助学生利用已有知识进行设计、发明、改进和创造,发展学生的动手能力、科学探究能力和思维能力。

(4)介绍相关的科技史。针对某一内容选取重要节点,兼顾历史与逻辑的顺序组织、引导学生重演人类的理论分析与推理过程,使学生以主人公的身份带着问题进行探究与实践。

(5)注意创设并运用真实情境和驱动性问题。开展持续性的探究,重视反思改进,展示交流,评估等环节。

(6)优化教学设计,精心准备器材。技术工程课离不开教学器材。教学器材的设计不是一个独立的存在,其与教材分析、学情分析有着密切的关系。在准备教学器材时,要尽可能地让选用的器材使用方法简单,并能支持教学的最大效能。

(7)倡导跨学科学习方式。科学、技术、工程与数学即STEM是一种以项目学习、问题解决为导向的课程组织方式,它将科学、技术、工程、数学有机地融为一体,有利于学生创新能力的培养。科学教师可以尝试运用于自己的教学实践。

四、技术与工程领域实验中常用的工具和材料

原教科版教材将涉及技术与工程的相关内容有机地镶嵌在单元的学习内容之中,如学习"形状与结构"单元,让学生"用纸造一座桥";学习"热"单元,让学生"设计制作一个保温杯";学习"时间的测量"单元,让学生"制作水钟";学习"光"单元,让学生"做一个太阳能热水器";学习"运动和力"单元,让学生"设计制作小赛车",都在具体的科学概念

学习后运用所学知识解决实际问题。

这其中包括一些常用工具的使用,如放大镜、酒精灯、温度计等,还包括制作类工具的使用,如剪刀、胶枪、老虎钳、扳手、锤子等。学会使用杠杆、滑轮、轮轴、斜面等简单机械解决生活中的实际问题,会组装滑轮组。能利用生活中废弃的材料设计制作小物品,解决问题。如利用废弃的纸袋、包装盒制作帽子;利用吸管、橡皮筋、卡纸等制作一个小乐器。电学单元,利用各种用电器专用工具模拟安装照明电路。合适的工具有利于学生制作出高质量的作品,同时也需要教师具有这方面的素质及引导与指导的能力。

创设"自助餐"式的材料区,培养创新能力。技术与工程方面的教学,材料是一个关键因素,它与物质科学、生命科学、地球与宇宙科学的教学一样,都需要准备结构典型的材料。对技术与工程内容来说,材料的要求还需要具有多样性,以利于学生创新能力的培养。因为多样性的材料,既给予学生选择的余地,又为学生的设计打开了思路,制作出不同的有新意的作品。所以在进行这一内容的教学时,教师要根据教学内容,为学生准备丰富、本土、生活中可寻找的材料,同时要求学生也准备相关材料。

五、技术与工程领域实验案例及解析

技术与工程实验教学的主要步骤如下:① 明确任务和要求;② 讨论设计方案;③ 分组画设计草图;④ 讨论交流制作方案;⑤ 根据设计方案并制作;⑥ 测试改进再测试优化;⑦ 展示评价。

以上为技术工程活动技术制作课的主要思路和流程,当我们拿到不同版本的教材时,首先要针对课标确定是否为技术与工程领域内容,再根据内容按照这七个步骤完成实践活动设计方案的撰写,在实际教学中,如果一课时无法完成,可以分多个课时进行。

实验 1　2017 教科版三年级下册"我们的'过山车'"

【教材简析】

"过山车"又称为云霄飞车,是游乐园中一种富有刺激性的游乐工具,本课内容为:我们的"过山车"。通过前面六节课的学习,学生已经知道物质运动有直线运动、曲线运动、在斜面上运动的方式,本节课的教学需要学生通过先观察真正"过山车"的运动,聚焦分析"过山车"的运动方式,再结合自己所学知识提出设计,制作自己的"过山车"。设计制作"过山车"和让自己的"过山车"初步完成测试,并对自己的"过山车"进行评价和优化改进,为下一节的真正测试做准备,这是本课教学的核心内容。本节课是典型的工程设计的课程,学生在设计过程中要严格执行工程设计要求,可以按教师提供的材料进行初步设计,但在实际设计中要充分考虑工程成本核算,让孩子们树立起工程设计的初步概念。

【学情分析】

"过山车"是学生比较熟悉的项目,很多孩子都曾经坐过"过山车",也熟悉"过山车"的整体结构,了解其刺激、有一定的坡度、有弯道等特点,因此,简单的画图设计"过山

车"对学生来说可能并不难,在设计时需要按教材的设计要求,这是学生必须要遵循的原则。本课设计中,要求学生设计的"过山车"做到:轨道总长应在2米以上、要有直线轨道和曲线轨道并有坡度变化,小球滚动中不能脱轨和具有稳固等特点,但在实际制作中由于三年级学生空间想象力不够,可能会出现设计与制作出现偏差情况,在设计和制作过程中加以注意,要及时调整设计与制作间的偏差,相信通过孩子们的努力会顺利通过初试并优化设计制作方法。

【教学目标】

科学概念目标:工程设计的基本步骤包括明确问题、确定方案、设计制作、改进完善等。

科学探究目标:

1. 根据已有材料,针对"过山车"的设计要求,按照工程设计的基本步骤完成指定的任务。

2. 对自己小组或他人设计的想法、模型等提出改进建议,在制作过程中及完成后进行相应的测试和调整。

科学态度目标:愿意跟同伴合作探究完成指定任务,并乐于反思和改进,体验设计产品的成就感。

科学、技术、社会与环境目标:

1. 体验科技创造中运用科学知识的重要性。

2. 体验工程项目的建成需要考虑多方面因素,融合多方面的知识和技能。

【教学重难点】

重点:能合理设计和制作一座自己的过山车。

难点:制作过程中轨道铺设及曲线轨道的调整。

【教学准备】

学生准备:塑料积木套件(或铁架台和2米长的保温塑料管、防撞条)、小球、设计图纸(带小方格)、直尺、学生活动手册。

教师准备:学生实验材料一套,教学课件。

【教学过程】

(一)聚焦:揭示课题

1. 播放"过山车"的实物图片

"过山车"又称为云霄飞车,是游乐园中一种富有刺激性的游乐工具,大部分同学都应该玩过。

提问:你们认为这些"过山车"有什么特点?(预设:"过山车"为什么会运行?"过山车"运行的动力是什么?)

2. 我们跟着一段视频来感受"过山车"的惊险吧

"过山车"为什么能带给我们惊险与刺激,和我们平时坐的小汽车和公共汽车有什么不同?

3. 师生分析原因

"过山车"由直线轨道、曲线轨道、坡度等组成,还有一个底座。(预设:让学生知道我们自己设计的"过山车"也要有直线轨道、曲线轨道、坡度,同时底座要稳固。)

4. 揭示课题:我们的"过山车"(板书)

(二)探索:过山车的探索活动及图纸设计

1. 明确任务和要求

利用现有材料制作直线轨道和曲线轨道,轨道长2米,轨道坡度要有一定变化,小球能完整滚完轨道,不能脱轨,整座"过山车"要稳固。

2. 讨论设计方案

包括明确科学原理,需要用到的工具、材料,如何使过山车坚固,过山车的曲线轨道和直线轨道在设计中如何变化,轨道的高度,怎样使小球不脱轨等。

3. 分组画设计草图

(1)观察教材中的设计图,仔细观察书中的小朋友是怎么设计的。

提问:如果让我们自己去设计一座"过山车",你们准备怎么来设计?(预设:提出问题,让学生去思考?注意为小组内准备设计什么样的"过山车",自己小组内的"过山车"有什么特点做铺垫。)

(2)小组内进行设计前的讨论并推荐一名工程设计师。

根据小组内的意见,由工程设计师来设计小组内的"过山车",要考虑"过山车"的实用性和制作材料的成本。提问:设计时要注意选择什么材料后进行?(预设:根据材料进行设计。)

出示活动手册,明确设计要求,画设计图。

4. 讨论交流制作方案

"过山车"的制作从低到高拼搭,即从位于"过山车"最低处的终点开始,沿着设计的轨道路线,搭建到"过山车"的起点,这样的搭建操作会更规范、更科学。

材料准备:设计图一张、每小组所选择的材料、铁架台、软尺或细线等。

(1)学生反馈交流:对自己小组设计的"过山车"图纸进行说明。

由工程设计师介绍设计情况,其他成员补充说明。这一环节要求:小组间可以相互进行提问或对设计情况进行解释,并针对其他组提出修正建议。

(2)提问:制作"过山车"的时候有什么要注意的吗?有什么制作顺序呢?

(预设:让学生知道"过山车"的制作从低到高拼搭,即从位于"过山车"最低处的终点开始,沿着设计的轨道路线,搭建到"过山车"的起点,这样的搭建操作会更规范、更科学。)

(三)根据设计方案进行制作

(1)学生搭建制作自己的"过山车",小组内设计师指导制作,其他成员协同具体制作,对制作中出现的问题,及时告知设计师调整设计。

(2)初步评价:制作完成"过山车"后,小组内先进行初步测试,检验"过山车"整体的稳固性,并尝试用小球进行检测。

(预设:要按照教材设计和制作"过山车"的要求进行,测量长度,检查轨道情况、坡度等。)

(四)测试改进

材料准备:制作完成"过山车"、秒表、小球、细线、软尺。

(1) 由几个小组分别进行展示,先测量"过山车"的长度,并进行测试比赛。

(2) 其他小组同学提问。

(3) 对运行过程出现的问题提出修正建议。

(4) 小结:通过初步测试结果和其他同学的建议,小组内设计工程师进行优化调整,为下一课真正测试做准备。

(预设:评比活动中要考虑各个小组制作"过山车"的实用性和成本核算。)

案例评析:本教学内容与学生的探索活动紧密联系在一起,主要目的是规范的图纸设计和制作,但对于三年级学生来说有一定的难度,因此教材实践活动包括设计、制作、评价三部分活动。需要指出的是三年级学生在实物拼搭前难以在大脑中形成完善的设计模型,要求学生完全根据设计图进行拼搭有一定难度。所以,拼搭前需要强调:尽量根据先前的设计进行拼搭,如果设计和拼搭有一定的出入,可以适当调整设计。同时建议学生从低到高拼搭,即从位于"过山车"最低处的终点开始,沿着设计的轨道路线,搭建到"过山车"的起点,这样既能有效避免因为材料不足而导致不能完成"过山车"的情况,又能省时高效。

实验 2　人教鄂教版一年级上册"制作笔筒"

【教学目标】

科学:1. 通过体验思考选择合适高度的材料制作笔筒。

2. 在科学探究中解决形状与稳定性的问题。

技术:通过思考优化方案制作设计草图,引导小朋友感受技术发展带来科技的进步。

工程:体会"提出任务—选择并优化评估方案—画设计草图确定方案—制作作品—测试评估—再次优化作品—作品发布"的探索流程。

人文:发展对物质世界的探索兴趣。增强材料循环利用、节约资源的环境保护意识,了解古代笔筒的发展历史。

数学:认识圆柱形状的材料,会区别圆柱和类似圆柱形状,会用工具绘制这两种形状,学会用手和尺子比高度。

【教学重点】 解决问题优化并设计笔筒。

【教学难点】 设计制作草图并制作笔筒。

【教学准备】 每组课前收集相关材料:一次性纸杯、纸筒、包装盒、即时贴、彩纸等。工具箱:剪刀、尺子、固体胶、双面胶、透明胶带、铅笔、彩色笔若干。

【教学过程】

一、创设情境提出任务

播放视频:小雨放学回到家,书桌上是乱七八糟的笔和文具,他大喊大叫:妈妈,我的自动铅笔不见了。妈妈过来说,你能不能养成好习惯,学会把文具收拾整齐?

小朋友们你也遇到过这样的问题吗？你能帮助小雨想想办法吗？

预设：放笔盒、放笔袋、放笔筒。

课件出示各种各样的笔筒，这些都是利用家里的废弃材料制作的笔筒。

今天这节课让我们像小工程师那样设计制作一个美观实用有收纳功能的笔筒（出示课题）。

二、科学探究（选择并优化方案）

（一）认识不同的形状

1. 这些形状你们认识吗？课件出示圆柱、正方体、长方体、三角形。

你准备选择什么形状做笔筒？为什么选择这样的形状？你还想选择什么形状做笔筒？请几个小朋友选择最喜欢的形状模型贴在黑板上。

课件出示：像薯片筒这样上下两个面一样大，在数学世界里这样的形状叫圆柱；像纸盒这样的形状，如果四个面都一样大的叫正方体，两个面一样大的叫长方体；像饮料瓶、纸杯这样上下两个面不一样大的，我们叫类似圆柱。

2. 做笔筒除了美观以外，还要更稳定，不容易倒，哪种形状更稳定呢？

（二）探索不同形状材料的稳定性

1. 今天这节课，我们先选择圆柱形的卫生纸纸筒及类似圆柱的纸杯和塑料瓶来做笔筒，选择什么高度合适呢？小组合作把笔放进去试一试。再试高度的过程中，你还发现了什么？

小组活动，并汇报，请一个同学上来试一试实物投影仪，笔高出纸筒的一半就可以了，用手和尺子比高度，在装笔时你还发现了什么问题？容易倒，这是为什么呢？

2. 怎样让笔筒更稳定？

小组合作探究并汇报实物投影仪演示。

A. 加宽底部　B. 几个捆扎在一起。

总结：上小下大，上轻下重。

请你们选择方法让笔筒更稳定。

3. 怎样分类整理各种文具？

现在看老师超级变变变，我用一把剪刀把塑料饮料瓶变成了什么？对，一个圆柱形笔筒，请小朋友想办法，怎么让它更稳定，加个底座，这样可以吗？看看老师刚刚把乱七八糟的笔和各种工具都放在里面，这样方便吗？怎样可以把不同的文具分类摆放？其实小朋友非常聪明，我们把几个纸杯和纸筒扎在一起不仅仅稳定，还可以把文具分类摆放，还可以想什么办法，设计能分类摆放的笔筒？

4. 三角形也可以做笔筒吗？感受三角形的稳定性。

（三）美化笔筒

老师为你们提供了各种彩纸和粘贴花，还有各种造型的小动物贴纸。你准备怎么美化笔筒？也可以加入自己的创作。

小提示：一年级的小朋友还不会用尺子画各种形状，老师为每组准备了6个剪好的圆柱形和纸杯的形状,小朋友只需组合粘贴在纸上,并用彩色笔加工美化。

三、分组设计草图,教师巡视并指导

课件回顾:绘制设计草图时重点思考并选择:

1. 选择形状　2. 怎样更稳定　3. 怎样分类摆放　4. 美化

其他小组利用老师提供的立体图形拼贴并粘在纸上。

请一个小组的同学在黑板上粘贴设计,老师现场示范将设计图制作成笔筒。

四、互动课堂展示四个小组的设计图

学生汇报,教师提出修改意见。

五、按照每组的设计图分工合作制作笔筒

老师为每个小组提供剪刀、尺子、固体胶、双面胶、透明胶带、铅笔、彩色笔,注意使用安全。

分工:

1. 一名材料员负责整理材料和工具。
2. 两名制作员负责制作粘贴笔筒。
3. 测试员负责测试笔筒的稳定性。
4. 美工员负责美化笔筒。
5. 制作好的小组举手请老师打分。
6. 组长把桌面清理干净。

要求:高度适宜(10分);稳定性好(15分);能分类放置不同文具(15分);外表美观(10分)。

教师巡视并指导。

六、作品测试评估

教师拍照上传,评选出本节课最高分作品,请最高得分小组的成员帮老师把讲台上乱七八糟的文具放到笔筒里。我们课下可以根据评分标准继续改进自己的作品,选择最满意的作品发布在班级QQ群和教育云空间。

今天的课时间有限,我们只制作了圆柱和纸杯形状的笔筒,课下小朋友还可以设计制作正方体和长方体的笔筒,其实三角形也可以制作笔筒。

七、扩展延伸

不同材料制作的笔筒和笔筒的发展历史(微视频)。

八、小结

在老师的帮助下,我们解决了生活中的小问题,自己动手动脑认识了形状结构的稳定性,学会选择材料、设计创意、制作笔筒、分类整理各种文具,养成良好的生活习惯和学习方法。

案例评析: 本案例是一节一年级技术工程课例,开课以情境导入,引导学生在生活中发现问题,并提出相关任务,制作一个美观实用有收纳整理功能的笔筒。学生明

确任务以后,需要解决问题,教师如何指导学生解决问题,非常重要。制作笔筒的科学依据是什么呢?这并不是一节劳技制作课,制作笔筒除了需要剪刀、胶水这些日常工具,我们还需要准备什么材料呢?这里就需要探究笔筒的形状和稳定性的关系,学生自己选择做什么形状的笔筒时,仅仅停留在生活经验上,并不会考虑稳定性的因素。当学生亲身经历了用卫生纸纸筒装笔时非常容易倒,引发学生思考,怎样的笔筒才更稳定,通过测试得出结论——上小下大,上轻下重更稳定,根据结论改造现有的材料,可以加宽底部,增加底部重量,学生在充分探究和讨论以后,在后续画设计草图中就融入了技术工程,而不是盲目地画,这个过程就是将科学理论知识,进行技术创造发明再设计制造出产品,这就是工程技术的过程。当我们按照图纸制作好产品时,我们还要测试,看看笔筒是不是稳定、美观和实用,如果有需要改进的地方,再拿出图纸进行修改,虽然是一年级的小朋友,从简单的图纸和制作,也要让学生真正感受到这个过程。

"科学探究+工程实践"以科学探究为基础,合理融入工程实践,以具体的工程实践项目促进科学教育目标的全面落实。一是帮助学生初步了解科学研究和工程实践的关系,促进课程之间的融合;二是发展学生运用科学原理创造性解决问题的实践能力,培养其创造兴趣以及对工程职业的向往;三是在课堂教学中提供更加真实的有现实意义的实践场景,帮助学生从不同角度思考问题,形成综合思维能力,学会灵活运用多种知识创造性地解决各种各样的问题。

实验 3 人教鄂教版《制作乐器》技术与工程 STEM 项目式教学案例

【设计理念】

人类观察自然、研究各种现象产生和变化的原因,而产生科学,科学的核心是发现。对科学加以巧妙运用以适应环境、改善生活而产生技术,技术的核心是发明。人类为实现自己的需要,对已有的物质材料和生活环境加以系统性的开发、生产、加工、建造等,这便是工程,工程的核心是建造。明确"声音"单元中,S 科学:声音的产生、传播、变化。T 技术:改变弦的长短、粗细、松紧;金属片的长短、大小;空气柱的长短。E 工程:各种乐器的制作加工。在 T 技术与 E 工程项目环节中融入数学 M 和艺术 A。

【教材分析】

"认识和设计乐器""制作与演奏"是人教鄂教版四年级上册小学科学第六单元"制作乐器"研发的技术与工程课例,在设计中融入 STEM 元素。是在学生学习了第五单元"声音"中"声音的产生""声音的传播""声音的变化"这三课后,用已有的声音科学概念和探究实验中认识不同乐器的结构与演奏,来探究不同乐器音调高低变化的规律,设计乐器。通过探究如何改变橡皮筋发音的方法,结合利用数学工具进行设计、初步制作、改进技术等,让学生亲历科学、技术、工程、数学相结合的项目学习、任务驱动学习。

"制作乐器"STEM 项目式学习流程如下:

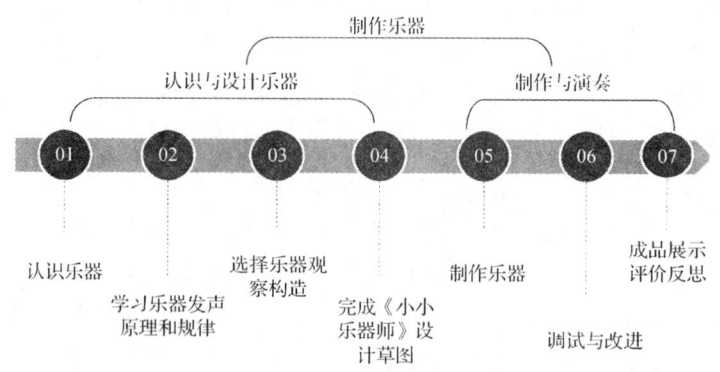

项目一 认识与设计乐器

【学情分析】

四年级的学生对科学课的认识有了一定提高,部分学生已学会自己收集资料,形成课堂记录的习惯,大部分学生已会进行仔细观察,在实验前已学会提出假设,然后设计实验计划,最后进行实验验证。学生小组内的合作交流也有了基础。具备了初步的探究能力和动手操作能力,可以引导学生在科学实验论证的基础上,针对现实世界的需求,进行有针对性的发明创造和制作加工并调试完善作品。学生在学习中的角色发生转变,由学习者转变为实施创造者,会更有成就感和获得感。

【学习目标】

科学概念目标:

声音是由物体的振动产生,不同乐器的音调高低变化有不同的规律。

弦乐器:琴弦粗、松,拨动琴弦时,发出的声音高。
　　　　琴弦细、紧,拨动琴弦时,发出的声音低。

管乐器:空气柱越长,发出的声音越低;空气柱越短,发出的声音越高。

打击乐:发声体越大或越长,音调越低;发声体越小或越短,音调越高。

科学探究目标:

1. 能对研究的问题进行假设并说明理由。在反复的观察中验证自己的假设,解决要研究的问题。

2. 经历从现实问题入手理解声音高低变化的规律,从概念设计到制作小乐器的过程,并将科学和技术相结合。

科学态度目标: 科学技术影响着我们的生活,并不断改变我们的生活。

科学、技术、社会与环境目标: 科学技术可以改变我们的生活,使我们的生活变得更美好。

【教学重难点】

探究不同乐器的发声原理,让学生了解不同乐器音调高低变化规律,并运用所学的科学概念进行合理设计发明,自制乐器。

教学准备:每组准备吉他、竖笛、小鼓、二胡、铝片琴。

【项目实施过程】

一、聚焦认识乐器，提出问题

师：今天我们的科学实验室多了一些什么？看一看，你们认识吗？

生：有吉他、竖笛、小鼓。

师：同学们一定会奇怪，难道今天科学老师上音乐课吗？当然不是，不过你们知道这些乐器的发声原理吗？里面藏着很多的科学奥秘呢，我们今天就来探究音乐里的科学，首先我们进入第一个项目研究：认识乐器。

板书课题：认识乐器

大屏幕出示：长号、古筝、二胡、吉他、竖笛、小鼓，认识乐器并观察构造。

【活动目标】将乐器引入课堂，重点是观察构造与发声原理的关系，将科学知识与技术发明关联。

【设计意图】开课将科学和音乐融入，让学生产生强烈的好奇驱动力，让学生感受不同学科不是毫无关联的。教师要有多学科融合的意识，这样的意识同样传递给学生。

二、探究不同乐器的发声原理

（一）你们知道怎么演奏这些乐器，才能发出声音？

1. 每组提供吉他、竖笛、二胡、小鼓、铝片琴，分组活动

2. 小组汇报

学生：竖笛要用嘴巴吹奏发出声音、吉他是用手指弹拨发出声音、二胡是靠拉动弓与琴弦摩擦发出声音、小鼓是鼓槌敲打鼓面发出声音。

请大家想一想，声音是怎样产生的？物体停止振动后还能继续发音吗？

（二）归纳乐器发声的方法

1. 弦乐器发声的主要方法

敲击（钢琴、扬琴等）；弹拨（吉他、古筝等）；摩擦（二胡、小提琴等）。

2. 其他乐器发声方法

（1）敲打使乐器本身振动（铝片琴、编钟、鼓、锣等）。

（2）借助其他易振动的物品的振动带动空气振动。

（3）直接使空气振动。

【活动目标】学生充分感受不同乐器发声方法，并归纳乐器发声产生的原因，为后续对乐器音调的高度变化的探究和设计制作乐器奠定基础。

【设计意图】让学生在已有的生活经验和学习经历的前意识和前概念中，摸索乐器的发声，不会演奏乐器也没有关系，重点在于激发学生探索不同乐器是怎么发声的。在这个活动中，引导学生在实践中思考，把乐器的发声方法和前面"声音"单元中所学的知识有机地联系起来。

（三）为乐器分类：思考给乐器分类的标准

打击乐器；管乐器；弦乐器（拨弦乐器、拉弦乐器）。

【活动目标】引导学生通过乐器的演奏方式和观察其结构分类，有利于学生在后续

设计和制作乐器中,对乐器构造与发声及音调高低变化的技术架构更为清晰。

【设计意图】 通过分类活动,学生更为明确乐器的构造和发声方法。

(四)探究这三种乐器的发声原理

1. 探究琴弦声音高低的变化

(1)出示弦乐器吉他,播放吉他弹奏视频,用手拨动琴弦发出声音。请同学来试试。

拨动琴弦可以发出声音,而且声音还有高低不同的变化。

(2)回顾拨动橡皮筋的实验中,橡皮筋的发声原理和弹奏吉他很相似,回看课堂实验视频。

橡皮筋短、粗、松,拨动时,发出的声音高;橡皮筋长、细、紧,拨动时,发出的声音低。

(3)请同学上台试试拨动不同松紧粗细的琴弦,发出的声音高低有什么不同。

琴弦粗、松,拨动琴弦时,发出的声音(　　)。

琴弦细、紧,拨动琴弦时,发出的声音(　　)。

2. 探究空气柱长短声音的变化

(1)竖笛的发声原理是利用空气柱振动。

分组活动:在竖笛出气孔贴一张小纸片,感受空气的流动。

空气柱是物理学名词。空气柱没有确定的外形,它是流动性的,当我们吹奏时,笛管内形成空气柱产生振动发出声音。空气柱的长短会使音调发生高低的变化。

(2)教师示范:当把竖笛的孔都按紧,此时空气柱最长,发出的声音(　　),松开手指,空气柱变短,发出的声音(　　)。

(3)学生分组感受空气柱音调高低变化。

3. 探究长短不同的铝片琴声音的变化

敲击长短不同的铝片琴,发出的声音有什么不同?

学生活动,并完成实验记录单。

交流展示用铝片琴弹奏《欢乐颂》。

4. 活动小结

通过探究活动,我们知道了弦乐器是依靠琴弦振动发出声音,并且弦的粗细、松紧会改变声音的高低。管乐器是依靠空气柱振动发出声音,空气柱长短不同会改变声音的高低。打击乐是依靠发声体振动发出声音。

请每组同学选择一种类型的乐器,依据发声原理设计我们自己的乐器。

【活动目标】 在充分的探究活动中经历三类乐器的发声原理和音调变化规律。

【设计意图】 本环节是项目一的重点,学生充分地探究三类乐器音调高低的变化规律,明确科学核心概念,为下面的设计与制作奠定了科学依据。

三、设计乐器

(一)选择一种乐器,仔细观察各部分构造

该乐器运用了刚刚我们学习的哪个发声原理?如果制作这个乐器,选择什么材料?

设计要求:

1. 用生活中的各种废旧材料制作乐器。
2. 自制乐器要有响度、音高的明显变化。
3. 每个小组可以选择制作一种类型乐器(如打击乐器、弦乐器、管乐器)。
4. 利用自制乐器编排一段不超一分钟的"乐器演奏"。
5. 明确自制乐器种类和发声振动方法。
6. 画设计草图(包括乐器外观、设计思路、声音发声原理)。

选择你想设计的乐器种类,并打√,回顾探究过程,认真研读科学概念发声原理,以小组为单位,先讨论,选择一位同学在设计图纸上画出草图,并再次讨论修改。

思考与设计　　　　小小乐器师:设计( )乐器

乐器种类	发声原理	选择材料	数量	设计草图 能发出4种或7种高低不同声音的乐器
弦乐器 √	拨动弦振动,弦越粗、松,音调越低;弦越细、紧,音调越高。			
管乐器 √	空气柱振动,空气柱越长,音调越低;空气柱越短,音调越高。			
打击乐器 √	发声体振动			

(二) 小组讨论,并完成活动手册

(三) 小组汇报讨论,制定完善计划

四、项目总结

今天的项目一"认识和设计乐器"学习圆满结束了,后续进行项目二"制作和演奏",把同学们的想法和设计图纸真正地实现,做一个真正的小小乐器师。

案例评析: 本案例是学生在探究声音是由物体的振动产生,不同乐器的音调高低变化有不同的规律的基础上,引导学生关注乐器的发声原理。通过研究乐器的发声,推测出乐器工程师是如何将科学知识,转化为技术,设计制作出能演奏音乐的产品。学习技术工程课,也是学生了解人类如何在科学技术领域发明创造出各种美化生活的产品的过程。

本课的探究希望学生经历从设计、制作、调整和展示小乐器的制作过程,并将科学和技术密切结合起来。要完成这个思路,一节课的时间是不够的,通过项目式学习,学生从科学探究到认识乐器、弹奏乐器、感受乐器的发声,从对声音的探究所获得的知识,落实到乐器的技术制作和发声规律,需要充分完整的实践活动过程,才能做到能自己设计小乐器,并能选择合适的材料制作乐器。这个认识乐器的过程非常重要,在教学中不能流于形式,科学如何与技术如鱼得水地衔接,就是工程师不断实践和探索的过程。

项目二 制作与演奏 共一课时(约60分钟)

【项目学习目标】

科学：学生了解声音是由振动产生的原理，而由空气振动产生的声音高低取决于空气柱的长短(声源越短,声源振动得越快,所以音调越高)。

技术：学生能灵活利用手机、iPad等工具,用调音器App进行校对音准,辅助学习。

工程：学生能通过猜想、实践、分享、小结、改进进行探索与发现,了解和掌握从吸管变成排箫的原理与制作过程。

艺术：学生有音高概念,了解全音和半音之间的关系。

数学：学生能够用测量、记录与推算的方式,得到准确的数值,推算出吸管吹出的音阶每个音之间的长短距离。

【教学重难点】

在按图纸制作过程中,能和团队伙伴一起及时解决问题,能运用数学和音乐中音阶的半音全音知识改进和调准音高,解决制作乐器中的技术难点。

【课前准备】

四个材料盒子：剪刀、双面胶、吸管、海绵塞、筷子、调音器、20 cm 直尺、标签纸、速干胶、制作小组分工单、记录表格、乐谱。

【项目实施过程】

一、展示各组设计图,并请一位小组代表介绍本组的设计

包括乐器种类和名称、选取的材料、发声方法和音调高低变化的技术核心设计、如何调试音高等。

二、思考与制作

(一)利用空气柱振动制作吸管排箫

问题一：怎样让吸管发出声音？

A. 猜想：观察吸管,想一想怎样能让它发出声音呢？

B. 实践：动手试一试。

C. 分享：为什么有的能吹出声音,有的不能,或者吹出来的音色质量不同？

D. 小结：要使吸管的另一端密不透风才能吹出音色好的声音。

E. 改进：如果还能让你在材料盒中选择一种材料来帮忙,让吸管一端做到密不透风,你会选择什么？(海绵塞：柔软、有弹性、有可塑性)

F. 比较：为什么同样是一端密不透风的吸管,有的还是吹不出好的音色呢？(注意吹的方法)

技术工程步骤：剪7支长度不同的吸管 ⟹ 用海绵塞将吸管的一端封闭 ⟹ 将吹口端排齐固定 ⟹ 吹奏 ⟹ 调试改进。

给学生改进和练习时间。

作为一件乐器来说,只能吹出一种音高未免也太单一了吧,所以我们需要它能吹出

不同的音高,那么问题来了,怎样能让吸管吹出不同的音高?

思考:吸管的长短与音阶 1234567 的关系。

问题二:怎样能让吸管吹出不同的音高?

A. 猜想:它的音高和什么有关系?是整根吸管的长短,还是吹口到海绵塞的长短?

B. 实践:根据材料盒中两张表格(一张是小组任务分工表,一张是项目实践记录表)的要求随时记录你们小组测量得到的数据信息和发现。

C. 要想准确地知道自己吹出来的音高,可以推荐一个助手给大家,它叫调音器,是用来找准调、核对准确音高的。下面我就来介绍一下它的使用方达。

第一步:打开 App。

第二步:对着手机吹你的吸管。

第三步:指针会指到你吹奏的音高。

D. 制作、测量、记录。

E. 分享:小组代表发言,介绍小组记录的数据和发现。

F. 小结:吹管越长音越低,吹管越短音越高。

G. 改进:观察数据,每根吸管之间相差的距离有多少?能不能找到规律?

H. 出示钢琴键盘图,将记录表与钢琴键盘进行对比,我们就能找到它们之间的秘密。两个音之间距离较短的音,在钢琴键盘中是半音的关系。在音乐中将这两种距离关系分别叫作半音和全音,相邻两个音之间最小的距离叫半音,两个半音距离构成了全音。

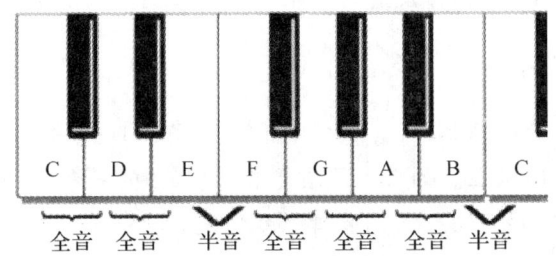

制作乐器项目实践记录单

第(　　)小组

唱名	音名	吸管长度(厘米)	我们的发现
Do	C		
Re	D		
Mi	E		
Fa	F		
So	G		
La	A		
Si	B		

乐器之所以要被制作出来,就是用来演奏的,接下来就进入演奏乐曲的环节吧!

(二)选择乐曲片段,小组分工练习并展示乐曲

A. 选择曲目,视唱旋律。对于四年级的学生来说,简单的识谱完全没有问题,加上初次制作排箫,我们尽量选择节奏规整、旋律跨度小的曲目,所以推荐的曲目有《闪烁的小星星》《两只老虎》《粉刷匠》《欢乐颂》。

B. 组内分工,制作单音(单管排箫),并用标签纸贴上记号。

C. 小组排练(指挥与演奏)。

三、利用弹拨弦振动,制作四弦琴

(一)比较这两幅设计图,哪一张图纸设计得有利于演员演奏?

现实生活中,我们要考虑产品的实用性,学会取舍和选择方案设计图纸进行组装。

(二)按图组装

接下来我们要按照图纸进行安装琴弦,要注意安装要求。

(三)调试产品

1. 科学调试

安装以后,根据以下步骤,如何让四根琴弦发出不同的声音?

2. 小组交流

(1)交流自己的方法。在琴箱的侧面给琴弦垫上不同大小的物体,橡皮筋就可以发出不同的声音。

(2)填写实验观察单1。橡皮筋的粗细或松紧改变了,就可以发出不同的声音。

(四)检测产品

1. 检测方法

请大家拨动各自的四弦琴,认真辨析四根琴弦发出声音的高低,分别用"高、中、较低、低"标在你的设计图纸上。如果你是演奏者,你认为哪一种排序方法更方便演奏。

2. 按照琴弦科学的排序方法,调节四弦琴的发音

填写实验报告单1:橡皮筋变(细)或变(紧),发出的声音高;橡皮筋变(粗)或变(松),发出的声音低。

(五)展示演奏并完成学生活动综合评价表

评价指标	星级评分,五星为最优(在星星上涂颜色)
设计制作展示过程	方案构思 ☆ ☆ ☆ ☆ ☆
	分工合作 ☆ ☆ ☆ ☆ ☆
	设计草图绘制 ☆ ☆ ☆ ☆ ☆
	实验过程 ☆ ☆ ☆ ☆ ☆
	调试音准 ☆ ☆ ☆ ☆ ☆
	展示演奏 ☆ ☆ ☆ ☆ ☆

四、反思与总结

闭上眼睛想一想,这节课我们制作排箫和四弦琴的过程是怎样的?你遇到了什么问题?又是怎样解决的?利用我们所学的有关声音的科学知识还能做什么样的乐器?我们的项目学习今天只是暂时结束了,同学们还可以继续探究、发明发现无数个未知,将所学的知识运用到实践中,为创造出更美好的生活,我们一起努力。

案例评析: 人教鄂教版教材的特色是每一个单元都有工程技术方面的内容,"声音"单元也不例外,这样的编排让教师的视野更加开阔,有了更深的思考。作为教师要教给学生什么?作为学生真正要学到什么?知识的目的是运用到技术创新,做出产品让我们的生活更美好,多年前我们的学生很少会思考这个问题,只是为了学习而学习,教师为了知识而教知识。工程技术的融入,跨学科知识的相互运用学习,在实践学习过程中,让学生在操作中知道遇到问题是一件非常正常的事情,学会解决问题,将知识与技术制作融合,使科学教育更好地与真实世界、社会生活相关联,以提高学生适应技术世界的实践和应用能力。本案例中项目一"认识与设计乐器"的教学目标是按常规科学课的教学目标制定的,项目二"制作与演奏"的教学目标是按 STEM 四个跨学科维度制定的,更能凸显工程技术中涵盖的学习目标。通过本案例的撰写也让我思考,每一节科学课怎么深入挖掘教材的内涵,挖掘学生在现实世界中如何运用知识,如何培养学生创新的意识。通过用调音器 App 进行校对音准,辅助学习,让学生感受科技带来的便利,调试乐器音准,仅仅靠人的听觉不够准确,在技术工程领域的课程中,一定要适时引入与教学内容相符合的现代化工具,在课堂中体现科学技术同科学与工程的同步发展。

在教学中,需要教师根据不同的教学内容,建立和使用相应的评价工具,这些评价工具将帮助学生更好地建模、验证模型、评估模型以及修正模型。我们改变以往先有学生作品后有教师的评价标准的情况,将评价标准前置,用评价工具来导航。小学生好胜心强,都希望得到教师和同学的肯定,这是他们学习的动力来源。所以,在教学中,我们要设计好相应的评价量规来提升学生的学习积极性与主动性,从而提高作品质量。评价量规可从任务要求、设计、材料、制作、习惯等方面列出相应的指标,并为每个指标,在不同的测量等级(例如优、良、合格)下加上描述性语句,低中年级可用相应笑脸或五角星的个数来表示,以反映出该等级的特征。这些描述性语句或笑脸个数就构成了各个等级的评价量规。

地质公园系列活动岩石篇(二)地质公园搭建石头阵

【课程特色及主要内容】

1. 参观地质公园岩石阵,观察了解当地特色岩石。
2. 学会辨别岩石和非岩石。

3. 学习观察岩石的方法,并用科学的语言描述岩石的外部特点。

4. 学习按岩石的特点为岩石分类。

5. 搭建岩石阵活动。

【课程目标】

1. 学生能运用多种感官和简单工具进行岩石的观察活动。

2. 辨别人工材料和自然材料。用恰当的词语描述岩石的特点。

3. 培养收集、研究岩石的兴趣和动手动脑的能力。

【适合对象】5～12岁(根据学生年龄和认知能力,内容深度适当调整)。

【实施地点】符合条件的室外场所,如地质公园等。

【活动说明】指导学生把收集的岩石贴上便签并编号,利用观察和分类。

【对课程教师的要求】

1. 了解当地地质公园主要岩石特点和类型。

2. 能指导学生有序科学地进行观察活动。

【安全及特别事项】

1. 指导学生有序观察。

2. 教师必须随时监控和干预学生不恰当行为。

3. 反复提醒学生必须严格遵守相关纪律,注意安全。

【主要教学过程】(合计时长:60分钟)

一、在实地考察中聚焦问题

1. 谈话引入。

师:今天我们的研学之旅有趣的课程又开始了,看看今天我们参观的地方有什么特点?

我们来到了地质公园里奇特的岩石阵,为什么叫岩石阵呢?原来这里布满了大大小小的石头,还有规律的搭建成各种各样的形状和结构。在古代运用石头和植物排兵布阵可以有效地抵御敌人的袭击和进攻。

2. 明确任务。

老师交给你们两个任务,一是每个同学边参观边收集你觉得比较有特点的石头。二是仔细观察岩石阵的大石头有哪些特点?表现良好的同学会得到一份小工具放大镜和小锤子。

3. 辨别岩石与非岩石。

了解天然材料和自然材料。

教师出示砖块,辨别岩石与非岩石。

师:看来岩石到处可见。它是大自然天然形成的。经过琢磨还可以成为很好的天然材料用来为人类服务,比如铺设地面用的大理岩、花岗岩。

我也带了一块石头(非岩石),你们看看这块是岩石吗?(学生辨别)为什么不是岩石?

人造材料:又称合成材料,是人为地把不同物质经化学方法或聚合作用加工而成的材料,其特质与原料不同,如砖头、塑料、玻璃、钢铁等。

天然材料:相对于人工合成的材料而言指自然界原来就有未经加工或基本不加工就可直接使用的材料。如岩石、橡胶、棉花、沙子

师:你们收集的是岩石吗?(学生检查自己带的岩石)

师:今天我们就来研究研究这些岩石。

二、岩石展览会

1. 介绍"我的岩石"。

师:谁来说说自己的岩石有什么特别的地方?

根据学生的描述,了解学生的关注点,初步确定指导的方向。

(让学生共享劳动成果,分享成功的喜悦,同时初步观察、描述岩石的一般特征。)

2. 如何观察"我的岩石"。

师:你们的岩石真有特色,我也带了一些岩石,你们想知道它们是怎样的吗?(引起学生观察岩石的欲望)

师:你们准备怎样观察?

生:用眼睛看形状、颜色、花纹;手摸的感觉;用鼻子闻气味;轻轻敲打后看看……

（1）用眼睛可以观察岩石的什么?

(生:颜色、形状、条纹或花纹、斑点、大小等)

老师补充:

（2）用手怎样观察?(摸)摸可以感觉到岩石的什么?

(生:光滑粗糙程度)

(掂)可以掂一掂它是轻还是重。(轻重)

(指甲划)看划痕是怎样的

（3）用鼻子闻气味? 怎么闻?

(生:靠近点、摩擦、轻轻敲打后再闻……)

（4）轻轻敲打后看看有什么变化? 声音是怎样的?

教师:讨论了那么长时间,我们来回顾一下刚才讨论的内容(重复观察方法)。(让学生明确观察的方法)

(教师指导学生完善、提高观察岩石的方法,学生明确观察岩石哪些方面的特征。)

3. 现在你们能描述岩石阵的大岩石有哪些明显的特征吗?

三、扩展活动

1. 给岩石分类,指导分类方法。

师:请大家看看你们的岩石,你们能对它们进行分类吗? 你们将按照怎样的标准分呢?

生:按颜色、形状、光滑不光滑……

将岩石编号,分类摆放。

（1）花岗岩由黑、白、肉红等颜色或无色透明的颗粒组成；颗粒较粗；粗糙，很坚硬。

（2）大理岩纯白色、黑色等；常有美丽的条纹，颗粒较粗，比较粗糙；晶莹润泽，紧密，较软，遇盐酸冒泡。

（3）石灰岩青灰色、灰色或微黄色；颗粒细，光滑，较硬，常有化石。

（4）板岩灰色、绿色等，容易分离成层，颗粒细，结构紧密，比较光滑，硬，敲击有清脆的声音。

（5）页岩有灰、黑、红、棕、黄等多种颜色；颗粒细，较软，比较光滑，薄层状。

（6）砂岩有红、土黄、灰等多种颜色，看起来像许多粗细差不多的沙子黏合在一起，粗糙，硬。

（7）砾岩看起来像混凝土，由碎石子或卵石组成；粗糙，硬。

2. 请你们将收集的岩石搭建小小的岩石阵，如果敌人来袭击，岩石阵可以起到什么作用？怎么搭建才能更稳定，防御能力更强？

3. 画设计图，讨论优化岩石排兵布阵方案。

4. 搭建岩石阵。

5. 测试岩石阵的稳定性评估防御力。

6. 展示作品。

案例评析：本案例为课外研学旅行主题课程技术工程案例。研学科学课程的开展，首先要筛选和勘察研学基地的地质地理环境，通过前期考察制定研学课程计划，研学课程应与当地研学基地的生态环境有机结合，并参照学校学科课程的正规教学管理与实施。在符合教育思想、理论和规律的前提下，对研学内容与活动进行规范化、科学化、系统化的细化设计，融入技术与工程元素，从而形成各主题课程的教学实施方案。本课通过参观地质公园岩石阵，观察了解当地特色岩石学会辨别岩石和非岩石。学习观察岩石的方法，并用科学的语言描述岩石的外部特点。学习按岩石的特点为岩石分类完成设计和搭建岩石阵活动。

课外实验案例

皮影戏

（适用年级：四、五年级）

【教学目标】

了解皮影戏的发展，对中国非遗文化产生兴趣。知道光与影之间的关系，了解皮影戏的表演原理。学会选择合适的材料，制作简单的皮影戏道具。能综合设计皮影戏表演的剧情、人物角色。小组分工合作完成初步的表演，体验其中的乐趣。

【教学重难点】

重点：学会选择合适的材料，设计制作皮影戏。

难点：理解皮影戏表演的原理。

【教学材料】

透明材料、半透明材料、不透明材料若干、小灯座、纸盒、剪刀、胶带等工具。

【教学过程】

（一）创设情境　激发动机

1. 老师看到一个有趣的表演，看看这是什么表演？（出示视频）

2. 学生观看视频，交流对皮影戏的了解。

3. 介绍皮影戏。皮影戏旧称"影子戏"，已经有2000多年的历史，是中国民间古老的传统艺术，是一种以兽皮或纸板做成的人物剪影表演故事的民间戏剧。表演时，艺人们在幕布后面，一边操纵影人，一边用当地流行的曲调讲述故事。在过去没有电影、电视剧的时候，皮影戏就成了人们最受欢迎的民间娱乐活动之一。2011年，中国皮影戏入选了人类非物质文化遗产代表作名录。

4. 这是古老的国宝级的非物质文化遗产，大家一起学做皮影戏非遗传承人。

5. 揭示课题。

（二）科学探究　自主建构

1. 关于学做皮影戏，你有什么问题？

2. 学生交流:

(1) 皮影戏是怎么表演的?

(2) 用什么材料做道具?

……

3. 你觉得皮影戏的表演和什么有关?(光)下面,我们就来和光玩一个游戏,看看会有什么发现?

4. 出示要求:分别隔着塑料板、宣纸、卡纸看看灯光,有什么现象?

5. 交流汇报。

6. 小结:

(1) 透过透明的塑料板,可以清晰地看到灯光。

(2) 透过半透明的宣纸,看到的灯光模糊。

(3) 透过不透明的卡纸,看不到灯光。

7. 哪种材料适合做幕布?

8. 小结:半透明的宣纸适合做幕布。

9. 继续和光玩游戏,出示要求:隔着宣纸看不同的"小树",有什么发现?

10. 学生交流,皮影戏中的人物道具适合用什么材料做?

11. 小结:皮影戏的表演原理。

(三) 创作剧本 设计道具

1. 同学们,你们准备表演一个什么故事呢?

2. 小组讨论,合作创作剧本,并根据剧本完成人物、道具的设计制作。

3. 小组内进行初步排演。

(四) 展评反思 迁移完善

1. 组织小组进行班级展演。

2. 学生进行评价建议。

3. 观看艺术家演出视频,思考我们的皮影戏还可以在哪些方面改进?

4. 学生交流。

5. 了解艺术节制作皮影戏的过程,进一步丰富人物,完成动作表演,配上音乐使剧情更生动。

案例评析: 据史书记载,皮影戏始于西汉,兴于唐朝,盛于清代,元代时期传至西亚和欧洲,可谓历史悠久,源远流长。学生学习了光和影有关科学知识以后,通过探索皮影戏的科学原理,进行设计和制作,了解我国人类非物质文化遗产文化并融入技术工程元素,让学生进行多元学习,感受科学技术的发展不仅带来科技的进步,还带来民间艺术创作的灵感。

第六节　小学科学实验室建设标准

一、小学科学实验室的设计要点和参考规范

小学科学实验室，即小学生"动手做"的活动场所，也是孩子们科学活动的小天地。通过科学实验活动，学生们能养成手脑并用的习惯，更有助于创造性思维的开发。另外通过全班交流研讨、小组研究、个体研究，学生逐步学会了独立思考，分析问题，独立解决问题。因此，了解和建设小学科学实验室是十分必要的。

（一）科学实验室的设计要点

（1）学校实验室属于教学用房，应规划建设在教学区。但与教室又有所不同，应相对独立。

（2）实验室应尽量南北向采光，门厅及主楼梯应靠近学校主通道，便于与教学楼相连。应留有足够的紧急通道和消防设施。

（3）当建筑地形受限时，应充分保证学生实验室的尺寸和面积，小学实验室不小于 10.80×7.5 m^2（下限）。

（4）有条件的学校可考虑建设实验综合楼，实验综合楼的建筑风格、层高应与学校具体布局相适应。

（二）科学实验室的功能分布原则

（1）实验室因需安装供水、通风等设施应尽量放在底层。
（2）仪器、准备室应与实验室相连或相近。
（3）管理人员办公室应设在靠近实验室处，尽量使用采光、通风条件较好的房间。
▶ 扫描本章二维码，阅读"科学实验室的技术设计规范"。

二、小学科学实验室功能与要求

根据《普通中小学理科实验室装备规范》（JY/T 0385-2006），小学科学实验室建设要求分为两类，即"基本要求"和"规划建设"。"基本要求"是学校实验室装备建设应达到的最低要求，"规划建议"是在达到"基本要求"的基础上，为有较高实验室装备能力的地区和学校提出的要求。

各地可以根据实际情况，创建更有利于培养学生创新精神和实践能力的实验室，满足基础教育课程改革对实验教学的要求。

(一) 功能与要求

室　别	类　别	功　能	要　求
科学教室/科学活动室	基本要求	能够满足实验教学要求,为学生创设科学氛围,有利于进行科学探究,体验科学过程,方便开展科学活动	应努力为学生自行完成科学信息查询和开展科学实验活动创造条件
实验员室	基本要求	实验员办公	
准备室	基本要求	进行实验的准备和简单的仪器维修	应邻近科学教室和科学活动室
仪器室	基本要求	存放实验仪器和实验药品	药品柜应采取防潮、通风及安全等措施
培养室	规划建议	进行组织培养等	朝阳方向,通风良好
生物园地	基本要求	进行种植、饲养	南方地区可设计在校园空地或楼顶,北方地区宜设计在暖房里,亦可室内外结合布置

(二) 面积与间数

"面积与间数"的指标,以学校的建设规模和班额人数分别为12班～24班(2个～4个平行班)、24班～36班(4个～6个平行班)、36班～48班(6个～8个平行班),每班45人为参考设计的;学校规模大于48个班的,以本标准中48个班的数据指标为基准,学校规模每增加12个班(2个平行班)时,科学教室及其附属用房各增加1套。

1. 面积

单位:m²

室　别	类　别	
	基本要求	规划建议
科学教室/科学活动室生均使用面积	不小于1.58	不小于1.91
实验员室人均使用面积	不小于6	
准备室使用面积	每间不小于18	每间不小于23
仪器室使用面积[a]	每间不小于23	每间不小于43
培养室使用面积		每间不小于43
[a] 仪器室只设1间时面积应不小于40。		

2. 间数

单位:间

室 别	类别	2个～4个平行班[a]	4个～6个平行班	6个～8个平行班
科学教室/科学活动室	基本要求	1	1～2	2～3
	规划建议	1～2	2～3	3～4
实验员室	基本要求	1	1	1
准备室	基本要求	1	1	2
仪器室	基本要求	1	1～2	2
培养室	规划建议	1	1	1
生物园地	基本要求	1	1	1

[a] 学校规模小于12个班的可参照表中2个～4个平行班的数据指标执行。

(三) 建筑要求

a) 地面:各室与走廊的地面不宜设台阶。地面应防尘易清洁、耐磨、防滑;应耐酸碱腐蚀;应设地漏;

b) 门窗:应根据人流安全疏散的要求设置前后门,门洞的宽度不应小于1 000 mm,门扇上宜设观察窗,门框上部设采光通风窗。科学教室的窗台适宜高度800 mm～900 mm,科学教室的窗间墙宽度不应大于1 200 mm。门窗开户后不应影响室内空间的使用和走廊通行的便利与安全;

c) 综合布线系统:室内有水源、电源的应设总控制阀。科学教室内电源插座与照明用电应分路设计、分别控制。新建科学教室应预留综合布线系统的竖向贯通井道及设备位置;

d) 用电负荷:科学教室用电负荷的设计应兼顾现代化教学设备及仪器设备逐步增多的需要。

(四) 环境要求

项目	类别	要 求
采光	基本要求	应保证科学教室教学用房的最佳建筑朝向,避免室内直射阳光。主要采光面应位于学生座位左侧、准备室应至少有一个向阳的窗户,存放生物标本的仪器室宜为北向布置。
照明	基本要求	1. 实验台面的平均照度应符合 GB 50034 的有关要求不低于 300 lx,照度均匀度应符合 CB 5700 的要求不应低于 0.7。 2. 灯具悬挂高度距实验台面不应低于 1 700 mm,不宜用裸灯。
	规划建议	1. 书写板宜设局部照明,书写板面的平均照度应符合 GB 50034 的有关要求不低于 500 lx,照度均匀度应符合 0.7。 2. 实验台上若设计局部照明,前排灯不应对后排学生视线产生直接眩光。

续　表

项目	类别	要　　求
遮光	基本要求	窗户可装窗帘。
温度	基本要求	室内设计温度应符合 GB 5701 的有关要求宜在 16℃～28℃。寒冷和炎热地区应因地制宜地设置采暖和降温设施。
通风换气	基本要求	科学教室、准备室的换气次数应符合 GB/T 17226 的有关要求应不低于 3 次/h,宜采取各种有组织的自然通风措施,使室内二氧化碳浓度低于 1.5‰。
通风换气	规划建议	必要时还应采取强制置换室内污染空气的措施;采用排风扇,排风扇应没在外墙靠地面处。风扇的中心距地面不应小于 300 mm。风扇洞口靠室外的一面应设挡风措施;室内的一面应设防护罩。
环保	基本要求	1. 室内环境噪声不大于 65 dB。 2. 新建、改建、扩建科学教室及附属用房时,甲醛、苯、氡等有害气体和放射性污染应符合相关标准中的限量值。
安全	基本要求	各室应备有效的消防设施。

（五）固定设施

1. **基本要求**

   a）书写板:书写板下沿与讲台面的垂直距离宜为 850 mm～1 000 mm;

   b）讲台:两端与书写板竖直边缘下延长线的水平距离不应小于 200 mm,宽度不应小于 650 mm,高度宜为 200 mm;

   c）电源:科学教室电气线路应采用防火要求的暗敷配线方式,安装自动断电保护器,应有可靠的接地措施;

   d）水源:各室应设给排水设施,宜设水槽和拖把池,排水口应有水封装置。

2. **规划建议**

   a）气源:可根据面要设置气源,并应有一定的安全措施;

   b）通讯:可根据实际情况设一处或多处网络接口;

   c）教学电视:科学教室内设置电视机时,应符合 GB 8772 的有关要求。观看距离以座椅前缘至电视屏幕垂直面间水平距离为电视机屏幕尺寸的 4 倍～11 倍为宜。观看的水平斜视角不宜超过 45°,仰角不宜超过 30°;

   d）教学屏幕:科学教室内安装屏幕时,屏幕下沿距讲台面不应低于 1 000 mm,屏幕的宽度宜为屏幕垂直面至最后一排座椅距离的 1/6。

（六）布置

   a）科学教室及辅助用房宜布置在同一层面;

b) 科学教室第一排实验台的前沿与书写板的水平距离不应小于 2 500 mm,边座的学生与书写板远端形成的水平视角不应小于 30°。最后一排实验台的后沿与书写板的水平距离不应大于 9 500 mm;

c) 科学教室实验台端部与墙面(或突出墙面的内壁柱及设备管道)的净距离不应小于 550 mm;

d) 学校在进行科学教室布置时,应结合学科特点,充分体现科学性、合理性、安全性。

(七)实验室设备

1. 基本要求

(1) 演示台、实验台和准备台

a) 台面:演示台、准备台尺寸不小于(L×D)1 400 mm×700 mm,实验台生均有效操作面积不小于 550 mm×500 mm。外观应平整、无明显缝隙,若采用封边处理的,封边条不应有脱胶、鼓泡;

b) 台面材料:应符合相应材质的力学性能和理化性能要求。耐腐蚀、耐污染等要求应符合相应标准的要求;

c) 演示台和实验台均应有良好的稳定性。实验台前沿可设高约 50 mm 的围板,延伸到两侧的围板长应不大于 150 mm。铺设有管线到桌的实验室,实验台与地面间应采取固定措施。

(2) 仪器柜、陈列柜

数量、规格及内部格局可根据实际情况设计。其中,柜中搁板位置应可调节,对于存放较重仪器的搁板宜做承重加强处理。陈列柜宜设计成透明体,并应采取防潮、防虫蛀等措施。

(3) 资料柜、储物柜

数量、规格及内部格局可根据实际情况设计。

(4) 学生凳

高度宜可调节,无棱角。

(5) 电源

a) 演示台、准备台应有 220 V 交流电源;

b) 教学电源和学生电源可选用集控电源或分立电源,负荷应能充分满足实验教学的需要。

(6) 插座

交流 220 V,演示台宜采用电流不小于 3 A,通过国家认证的安全插座,设计位置应合理。

(7) 水槽

水槽置于台面上的,水槽的四周应做密缝处理,无脱胶、漏水现象,排水口应有水封装置。

(8) 工具

制作、修理仪器所用的工具及仪器小车、梯子等。

2. 规划建议

(1) 信息传输设备

宜配置适当的显示装置和播放设备。

a) 信息的传送和显示：信息传送部分可由局域网端口等信息源，计算机等信息查询设备和音、视频电子设备组成，并由显示装置来实现。设备的功能和技术指标宜适时选择；

b) 实验资料的查询：装置一套或多套与网络相连接的计算机设备，方便查询相关资料，帮助自主设计实验。

(2) 辅助电器

根据学科需求配备电冰箱、恒温箱等。

(3) 培养室设备

宜设置超净工作台、培养架、培养箱、高压灭菌锅、接种环等培养设备。

三、小学科学实验室相关管理制度示例

（一）科学实验室管理制度

(1) 小学科学实验室是小学科学教学必备的教学场所，应有专（兼）职管理人员负责管理。

(2) 按实验教学要求配备足量的实验教学仪器和专用教师，确保演示实验、分组实验等各类实验和课外科技活动顺利开展。

(3) 实验室应建立《教学仪器总账》《教学仪器记账》和《低值易耗品明细账》。做到"记账及时、流程规范、准确无误"，要求账目清楚，账物相符。

(4) 按仪器、药品的性质做到不同学科的仪器、仪器与药品分柜存放，同学科仪器分类存放。仪器设备入柜存放，做到分类正确、科学有序、排列整齐、定柜定位。柜有编号，柜窗设卡（柜窗卡），物卡一致，账卡相符。仪器设备应常处于可使用状态。

(5) 仪器设备的保管要做到防尘、防潮、防霉、防腐蚀、防变形、防碎裂、防火等。化学药品应放入专柜。

(6) 仪器设备借用、使用、维修。损坏报损以及危险品领用必须按有关制度执行，及时规范记录。凡损坏而又不能维修或失去维修价值的仪器设备，应按规定手续进行报废处理，并保存原始凭证，在有关账册上注销。

(7) 加强实验室档案资料的管理工作。实验室档案分为实验室技术资料、实验室管理资料和实验教学资料。平时注意积累各类资料，学期结束进行归类整理。

（8）实验室要注重营造科学、文明、美化的环境和良好的实验氛围。做好防火、防盗和安全用电工作。定期检查消防、给排水设备和电气线路，确保人、财、物的安全。

（二）科学实验室安全防护管理制度

（1）实验室由专人负责实验室设备及人身的安全。

（2）加强四防（防火、防盗、防水、防事故）。

（3）来实验室工作的人员，必须有实验室工作人员在场或经过操作培训与考核。

（4）实验前要全面检查安全，实验要有安全措施。若仪器设备在运行中，实验人员不得离开现场。

（5）易燃、易爆物品必须存放在安全处，严禁带电作业。

（6）如遇火警，除应立即采取必要的消防措施灭火外，应马上报警，并及时向上级报告。火警解除后要注意保护现场。

（7）如有盗窃和事故发生，立即采取措施，及时处理，不得隐瞒，应及时报告主管和保卫部门，并保护好现场。

（8）实验工作人员在检测前必须熟悉检测内容、操作步骤及各类仪器的性能，严格执行操作规程，并做好必要的安全防护。

（9）进行有毒、有害、有刺激性物质或有腐蚀性物质操作时，应戴好防护手套、防护镜。

（10）实验室内使用的多媒体设备、电热设备等的电源线，必须经常检查有否损坏，移动电气设备，必须先切断电源。电路或用电设备出现故障时，必须先切断电源后，方可进行检查。

（11）实验室应配有各类灭火器，按保卫部门要求定期检查，实验室人员必须熟悉常用灭火器材的使用。

（12）离开实验室前，实验室人员必须检查操作的仪器及整个实验室的门、窗和不用的水、电、气路，并确保关好。

（13）与实验室无关的易燃、易爆物品不得随意带入实验室。

（三）科学实验室管理员岗位职责

（1）做好实验器材的安全维护和分类管理工作，确保器材完好可用。

（2）熟悉本实验室常规实验项目及其所用器材，负责实验器材、试剂的正常供给，确保现有条件下的实验开出率。

（3）负责实验室常规管理、安全工作，确保实验台等固定设施的正常使用。保持室内清洁卫生和过道畅通。

（4）负责按有关规章做好实验器材的使用、借用、损坏报赔、送外检修、报废注销以及出入库（帐）等管理登记工作，并做好有关登记、审批手续的存档。

（5）负责制订实验器材的购置计划，确保日常低值易耗品的供给。

（6）负责新购、调拨实验器材的验收。

（7）负责实验室档案资料的建设、管理工作。

（8）负责实验教学安排,协助教师准备实验和实验完毕整理回收实验用品,保证实验教学和教科研实验的正常进行。

（9）做好实验室器材统计等工作任务,总结汇报实验室管理工作。

（四）实验室危险品安全保管和使用制度

（1）实验教学用化学危险药品必须贮藏在专用室、柜内,并按各自的危险特性,分类存放,不得和 普通试剂混存或随意乱放。

（2）化学危险药品,必须有专人专柜管理。管理人员要有高度的责任感,懂得各种化学药品的危险特性,具有一定的防护知识。

（3）化学危险品要配备相应的消防设施,如灭火器、消防桶、黄沙等,学校主管领导和专管人员要定期检查,节假日安排值班时,要把化学危险品室列为重点防范区。

（4）定期对化学危险品的包装、标签、状态进行认真检查,并核对库存量。

（5）使用危险试剂进行实验前,必须向学生提出遵守安全操作规程的要求。教师领用危险品时,必须提前计算用量,填写《危险试剂领用单》,由专管人员和教师送取,不得让学生代替。

（6）对实验中危险品的遗弃及废液、废渣要及时收集,妥善处理,不得在实验室存留,更不可随意倒入下水道。

（7）危险试剂的管理和使用方面如出现问题,除采取措施迅速排除外,必须及时向学校领导如实报告,不得隐瞒。

（8）专管人员对化学危险品的保管和使用中的安全性负有全部责任。

（五）科学实验室规则

（1）实验课前,教师应准备好实验仪器和材料。学生按要求入座后,不准随意走动或乱动桌上的一切实验器材和材料。教师要向学生宣布课堂纪律,讲清实验的目的和方法,示范操作程序。

（2）学生进行实验时,要按教师要求的方法、步骤进行操作,认真观察和记录实验现象。

（3）注意安全,一切实验材料不能入口。在实验中若发生意外事故,立即报告教师处理。

（4）爱护仪器和实验材料,节约用水和实验材料。实验仪器和材料未经教师许可不能带出实验室。

（5）实验完毕,在教师的指导下清点好实验仪器,归还原位,妥善处理废物并做好清洁,经教师许可才能离开实验室。

（6）实验课结束后,教师应做好实验登记工作。

（六）小学生实验守则

（1）实验室必须保持安静、整洁，进入实验室后应按指定位置就座。不得大声喧哗及自行摆弄仪器装置。

（2）学生在实验课前，应认真预习实验内容，上课时认真听教师讲解实验目的、要求、步骤及注意事项。

（3）实验前应对实验所需的仪器、药品、器材进行认真清点，发现问题及时报告教师。

（4）公共仪器，用后立即放回原处，各组仪器未经教师许可，不得随意移动。

（5）实验时必须严格按照实验步骤进行操作，要细心观察实验现象，如实做好实验记录、积极思考、分析实验结果，按规定填写好实验报告。

（6）爱护仪器设备，爱惜药品和实验材料。实验中损坏仪器应主动向教师报告，凡因不按操作规程进行实验而造成的仪器损坏和药品浪费，应照价赔偿。

（7）废纸、废液、火柴梗及玻璃片等杂物不得倒入水槽中或随地乱抛，应倒入废液缸或垃圾箱中。

（8）实验完毕，应整理仪器装置，清洗器皿，搞好卫生，关闭电源、水源，经教师检验无误后方可离开实验室。

思考题

1. 怎样才能做好小学科学实验教学设计？
2. 在进行小学科学实验教学设计前，要做好哪些准备？
3. 在"压缩、扩充空气和水的体积"实验中，学生容易得出空气的体积容易改变，而水几乎不能改变体积。请运用合适的方法，向学生解释这个现象背后的深层原因。
4. 科学观察实验的顺序是什么样？
5. 探究实验的一般步骤有哪些？
6. 地球与宇宙科学领域的实验有什么特点？
7. 地球与宇宙科学领域的实验有哪些步骤？

第三章

课外实践活动的实施

《小学科学课程标准》明确指出,小学科学课程要把探究活动作为学生学习科学的重要方式,要强调从学生熟悉的日常生活出发,通过学生亲身经历动手动脑等实践活动,了解科学探究的具体方法和技能,理解基本的科学知识,发现和提出生活实际中简单的科学问题,并尝试用科学方法和科学知识予以解决,在实践中体验和积累认知世界的经验,提高科学能力,培养科学态度,学习与同伴的交流、交往与合作。

然而在实际教学中,有限的课时、匮乏的器材、稀缺的社会教育资源等因素无不制约着课堂探究活动的开展。因此,课外实践活动以其灵活的实施方法、广泛的研究方向、多维的表现能力等特点,成为课堂教学的有力补充与拓展,有效解决了因时空、器材、社会教育资源等因素的限制而无法开展探究式学习活动的问题,同时也因为其展现出的趣味性等独特魅力,深受广大学生以及教师的喜爱。课外实践活动已逐渐得到学生、家长以及社会的广泛认同,成为培养学生科学素养,促进学生全面成长,为他们的继续学习和终身发展打下良好基础的重要路径和方法。

本章将从课外实践活动的概念与意义出发,分析活动本身的特点,重点阐释实施时应注意的原则与实施建议,最后分享两个实践活动的案例作为参考。

配套微课等数字资源

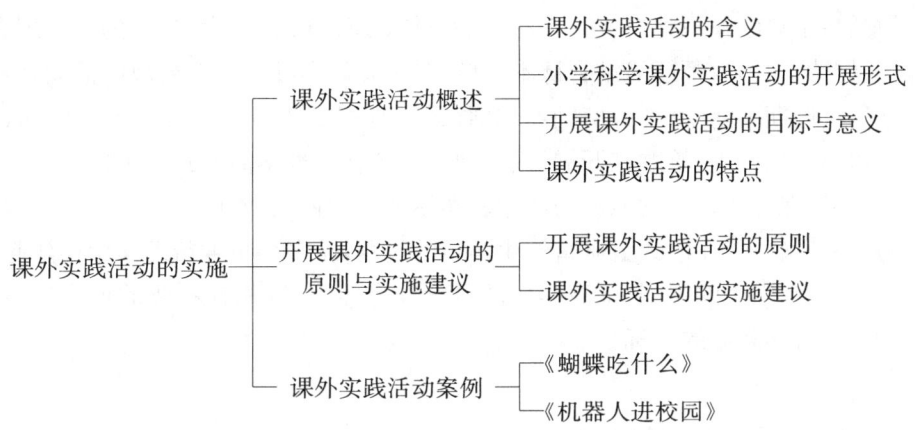

第一节 课外实践活动概述

一、课外实践活动的含义

课外实践活动的含义比较宽泛，一般是指在学校教学计划规定的必修课程之外，由学生自愿参与的、有组织的以提高学生综合学科素质、补充深化学科教学内容为目标的各类活动。

从定义来看，所有学科都可以开展课外实践活动，而本章提及的课外实践活动，特指的是小学科学课程所对应的课外实践活动。它通常被认为是基于小学学校资源，以该校科学教研组为指导中心建立的、具有校本特色的各类课外科学实践活动。

二、小学科学课外实践活动的开展形式

在小学科学课程领域，课外实践活动的开展形式种类繁多，各有不同，包括且不限于科学科技类社团、校内外饲养种植基地、各种兴趣小组、开放性创客活动空间等。此外，还可以借助社会资源，将科技馆、博物馆、动植物园等场馆作为开展课外实践活动的场所。

三、开展课外实践活动的目标与意义

开展课外实践活动的形式尽管多种多样，但它的教育目的与学校的科学教育目的

是一致的,都是以培养学生的科学素养为宗旨,在小学科学新课标的指导下为推进学生科学探究能力的发展而服务的。

对科学教师而言,开展课外实践活动的主要意义在于:它可以打破传统单一的课堂教学模式,将科学课变成课内课外相结合、能对不同研究主题进行连续教学的课堂,把看似零散的各个科学知识整合成一个有机的整体,真正体现出"大概念"的教育理念;此外,通过这样的形式,教师还能结合课本上的实例,开展多种课外探究教学活动,将原本不易开展的长周期类活动(如种植饲养,观察天气月相变化等)、调查取证类活动(如对自然水域水质的调查等)等顺利开展,极大地丰富了教育教学的方式与手段。

总的来说,课外实践活动能够与课堂教学模式互为依托,既可以对课堂教学内容进行深化与补充,又可以在形式上丰富学生学习的过程,从多个角度帮助学生构建起相关的科学概念,拓展学生的视野,提高学生的科学探究能力,以相辅相成的形式最终达到培养学生综合科学素养的目标。

四、课外实践活动的特点

1. 灵活性

课堂教学的时间与空间总是有限的,注定无法满足学生无尽的科学实验和科学探究的需求。比如在研究"马铃薯在水中的浮沉"一课中,在教师的指导下,学生通常很顺利就能通过实验观察到"水中加盐就能使原本下沉的马铃薯浮起来"这一现象,此时教师也会很自然地追加提出"如果将盐换成糖、小苏打,甚至白醋等物质时,是否也会使马铃薯浮起来?"以作为拓展问题,然后由于课堂时间等原因,会"请同学们课后自己去研究这个问题"。但是,又会有多少学生真正去深入探究这个问题呢?实际情况恐怕并不尽如人意。

而课外实践活动的开展能很好地解决这个问题。它能使学生在进行科学探究时,不受时间和空间的束缚,和课堂探究相比,它的内容更广泛,可挖掘的程度更深,探究的形式也更加多种多样,更加活泼近人。通过这样的方法,可以极大地拓展学生的课外信息,帮助学生更好、更全面地认识科学,认识世界,并且使科学知识与生活联系得更加紧密,让学生体会到课堂内无法承载的知识增量。

此外,课外实践活动还能方便教师开展同一主题下目标深度不同的探究活动,有利于不同层次的学生共同学习。

2. 主体性

在评价一个活动是不是"真正的探究活动"时,学生能否独立自主地完成探究过程中各个环节,是一项重要的评价要素。许多教师在进行探究活动时,并没有很好地把握这一点,或是过多干涉学生之间的讨论,直接给出"正确答案",或是代替学生进行实验操作,急于得到最后结果等等,这些行为实质上都是代替了学生进行思考,让教师的思想主导了探究活动,让教师成了活动的主体。

而在课外实践活动中,有时甚至在问题提出的阶段,学生就已然成为探究活动的主体了。他们需要充分考虑各方面的因素,自主挖掘探究资源,设定探究计划,实施探究过程,以独立思考、小组合作的形式完成探究活动。在这个过程中,教师、家长、课外辅导员等,更多是起到引导、辅助的作用,让学生的自主探究能力得到真正的锻炼和成长。

3. 应用性

课堂内的科学课程相对更加注重实验过程的严谨性和实验结论背后的理论性,而在课外实践活动中,探究活动的自由度和活动结果的不可预测度都将极大地考验学生对知识的应用能力。往往一些在课堂内按部就班就能获得相应结论的实践操作,在课外探究中就很容易"差之毫厘,谬以千里"。比如,研究静电特性的实验中,由于静电本身非常容易因为空气潮湿、灰尘较多、静电储存面不够平滑等问题而产生漏电,从而导致实验效果不明显甚至几乎没有,于是,学生就需要一步步分析效果不明显的根源是什么,进而才能解决这个问题。因此,在完成这样生活化的科学探究活动过程中,学生在面对科学问题时的严谨态度将得到极大培养,他们分析、解决实际问题的能力也会得到提升,从而能够更好地认识生活中的科学,运用科学。

4. 趣味性

相较而言,课外实践活动的趣味性会更强。它所具有的高度的自由性和灵活度将帮助学生从各自的角度认识到科学的多面性,发掘出同一目标主题下各自感兴趣的一角。例如在观察蚂蚁的活动中,除了常规的观察蚂蚁的身体结构、生活环境等要点外,许多学生在课后的观察过程中还能发现诸如蚂蚁会避开有刺激性气味的物体、虽不能游泳但也不容易被淹死等特性。在探究活动中,收获这样不同于其他人的结果将激励学生进一步深入研究问题,激发学生之间的合作互动,增强他们的分享表达能力。

第二节 开展课外实践活动的原则与实施建议

一、开展课外实践活动的原则

1. 安全性原则

无论进行怎样的课外实践活动,参与的学生、教师等人员的人身安全都是要首先考虑的因素。在活动的设计阶段,教师就应当时刻提醒自己和参与活动的学生,要求学生自己设计活动方案时就要考虑到安全因素,从一开始就要牢牢树立安全第一的思想,并使之成为习惯。

此外,实践活动时还应当考虑到对环境的影响,尽量使用环境友好型实验材料和设备。若一定要进行可能具有危害性的操作,也务必得到专业人士的指导和许可。

2. 自愿性原则

课外实践活动的开展应以学生自愿参与为前提,教师应当鼓励学生积极参与自己感兴趣的课外实践活动,而不是强制要求其参加。学生所进行的实践活动的主题也应建立在自己感兴趣的基础上,从而激发其主动思考,主动学习,这样的实践活动才是真实的、可持续的。如果教师强制要求学生参与某些活动,其最终效果很可能会适得其反。

3. 系统性原则

课外实践活动的内容还是要建立在小学科学课程的基础上,应当是课堂教学目标的适当补充和拓展,不能是随心所欲、完全脱离课堂的探究。既要来源于课本,也不能类同于课本。

例如,教师在执教"动植物的生长周期变化"等主题的课程时,就可以将课内和课外活动进行有机结合,在课堂上观察、比较、分析,在课外进行相应的种植探究活动。

此外,尽管课外实践活动在时间和空间方面不受约束,选择自由度高,教师在指导学生进行活动时也需要把握活动的形式、地点、内容等,避免学生因选题不当而造成探究时的随意性和盲目性。

4. 主体性原则

教师在指导课外实践活动时要坚持以学生为主体的思想,切不可完全代替学生去操作、去思考,要让学生真正感受到自己才是活动的主体,是实践活动的核心,教师的指导也只是以辅导和引导为主。只有这样,才能充分激发出学生主动学习的积极性,感受到课外实践活动的魅力,让他们体会到科学技术在生活中的各种应用,认识到科学技术鲜活的一面。例如,在学习"地月日三者关系"的主题时,教师可以让学生自行研究布鲁诺、哥白尼等相关天文学先驱们在科学史上做出的贡献,再回过头来重新感受人类在追求真理道路上的执着,这会更加有效地增强学生学习科学的兴趣。

5. 因材施教原则

课外实践活动的开展形式多种多样,教师在指导时应注重因材施教。一般依据年龄与认知水平的不同,教师可以将学生按不同年段进行分层分类指导,让不同年级的学生开展不同类型的活动。例如,1~2年级通常主要以观察、认识、表达类型的活动为主;3~4年级可以开展种植饲养、户外考察,并进行简单的分析对比类型活动;5~6年级则可以多进行研究生活中的一些科学现象或科技产品的小课题、小论文类型活动,或是通过动手制作来体验科技改变生活的案例等。

此外,按自主探究能力强弱的区别,教师也可以推荐能力强的学生按自己的喜好进行创新实验,而能力相对较弱的学生可能更适合进行科技文献阅读、科学趣谈类型的实践活动。

6. 因地制宜原则

每个学校可以用来开展课外实践活动的资源情况各有不同,但并不是说只有在大城市、资源较多地区的学校才能开展课外实践活动。没有专业的动植物标本模型,可以在校园一角开设小种植园,近距离观察;没有规模宏大的科技场馆,可以借助网络了解科技前沿动态;没有现代化实验器材,可以用生活中的瓶瓶罐罐简化替代。

总之,科技来源于生活,仔细观察,耐心寻找,生活中总会有合适的资源可用来开展课外实践活动。

7. 适时指导原则

课外实践活动的开展过程中,学生肯定会遇到各种各样的问题和阻碍。为了体现学生的自主性,教师不宜过多干预学生的思考与解决问题的过程,但是,更不能完全放任学生自行开展活动。若是如此,学生在活动过程中会屡受挫折,很容易因能力不足而不得不放弃实践活动,长此以往,学生对课外实践活动的兴趣就会降低,活动的规模会受到影响。所以,教师的指导必不可少,但是也不能过多地干预学生的自主活动过程,这需要一定的实操经验和技巧才能很好地把握。

8. 鼓励性评价原则

由于课外实践活动的种类繁多,评价侧重点也各有不同,所以很难用统一的标准去衡量。但是,不论什么类型的课外实践活动,教师都应当采用鼓励性原则去评价所有积极参与的学生,多去发现学生的闪光点,鼓励他们下次做得更好,而不是说他们的表现不如其他某某人。这样的方式可以让他们觉得自己得到了肯定,自然就会激发他们参与活动、学习科学的热情。

二、课外实践活动的实施建议

1. 自上而下建立完整操作体系

课外实践活动的开展离不开学校层面的支持,单枪匹马很难组织起成规模、有效果的实践活动。所以,如想开展有一定规模的课外实践活动,就必须先获得学校方面的支持,比如有固定的场所作为活动基地,有特定的时间作为活动时间,有明确的成果预期等,这样才能更快更好地推进课外实践活动,吸引更多的学生和教师加入,从而形成规模效应。

此外,还要在一开始就建立实践活动基地的管理制度,让学生明白虽然是课外,但也是另一种形式的学习,并不代表他们可以无视规则,随意扰乱秩序。

2. 因地制宜创建课外探究项目库

在课外实践活动开展的初期,许多教师都会困惑于没有合适的案例资源用于参考,从而产生无从下手的感觉。这就需要教师们多动脑筋,耐心观察,根据学校及周边地区固有的资源特色,因地制宜,选择先从难度较小、持续时间不长的项目开始,慢慢积累经验,然后再逐步开展长周期、高难度的大项目,最终积少成多,形成适合于自己学校特色的课外探究项目库。

经验的积累是个循序渐进的过程,没有捷径可走,但平时多看看同行们是如何进行活动的,可以加速这个过程。

3. 家校联合争取课外活动时间

受传统教育思想影响,许多家长对于科学课的认识还停留在"副课"的阶段,对于自家孩子在科学课堂内的表现尚且显得无所谓,更遑论让他们支持孩子进行课外实践活动了。

然而,课外实践活动的开展注定有一部分内容是需要学生在家完成的,所以家长的支持程度会直接影响学生的参与程度。这就要求教师在开展课外实践活动时,既要对学生进行指导,也要让家长在教育观念上有所进步,这样才能让他们积极有效配合学校工作,为学生争取良性的课外活动时间。

4. 长短结合落实评价机制

如想让课外实践活动的开展形成良性循环,吸引越来越多人的关注和加入,良好的评价机制必不可少。课外实践活动的评价既需要短期的、对阶段性成果的评价,也需要长期的、对整个活动的整体性评价。例如,在进行"制作不同小车,使它滑行距离更远"的活动中,教师可以先让学生分析有哪些可能的影响因素,再分组进行实验去获得阶段性成果,最后综合所有小组的结论,得出最优解。以这样的形式将一个复杂的实践活动分段进行,既降低了各个阶段的操作难度,让更多学生有参与感和成就感,也让所有学生都能亲历获得科学知识的完整过程。

第三节 课外实践活动案例

一、《蝴蝶吃什么》

1. 活动基本情况

在有蝴蝶活动的季节,在有大量活体蝴蝶的动植物园或野外场地进行的实践活动。需要专业人士的现场指导,适合小学高年级学生,以观察、分析为主的实践活动。

2. 活动目标

学生通过观察、分析等一系列活动,知道蝴蝶的主要食物和取食方法,并能用科学的语言或以图画的形式表达出来。

3. 实施流程

(1)前期准备

向学生分发任务单,让他们明确本次活动的相关内容和要求。

> **学习任务单**
> (1) 蝴蝶的一生有四种虫态,请问哪些虫态吃食物,哪些虫态什么都不吃?
> (2) 蝴蝶的幼虫吃什么(植物还是花蜜)?
> (3) 是不是所有植物都是蝴蝶幼虫的食物?
> (4) 请将蝴蝶名称与寄主植物的名称相连:
>   金斑蝶   南山藤
>   花椒凤蝶   马利筋
>   青斑蝶   花椒叶
> (5) 蝴蝶成虫主要以什么为食物?请写出三种。
> (6) 你知道为什么有时候人们将蝴蝶称为害虫吗?
> (7) 请写出至少两种人工饲养蝴蝶时所用饲料的原材料名称。
> (8) 请写出你知道的蝴蝶的寄主植物和蜜源植物。

(2) 实施阶段

① 观察蝴蝶宝宝,记录蝴蝶幼虫所在的植物(通常也是幼虫的食物,又称寄主植物)。

② 了解各种蝴蝶常见的寄主植物,知道其植物学分类名称,学会辨识其外形特点。

③ 欣赏活体蝴蝶,观察成蝶进食情况(要求观察蝴蝶成体的口器,了解其常见食物来源及进食方式)。

④ 在专家指导下,配置人工蝴蝶饲料,吸引蝴蝶前来进食。

⑤ 交流各自收获。

(3) 活动评价

在活动现场以提问抢答的形式加深学生对于"蝴蝶吃什么"的了解;而在现场活动结束后,可以通过活动展报、科学日记等形式进行回顾,评选出各方面都较优秀的作品。

二、《机器人进校园》

1. 活动基本情况

通过展示各种不同的机器人的功用,参与一系列与机器人相关的小活动,在校内进行的关于人工智能的科普体验活动。需要有具备一定实力的机器人教育机构参与,根据难度不同适合于各个年龄段的学生,以参与体验为主的实践活动。

2. 活动目标

学生通过参与不同的机器人体验小项目,知道机器人是由硬件、软件构成的人工智能设备,机器人可以帮助人们进行许多工作,使人们的生活更加方便、快捷。

3. 实施流程

(1) 前期准备

① 组织学校与机器人培训机构进行商议,确认活动参与的人数、场地、所需要的配套设备(如电源、舞台、实时投影设备等)等活动条件。

② 在学校和机构的支持下,组织相应人手,将上述活动条件一一落实到人。

③ 准备应急处理预案,包括且不限于有学生意外受伤,因天气变化而只能在室内活动等。

④ 做好宣传记录的准备。

(2) 实施流程

① 向学生说明活动的内容及要求,明确每个年级或每个班级参与的活动,以及相应的时间节点。

② 按前期准备的计划,实施整个活动,并注意处理过程中的突发情况。

③ 严格按照时间节点完成整个活动。

(3) 活动评价

在各个小活动的现场可以通过有奖竞答获取积分的形式,让学生深入了解机器人对应的各个功用;而在现场活动的最后,可以根据获得积分数量对学生做出不同等级的表扬,或者让学生可以用积分兑换一些实用的小礼品,鼓励他们更多地参与活动,加深对人工智能的了解。

附:目前较成熟的机器人相关活动有:① 人工智能发展历程展览或讲座;② 机器人舞蹈表演;③ 无人机编队飞行表演;④ 机械手臂抓握操作体验;⑤ 智能人机交互体验;⑥ 简易机器人编程过关体验;⑦ 遥控机器人足球赛体验;⑧ 工业用机器人体验。

思考题

1. 课外实践活动与课堂教学之间的关系是怎样的?
2. 许多课外实践活动都会运用到"任务单",你认为它的主要作用是什么?
3. 如果让你来组织一次去科学技术馆参观的实践活动,你会如何设计这个活动?

第四章

小学科学实践教学中的 STEM 教育

当今世界正处在新一轮科技革命和产业变革的孕育期,科技创新对社会的引领作用愈加凸显,经济转型对高素质人力资源的需求与日俱增,如何培养面向未来的新型人才,提高学生的科学探究能力、创新能力和解决复杂问题的能力,已经成为各国共同面临的时代课题。STEM 教育作为科技创新教育的有效形态,在世界范围内已经形成引领科技发展和人才培养的新潮流。倡导多学科融合、注重创新精神和实践能力培养的 STEM 教育引起了世界各国的普遍关注。

当前,中国经济转型升级、提质增效刻不容缓,劳动密集型经济正在向知识密集型转变,社会发展急需一大批具备良好科学素养、拥有特定的技术专长,并善于解决实际问题的复合型创新人才。大力发展 STEM 教育,有助于我们抓住第四次工业革命机遇,促进制造业的智能升级;有助于我们抓住信息技术和互联网革命带来的契机,在新兴产业领域抢占先机,实现经济上的跨越和赶超。加快 STEM 教育发展、创新 STEM 教育模式,已经成为加快推进教育现代化、建设教育强国的重要任务,也是全面提升国家竞争力的迫切要求。因此国家高度重视 STEM 教育,将 STEM 教育理念融入国家科技战略政策和国家教育改革文件中,并将 STEM 教育明确写入国家课程标准中。

2017 年,教育部颁布《义务教育小学科学课程标准》,倡导 STEM 教育和跨学科学习方式。科学、技术、工程与数学,即 STEM,是一种以项目学习、问题解决为导向的课程组织方式,它将科学、技术、工程、数学有机地融为一体,有利于学生创新能力的培养。科学教师可以尝试运用于自己的教学实践中。

本章将讲解什么是 STEM 教育,它有什么特点,为什么开展 STEM 教育,小学科学实践教学中如何开展 STEM 教育。

配套微课等数字资源

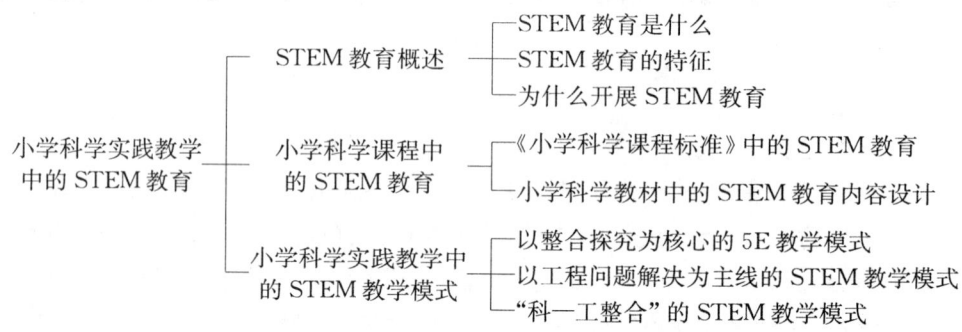

第一节　STEM 教育概述

一、STEM 教育是什么

STEM 是科学（Science）、技术（Technology）、工程（Engineering）和数学（Mathematics）四个英文单词首字母的简写。STEM 教育是一种通过整合科学(S)、技术(T)、工程(E)和数学(M)领域内容和方法进行项目学习的教育方式。由美国于 1986 年最先提出，"加强大学的教育，以使美国下一代成为世界科学和技术领导者"。《本科的科学、数学和工程教育》是第一个关于 STEM 教育的政策文本，报告中向各州学术机构、私营部门及所属机构基金会提出了诸多建议。美国大力培养和建设 K-12 阶段 STEM 师资队伍，将发展 STEM 教育视作面对 21 世纪全球化及知识经济环境以体现国家竞争力的强有力保障，培养具有 STEM 素养的人才。20 世纪末 Abs 用"元学科"（meta-discipline）定义 STEM，代表科学、技术、工程和数学学科统整的知识领域，彼此不可或缺。特别强调 STEM 教育的跨学科特征，要求教育工作者在实际教学中，不应将重点置于某个特定学科或拘泥于学科界限，应以学科的关联知识解决特定的实际问题。这是从 STEM 教育的价值本位体现对培养学生综合素养的需求，对教育目标的达成较为清晰全面的理论阐释。Merrill(2009)也指出 STEM 教育可在学校原有课程的引导下，相关学科教师在教学过程中基于课程标准注重整合。学科间的专业知识是无分隔、能联系的，称为动态和滚动的学习。还有对 STEM 教育作为教学策略的理解，Basham(2013)等人认为 STEM 是基于提出和发现问题，设计实验并进行探究性学习等融为整体的教育。Brown(2011)等人调查了伊利诺斯大学的 200 位教师和管理者对 STEM 教育的看法，结果不太理想。甚至出现 STEM 教育是帮助学习好的学生提高将理论应用于实践能力的看法,即使是那些认为重要的人,也没有明确的 STEM 教育愿景。对 STEM 的内涵有不同的解读与研究,如 Breiner 等人的研究表明对 STEM 的理解主要是基于个人的学术科目与对个人的生活影响两个角度。近年来 STEM 教育不断得到扩展,衍生出 eSTEM(环境、科学、技术、工程、数学)、STREM(科学、技术、阅读、工程和数学)等,不同的扩展也反映各国对 STEM 的认识发展和实际需要。

STEM 教育强调科学、技术、工程与数学等多门学科的交叉融合,代表着一种跨学科性的教育理念,让学生在真实的、不确定的任务情境中运用相融合的知识和思维方式去解决实际问题,以培养学生的批判性思维与创新意识。

二、STEM 教育的特征

STEM 教育强调跨学科整合,其学习方式主要有三种:基于问题的学习、基于项目的学习、基于设计的学习,这些方式对于培养学生跨学科解决问题的能力,培养学生的 21 世纪技能,包括沟通交流能力、合作协作能力、批判性思维能力、创造创新能力等都发挥着重要作用,STEM 教育不是简单地把四门学科进行线性叠加,而是把原本独立、分散的不同领域的学科知识和技能,以问题解决为基础,以多样的学习活动形式,支持学生在解决问题的过程中实现不同学科知识和方法的整合运用,培养学生的实践能力与问题解决能力。

STEM 教育以建构主义学习理论和布鲁纳的发现学习等为理论基础,由情境、内容、活动、结果等要素构成。植根基于项目的学习模式,STEM 教育具有真实情境、跨学科融合、项目式学习、评价迁移等核心特征,为学生进行深层次的认知学习提供支持。

(1) 真实情境。具有非预测性和非零碎性知识片段的真实情境,能够激发学习者的学习兴趣,立体展现知识背景,让学习者有代入感和沉浸感。

(2) 跨学科融合。STEM 教育冲破了学科之间的藩篱,以融合的理念解决问题,在建构跨学科知识体系时,大脑的不同认知区域被激活,学科知识不断地被理解、运用、迁移,陈述性知识与策略性知识碰撞摩擦。

(3) 项目式学习。在项目式学习过程中,参与者结合原有认知运用跨学科知识,真正将课本知识和现实生活问题联系起来。

(4) 评价迁移。采用形成性评价和过程性评价的方式,对项目式学习过程与学习效果进行评价,依据评价结果进行反馈和调整,为后续项目式活动的再体验提供参考。

三、为什么开展 STEM 教育

我国要建成创新型国家,实现产业升级,并在重点科研和产业领域实现突破,成功实现社会经济转型,关键是看能否不断深化供给侧结构性改革,深入实施创新驱动发展战略,推动劳动密集型经济转向知识密集型经济。2016年发布的《中国学生发展核心素养》总体框架,提出我们要培养在未来社会具有核心竞争力的人才。无论从当前推进经济转型升级,还是从长远促进经济和社会协调发展看,都需要抓住教育这个最基础、最根本的环节,提高教育质量。

1. 社会经济转型发展对人才质量提出更高要求

我国劳动力总量居世界首位,但创新人才和高技能人才相对不足。根据美国发布的2019年全球创新指数排名,我国排名第16位,每百万人员中研发人员数量处于中等偏上水平。

2. 社会经济转型发展对人才结构提出更高要求

我国现有人力资源队伍中,中低层次人才多,高层次、高技能型人才少,人才队伍结构不合理的问题凸显。瑞士洛桑国际管理发展学院(IMD)在2018年年底公布《2018年IMD世界人才报告》,涵盖了63个国家和地区的人才评估情况,我国排名从2017年的40名上升至39名,多项具体指标依然低于其他发达国家的平均水平。教育在创新人才培养方面发挥的主导作用有待加强。

3. STEM教育在促进社会经济转型上具有独特而重要的作用

目前,我国社会经济发展正处于重要转型期,人口结构、经济结构和社会发展方式都会经历深刻的变革。在这个大变革时代,教育肩负着建设人力资源强国的重任,必然要适应社会经济发展的新变化、新要求和新挑战。必须进一步提高教育服务经济增长的能力,加快教育教学内容的更新、教学方式的变革,以提高学生的实践能力、创新能力,更多地为区域经济社会发展提供更加适合的人才。从国际视野来看,STEM教育已经成为很多发达国家保持和提高竞争力的战略选择。

以STEM教育为切入点,推动教育创新,改革人才培养模式,加强创新人才和高技能人才培养,发挥其对中小学教育、高等教育等多个领域的系统性影响,构建政府部门、科研机构、高新企业、社区和学校相融合的教育生态体系。打破传统学科、专业局限,加强STEM教育在不同学段之间的衔接,加快培养技术创新和社会服务融合发展的复合型人才,为我国社会经济转型提供人才支持。

第二节 小学科学课程中的STEM教育

科技的飞速发展给社会带来了日新月异的变化,同时人类面临着各种复杂的社会问题,STEM教育最初的提出即为培养学生应对变化和解决社会问题的能力。这些前沿变化和社会问题都是真实存在的复杂情境,是多学科整合的情境,并非依靠单一的学科知识和能力就能适应与解决的。STEM教育的核心特点之一正是基于真实情境的问题解决,在教学中尽可能为学生设置近似真实的情境,能够同时培养学生多学科的知识运用能力和其他多种问题解决能力。认知心理学和学习科学等领域的研究表明,跨学科整合和基于真实情境的策略是有效的,因为它们在碎片化的概念之间构建相互关联,就认知层面而言,相互关联的概念比单独的概念更利于意义建构和日后的信息检索。

一、《小学科学课程标准》中的 STEM 教育

在课程逐渐走向综合的形势下,小学科学课程也倡导开展 STEM 教育,小学科学本身具有整合性,对学生科学素养乃至 STEM 素养的形成具有重要的作用。2017 年教育部印发《小学科学课程标准》(以下简称《课程标准》),《课程标准》要求从物质科学、生命科学、地球与宇宙科学、技术与工程四个领域,针对学生身边的现象,综合呈现科学知识和科学方法,倡导跨学科融合学习,建议小学科学教师在教学实践中开展 STEM 教育。

STEM 教育的核心特征是跨学科融合。但不是科学、技术、工程和数学知识的简单叠加,而是立足于生活经验和社会实践,将各学科的知识和方法整合到一个解决问题的整体上,这种整合具有天然的跨学科性、情境性、实践性、协作性、实证性,是一种跨学科学习的范式。

跨学科课程整合就是围绕一个共同的主题,打破学科的界限,把不同学科不同领域的理论和方法有机融合,有目的、有计划地设计组织课程内容和教学活动,以提高学生能力、促进学生全面发展为目的的一种课程组织方式和课程设计理论。

在小学科学实践教学中,跨学科融合并不是所有课都是科学、技术、工程和数学四个领域的融合,有的是某两个或三个领域的融合,有的是四个领域的融合。

二、小学科学教材中的 STEM 教育内容设计

2017 年教育部印发的《课程标准》是小学科学教材开发的基本依据。许多版本的教材编写借鉴了国际上科学、技术、工程、数学教育政策和实践的经验,吸收科学哲学研究领域的科学观、知识观和方法论,采取探究式学习模式,根据小学生的认知特点和科学知识的内在逻辑,设计一系列"做中学"的探究活动,通过引领学生经历探究过程,建构相应的科学知识,从而有计划、有步骤地达成全部科学知识目标。在学习过程中以真实的问题情境引导学生进行探究,以小组合作的学习方式突出学生的主体地位,以活泼的形式激发学生的学习兴趣,并将科学、技术、工程、数学有机地融为一体,促进学生创新精神和实践能力的发展,有效培养学生的科学素养。

(一)设计以科学探究为主的学习活动

教材中设计采用"基于问题"或"基于项目"的学习方式,把学习设置到具体的问题情境中,以明确的探究任务或问题为驱动,让学生模仿科学家的思考过程,经历"提出问题—猜想假设—实验—搜集证据—处理信息—得出结论"的探究过程。以大象版小学《科学》一年级上册"磁铁小屋"一课为例来具体看看科学家式的探究过程(见图 4-1)。

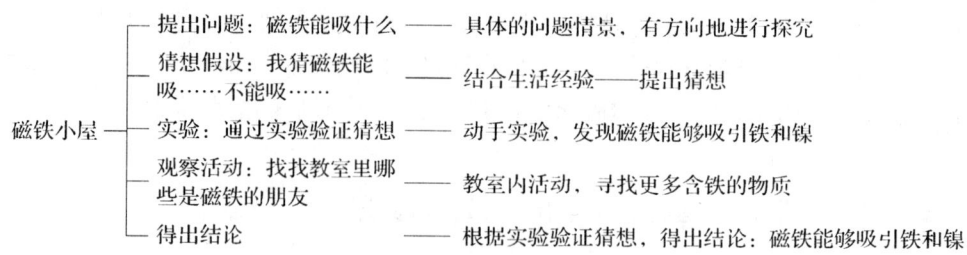

图 4-1 "磁铁小屋"科学探究思维导图

提出问题、思考问题、寻求答案总是连在一起的。提出问题是儿童好奇心最主要的表现,因此培养儿童提出问题的能力就是培养他们的好奇心和求知欲。

做出猜想假设是思考和解决问题的第一步。在本例中学生提出"磁铁能吸什么"的问题后,不能被动地等待教师给出参考答案,而应该主动尝试解答自己提出的问题,这种主动解答问题的过程就是指引他们根据已有经验提出猜想假设的过程。接着根据一年级学生的认知特点,教材设计在教师的引导下学生进行探究实验,验证磁铁可以吸引铁和镍,发现磁铁的基本性质。接下来的观察活动则是扩大实验的范围,对身边和教室里的物品进行实验,为进一步归纳磁铁能吸什么做准备。最后通过归纳总结得出磁铁能吸铁和镍的结论。教材基于一年级小学生的认知特点设计的以上探究活动比较简单,主要是针对学生身边的现象通过科学家式的探究过程持续激发学生的探究兴趣,使学生获得成功的探究体验,从而不断提高科学探究能力。

(二)突出工程教育

2017年的《课程标准》着重强调了对工程教育的要求,这一变化反映的是国际科学技术教育发展的趋势,也是对我们社会与经济发展需求的回应。因此在小学科学教材中专门设置技术与工程类的单元,也在其他探究活动中适时穿插一些设计与制作活动,培养学生像工程师一样解决问题的能力。工程师解决问题的方法一般是"提出问题(任务)—观察调查—设计方案—制作成品—测试评价"。下面以大象版小学《科学》二年级上册"滑梯"一课为例来谈工程师式解决问题的过程(见图 4-2)。

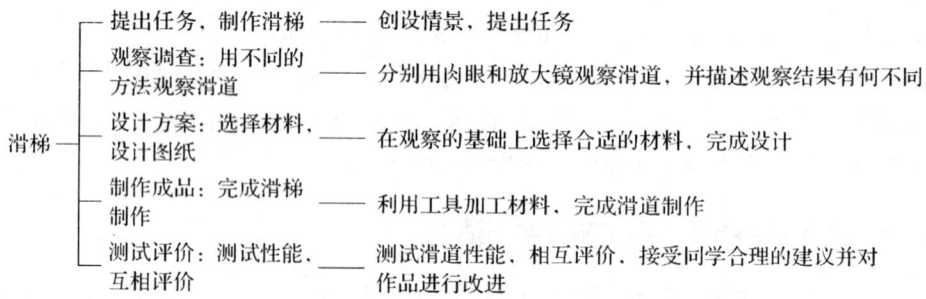

图 4-2 "滑梯"工程设计思维导图

技术与工程领域的学习强调从真实生活情境、从学生的直接经验和亲身体验出发,从做中学、学中做,解决实际问题,满足人们的实际需求。在设计课程内容时,直接提出本课

158

任务——制作滑梯,并要求能够让玩偶丁丁和当当顺利滑下,这一要求在于让学生明白工程领域的活动要有具体的目标,后续的设计和制作一定要满足目标要求。设计方案部分要求学生能够辨别常见的材料,并说出选择这些材料的理由,培养学生用语言描述信息的能力。制作部分是让学生体会制作的一定顺序,而测试评价是初步培养学生对作品进行改进的意识。如此,通过合理的内容设计,引导教师在教学时进行 STEM 教育。

(三)融合科学探究和工程实践的 STEM 单元

人教·鄂教版小学《科学》教材每册内容专门安排了一个 STEM 单元,围绕工程与技术实践活动,加强工程与技术教育,为培养学生的动手和创新能力提供基础。一年级到三年级上册的单元设计如图 4-3,每一册书中 STEM 单元的内容设计思路是问题引入—明确设计要求—背景经验—工程设计与制作—反思与改进。

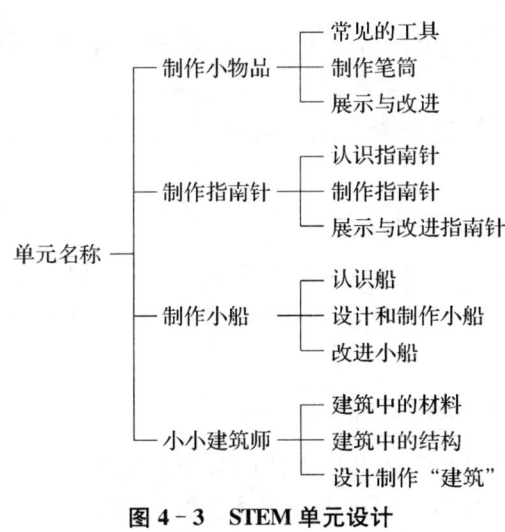

图 4-3　STEM 单元设计

第三节　小学科学实践教学中的 STEM 教学模式

小学科学课程倡导"探究式"教学,在小学科学实践教学中,经常会用到以整合探究为核心的 5E 教学模式、以工程问题解决为主线的 STEM 教学模式、"科—工整合"的 STEM 教学模式和以跨学科为核心的 5EX 教学模式。

一、以整合探究为核心的 5E 教学模式

5E 教学模式是在整合的教育实践中逐渐形成的教学模式,该模式更好地体现了以学生为中心的教学方式。5E 教学模式改变了从一般性的基本原则和理论到运用于特

殊事物的演绎式方法,转变为从科学本质和工程本质出发渗透科学探究和工程设计的精神和能力的归纳方法,使学生经历从个体事物到规律性总结的过程。教学模式分为以下五个阶段(见图4-4)。

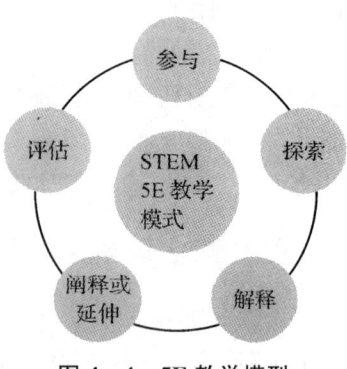

图 4-4 5E 教学模型

1. 参与(Engagement)

这一阶段的活动设计用于吸引学生的注意力,激发他们思考,帮助学生获取记忆中的已有知识。由教师或学生提出一个现实世界的问题,可以是复杂的问题,或者是全球性问题。然后学生头脑风暴产生可能性方案或构建对问题的解释。

2. 探索(Exploration)

这一阶段主要给学生时间去思考、设计、调查和组织收集到的信息。学生可以通过探索建立起科学、技术、工程、数学和其他学科之间的联系。鼓励学生选择和应用恰当的系统方法回答复杂问题,或调查全球性问题,提出解决方案应对挑战和真实世界的问题。

3. 解释(Explanation)

在这一阶段,学生将对他们的探索和探究进行分析和解释。他们梳理自己的理解发现,以多种方式交流。例如,学生分析、解释数据,沟通理解和可能性方案,恰当地运用技术手段分析和交流。

4. 阐释或延伸(Elabration or Explaitation)

在这一阶段,学生有机会扩大和巩固他们对概念的理解。例如,改善方案、原型,修改实验过程进行进一步的探索,识别和分析通过职业生涯的连接点。

5. 评估(Evaluation)

评估贯穿于整个教学模式中。通过评估标准,确定学生必须知道什么和做什么。在评估中,以相互评议、教师评审等方式,能有效反映出学生应对复杂事物、问题和挑战的方案的有效性、合理性、科学性。

苏教版《科学》四年级下册第3单元第5课"摆"教学设计

一、创设情境,激发参与热情(参与)

导入:出示图片,在小区的娱乐区,几个小朋友在荡秋千,有长秋千、有短秋千。大孩子坐的是长秋千,小宝宝坐的是短秋千。同学们根据经验预测一下谁比较快。学生为此产生激烈讨论,产生不同的想法。有的同学认为小宝宝快,有的同学认为大孩子快,还有的同学认为一样快,在激烈讨论下也会有同学不确定而保持中立意见。紧接着,教师再介绍跟秋千运动形式相似的模型"单摆",如介绍单摆的组成、运动特点等基础知识,便于接下来探究活动的展开。

二、营造氛围,进行实验探究(探索)

学生实验:教师提供笔、细线、夹子、硬币等材料制作简易的单摆模型,准备秒表、任务单等实验器材。充分创造一个自由探究的氛围,通过小组合作的方式让学生共同探究影响单摆运动快慢的因素有哪些。学生通过小组讨论,提出单摆运动可能与摆角、摆锤、摆长等因素有关。在探究阶段中,学生通过小组合作,设计实验方案并尝试错误方案,在教师及时引导完善实验方案(如控制变量,为何测量单摆运动时要规定次数测时间,实验时的注意事项等)的情况下,顺利完成实验探究,得出实验结论。

三、搭建平台,师生共同解释(解释)

得出结论:通过一系列探究活动,学生根据实验数据,归纳整理出实验结论:单摆运动的快慢与摆长有关,与摆锤、摆角无关。教师结合学生的汇报结果进一步解释介绍模型单摆的运动特点,巩固本节课的知识点。

四、掌握知识,扩展探究运用(阐释或延伸)

扩展延伸:学生进一步巩固本节课所学知识——单摆的运动特点,完成教师布置的课堂任务:自行设计一个15秒内摆动15次的单摆。设计完毕悬挂在黑板上,小组互相展示,看哪个小组完成得最好。

五、师生合作,构建评价模式(评估)

多重评价:小组互相评价悬挂在黑板上的单摆,看哪个小组设计的单摆最符合教师的要求,通过贴五角星选出做得最好的小组单摆。再首尾呼应回顾上课开始时的疑问,大孩子和小宝宝谁荡得快,得出同一结论,进行解释。教师可以自由提问学生,学生积极发言总结知识点,在学生回答不完整的情况下,其他学生可以进行完善补充。纸笔测验作为一种常见的评价方式也非常适合于科学课堂评价,让学生完成课后小练习,检查完成情况。

案例评析:在教学案例设计中,充分渗透STEM教育理念,从科学、技术、工程和数学学科知识与技能整合的角度,围绕"摆"来进行实验探究与设计制作(如图4-5)。

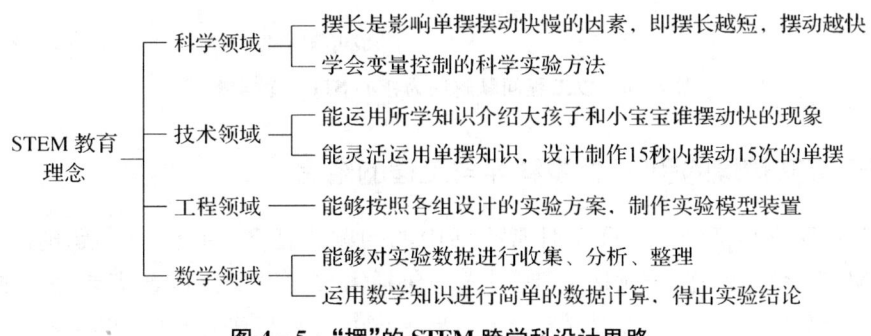

图4-5 "摆"的STEM跨学科设计思路

运用"摆长是影响单摆摆动快慢的因素"的科学知识,要求学生在科学实验的时候能够学会控制变量的实验方法,比如:在研究摆锤的轻重对单摆摆动快慢的影响时,要保持摆长和摆角不变。

利用技术、工程领域的知识,要求同学们按照小组的实验方案制作实验模型进行实验验证;在扩展环节运用所掌握的科学知识制作一个15秒内摆动15次的单摆;在课程结束的时候运用单摆知识解决大孩子和小宝宝谁摆动快的技术问题。

利用数学知识进行数据收集、结果分析,比如:研究影响因素摆长的小组在实验时根据要研究的问题,按照实验准确性的要求分析得出每组成员要进行两大组实验,分别为摆长长、摆长短的实验,共记录6组数据,分别是6次秒表读数;成员做好实验记录后要根据秒表读数、摆动次数运用数学知识计算得出"摆长越长,单摆摆动越慢"的结论。

二、以工程问题解决为主线的 STEM 教学模式

美国康尼狄格科学中心开发和编写的 STEM 案例提供了一种有效的 STEM 课程整体思路——以工程问题解决为主线的 STEM 教学模式。该模式主要分为三个部分,即问题引入、背景经验学习、解决工程问题。"问题引入"是项目学习的开端,起到任务引入和初步分析与思考的作用;"背景经验学习"紧接着"问题引入",依据解决问题和完成任务的需求,将科学探究、技能训练和研讨衔接起来,为学生解决实际问题做好认知和技能上的准备;最后通过"解决工程问题"中的工程设计环节,让学生亲历运用知识和技能解决实际问题的过程。通过三个部分有机结合,既解决 STEM 教育中科学与工程链接的难题,也实现了真正意义上的跨学科学习。工程问题在其中的作用不仅仅是引入,更重要的是起到对整个学习过程穿针引线的作用,落实项目学习中的结构化设计(见图 4-6)。

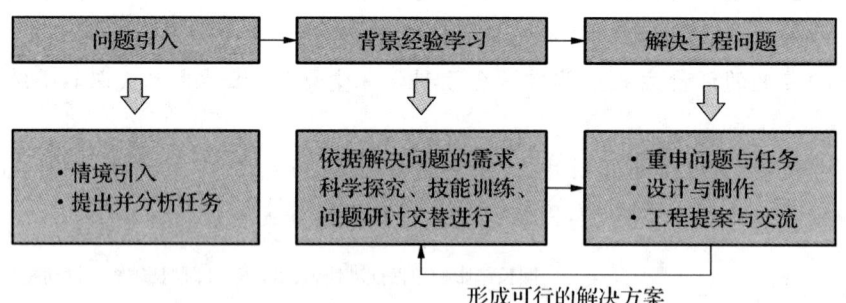

图 4-6 以工程问题解决为核心 STEM 教学模式

(一)真实情境的引入,促发科学与工程的结合

STEM 跨学科活动需要联系日常生活中的问题或任务。以工程问题解决为主线的 STEM 教学的第一部分就是"问题引入",包括需要研究的问题或需要完成的任务。这部分由两个环节组成,一是情境引入,二是提出并分析任务,这也是学生探究活动的

开端。通常情况下，教师需要结合学生的日常学习与生活，通过环境创设、资料展示等方式将一个真实情境引入课堂。情境要实现对科学与工程的结合，需要具有三个重要特性：一是真实，要让学生体会到情境本身就发生在自己的身边；二是有吸引力，能激发学生的好奇心和兴趣；三是实用，是学生有可能解决的实际问题。

（二）引入之后的讨论、调研、再讨论，厘清科学与工程的研究思路

将学生引入已创设的情境之后，学生会出现很多问题，包括可以研究的、不能研究的或没有必要研究的。因此，聚焦具体问题或任务是此时的关键策略，这将帮助学生理解关键问题、厘清科学与工程的研究思路。提出并分析任务就成为"问题引入"的第二个环节，也是非常重要的环节。教师将引导学生根据自身已有经验对任务进行初步的讨论和分解，必要的时候还可以让学生开展最初的调查研究，使之后的学习路径逐步明晰。

（三）背景经验学习，逐个突破科学与技术问题

顾名思义，"背景经验学习"主要是帮助学生积累必备的经验和能力。每个背景经验活动的设计都围绕"问题引入"的需要展开，与解决问题有直接关联。通过多个背景经验活动的学习，学生将掌握更多与解决问题相关的科学知识与技能，逐一解决在"问题引入"时提出的问题，为后期实际解决问题奠定基础。

真实问题具有一定的复杂性和多样性，涉及多个领域的认知和技能，即便是有丰富经验的成人，也需要深思熟虑地进行分析，然后再做出判断和决策。因此，在"问题引入"环节，当学生开始面对一个个复杂的生活问题时，往往不知道如何下手，也不知道如何思考。这时需要通过与"问题引入"紧密联系的"背景经验学习"活动帮助学生了解与该问题或任务相关的科学知识和技能，帮助学生一个个解决在"问题引入"环节提出的疑问和困惑。可以说，"背景经验学习"活动是教师通过教学设计帮学生搭建的学习脚手架，学生通过攀爬这些脚手架积累起来的认知和经验，有助于再次面对真实问题时做出明智的选择。

（四）问题和任务解决，直面科学与工程的真实现场

如果说背景经验学习中较多的是与科学探究和技术技能相关的训练活动，那么解决工程问题则让学生真正经历工程过程，直面科学与工程的真实现场。在现实生活中，为了解决实际问题，工程师通常会遵循一个多步骤、反复的工程过程：识别和定义问题—设计解决方案—建立模型—检验模型—数据分析—交流结果并思考如何改进—再次进行设计—建模—测试—改进交流。

例如制作一辆小车。课程一开始就提出该主题学习的任务是"利用身边的材料设计一辆具有动力的车，并具有运载功能"。当教学进入最后的任务解决环节时，首要任务是引导学生对这个任务再次进行思考、识别和定义问题。为了让思考更深入，教师给出了可供选择的材料清单（包括材料的名称、单价）和制作成品的评价要求（见表4-1）。

表 4-1 制作成品的评价要求

评价要素模型	材料成本	设计文案	模型载重量	模型行驶速度	演讲汇报
评价标准	≤15元得20分；15~20元得12分；≥20元得5分。	设计图清晰易懂，标注明确。测试结果真实可靠。	至少大于50克，每超过50克得2分，满分20分。	第一名20分；第二名15分；第三名12分；第四名10分；第五名8分。	思路清晰、口齿清楚，能抓住重点，使倾听者有所收获。满分20分。

评价标准将重点放在学生的产品设计和制作上，就像现实工程项目必须考虑产品需求一样。面对评价表，学生开始分析哪些指标是重要的，哪些指标是次要的；他们不得不在一些限制条件下，在功能、成本、美观之间达成妥协，形成最有本组特色的设计。可见，对工程问题限制条件和评价标准的具体化，不仅使任务更加明晰，明确了学生思考的方向，同时也给出了对学生最终成果的评价内容。

明确了具体任务，接下来学生就可以进入设计与模型制作环节，这可不是一个简单的拼装过程，也不是一个简单的模拟过程，而是一个真刀真枪干实事的过程。学生需要思考模型的选材、使用哪种工具以及如何让设计成为实物，在模型制作过程中，需要对部分或整体进行多次检验和测试，收集各种数据，分析模型的性能，确保符合预期并满足相关的参数与要求。这不是一个顺序固定的过程，而是一个不断重复、不断修正，具有迭代意义的过程。经历工程设计的过程将促使学生对工程过程的理解，他们将不会再把不成功视为失败，而是将它看成一个有价值的学习契机，并能运用其中的发现和收获建立更好的解决方案。

最后一个不能忽视的教学内容是交流与反思，这是学生语言表达能力、文字表达能力以及元认知得到提升的有效环节。教师可以让学生用各种开放的方式展示自己的作品，包括海报、PPT、微信、视频、工程建议书、产品推介会、成果鉴定会等。同时，鼓励学生之间、小组之间、班级之间开展质疑和辩论，形成相互学习的氛围。

三、"科—工整合"的 STEM 教学模式

"科—工整合"的 STEM 教学模式是在工程问题情境下，以工程设计与实施为框架，经历"理解问题—方案设计—产品制作—优化改进"的探究过程，形成科学探究与工程设计并重的整合模式：一方面，在工程项目的真实情境中，工程成为科学、数学和技术学科连通的桥梁，推动整合性 STEM 课程实施；另一方面，学生通过科学探究的方式，感悟科学概念和科学规律，并在已有科学知识的基础上，开发解决方案，测试、挑选和评估方案，使方案最优。学生在此过程中提升问题解决能力，进一步理解科学规律、数学概念及技术工具发挥作用的具体方式，使学习变得更有意义。"科—工整合"的 STEM 教学强调将技术和工程融入科学与数学课程，通过科学探究和工程设计的整合实施，综合培养学生的创新探究能力、动手实践能力、技术素养和数学思维。"科—工整合" STEM 教学可从教与学方面构建结构模式（见图 4-7）。

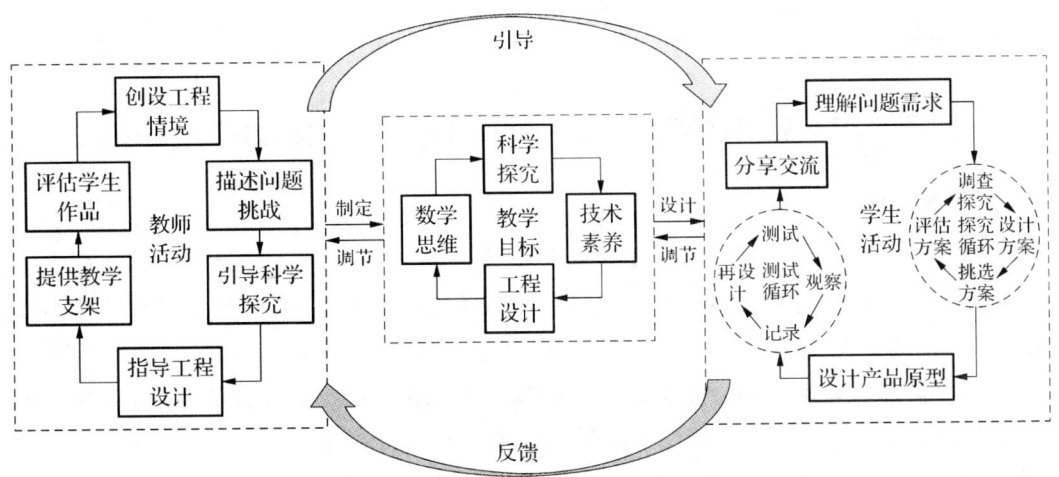

图 4-7 "科—工整合"STEM 教学模型

教师是课程的指导者和支持者,通过模拟和描述的方法,为学生创设真实的工程情境。例如,在设计电磁铁拾取尽可能多的回形针这一项目时,教师首先通过引导学习的方式,引出问题情境涉及的科学概念,提出科学探究问题,引发学生思考,如什么是电磁、影响电磁铁强度的因素有哪些等;接着,教师引导学生针对问题开展探究和调查,为最终产品的设计提供科学依据;在此基础上,教师指导学生遵循工程设计的流程,设计产品原型并制作产品,为学生提供反馈和帮助;最后,教师对学生的作品进行总结与评价。此外,教师还需要反思教学过程中的不足,以便后续改进。

学生是活动的设计者与探究者。学生活动可包括三个迭代循环:外部的工程设计与实施循环、内部的探究循环和测试循环(见图 4-7)。外部循环用于整个工程项目的学习过程,探究循环为方案的设计提供科学依据,测试循环用于优化产品和方案。三个循环之间相互促进,相辅相成,共同帮助学生完成学习活动。

步骤 1:学生根据教师的描述和指导,理解问题需求,思考面对的真实挑战。这种挑战应来自真实的工程问题,与学生的生活实际相关,激发他们的学习兴趣。

步骤 2:学生组成合作小组,利用教师提供的教学材料进行科学探究,为方案设计寻找科学依据。设计解决方案,通过探究调查挑选方案,以此形成探究循环过程。

步骤 3:学生根据挑选的方案,设计产品外观,绘制系统框架图和产品概念图,完成初步的产品制作。例如,学生可利用软件绘制产品工作流程图,利用 CAD 完成产品三维模型设计,利用教师提供的教学材料完成产品的动手制作。

步骤 4:学生以小组为单位对作品进行测试,观察并记录测试结果,根据测试结果改善设计,优化产品,形成测试循环。

步骤 5:展示讨论。学生向同学和教师展示制作好的作品,介绍作品功能及所解决的具体问题,回答同学和教师的疑问,反思作品的科学性、实用性、价值性。

在整个过程中,"问题分析—方案设计—制作与优化—交流反思"形成工程设计与实施的外部循环。

案例

教科版《科学》五年级下册"设计制作一个保温杯"

一、学情分析

授课对象是五年级学生，属于小学高年级学生，具有一定的生活经验。学生有了前面的知识基础，特别是对固体、液体、气体等材料传热性能的理解，以及不同材料传热性能的知识。那么在本节课的学习中，涉及的是与生活密切相关的保温杯，对于学生来说，保温杯的原理是防止热量散失，但学生不知道保温杯是利用真空的原理，因此教师要循循善诱，引导学生深入思考，理解现实生活中我们用的保温杯的原理。此外，小学五年级的学生具备了初步的探究能力，学生小组内合作交流的基础较好。

二、教材分析

"设计制作一个保温杯"是教科版小学《科学》五年级下册中第二单元第八课的内容，本节课是本单元知识的总结课，是将本单元所学知识运用到实际问题中。学生通过前一课"传热比赛"的学习，知道了不同材料制成的物体传热速度不同，引发学生思考如何根据物体传热速度合理选择不同材料。本节基于"创设情景—科学探究—作品制作—测试评价—完善设计—作品展示"的设计思路，以"学生平时喝水用的杯子的材料"为情境导入，引发对热的良导体与不良导体的解释和运用，帮助学生更深入地了解、掌握哪些是热的良导体，哪些是热的不良导体，进而设计制作保温杯。在此基础上，测试评估初步制作的保温杯的保温效果，发现问题并完善修改方案，重新测试评价保温杯的保温效果。最后，学生通过演讲或PPT展示的方式对设计制作保温杯的过程进行介绍。

三、教学目标

1. STEM知识

知识融通：了解传热材料、热传递的相关知识；理解保温杯的保温原理——减少热传递，从而减少热量散失。

知识应用：结合自身经验和知识，学生在不断测试和完善设计的过程中完成保温杯的制作。

2. STEM能力

工程设计：在设计保温杯的过程中，会选择合适的工具，用恰当的方法去解决问题。

工程创新：在测试和完善保温杯设计的过程中，培养学生工程系统性的思维，促进学生对工程设计的理解；制作符合美学要求的保温杯。

物化实践：选择合适的材料和工具，根据已经探讨和有初步建议的设计方案，制作保温杯。

表达交流：学生和同伴、老师讨论在实践中遇到的问题，在测评的过程中，进行精致化的修改,并自我总结反思。

3. STEM 态度

学生能运用跨学科知识,制作出一个保温杯,不仅是解决了现实中会遇到的问题,提高解决问题的能力,最重要的是激发学生学习 STEM 课程的兴趣。

四、教学重难点

重点:了解保温杯的原理,并进行保温杯的设计。

难点:根据物体的传热性能,合理选用材料,模拟制作保温杯。

五、教学策略

以实验式探究为主,结合发现式探究的教学策略。突出学生的主体地位,发挥教师的主导作用,创设符合学生认知发展的问题情境,确定学生的最近发展区,推动学生智力的发展。将实验式探究和发现式探究结合起来,充分调动学生学习的积极性,提高学生的自学能力以及培养学生的创新精神。

六、教学准备

不锈钢杯、陶瓷杯、塑料杯、玻璃杯、热水、温度计;材料相同的不锈钢杯子若干(配有盖子)、泡沫、毛巾、纸巾、棉花、实验记录单、教学PPT等。

七、教学过程

1. 创设情境,导入新课

【教师活动】创设同学们平时喝水用的杯子的材料的情境,抛出问题:杯子的材料是什么?倒入热水后杯身摸起来是什么感觉?为什么有不一样的感觉?它们的保温效果相同吗?

【学生活动】首先对于杯子的材料和倒入热水后触摸杯身的感觉发表自己的观点,发现塑料杯的杯身摸起来没有那么烫,不锈钢杯的杯身摸起来比较烫。其次说出触摸起来有不一样的感觉的原因——塑料是热的不良导体,传热慢;不锈钢是热的良导体,传热快。

【设计意图】通过创设常见的生活情境,激发学生的兴趣,吸引注意力,使学生尽快投入学习的状态中。此外,由生活中常见的事例延伸到课堂学习,不仅可以启发学生的思考与探究,也可以加强学生所学知识与生活的联系。同时,不同材料的传热性能有所不同也可以有效帮助学生回忆并巩固先前有关热传递的相关知识。

2. 实验探究

【教师活动】出示实验器材:不锈钢杯、陶瓷杯、塑料杯、玻璃杯、热水、温度计等,指导学生思考实验步骤。

【学生活动】做出假设——塑料杯的保温效果最好,思考实验步骤的安排和注意事项;动手测量杯中水的温度,并触摸杯身,感知温度的变化,将温度记录在实验记录表(一)中;实验结束后,讨论交流哪种材料的保温效果最好,发现水温降低的快慢与保温杯的材料有关。

实验记录表(一)

保温杯的种类	不锈钢杯	陶瓷杯	塑料杯	玻璃杯
5分钟后水的温度(℃)				

【设计意图】学生通过实验和记录分析数据,发现不锈钢传热快,塑料传热慢,不锈钢是热的良导体,塑料是热的不良导体,同时,学生主动回顾了控制变量法——加入等量的热水,杯子的大小、厚度要相同,以及温度计的使用。

3.设计方案,作品制作

【教师活动】PPT 出示保温杯的图片,引导学生思考保温杯的原理;结合热传递和热胀冷缩的知识,层层提问,引起学生的认知冲突:保温杯的材料——不锈钢是热的良导体,传热性能好,那么保温杯是如何实现防止热量散失的? 为学生提供实验材料:带盖子的不锈钢杯、温度计、热水、泡沫、毛巾、棉花、学生自备材料等。

【学生活动】思考保温杯的原理——防止热传递导致热量的散失;回顾热胀冷缩和热传递的知识,发现大多数物体都会进行热传递,会造成热量的散失,而且学生观察到保温杯里面是不锈钢,最外层也是不锈钢,而不锈钢是热的良导体,传热性能好,为了达到保温效果,学生思考应该在两层不锈钢之间放入热的不良导体,即真空,来防止热量的散失;小组合作模拟制作保温杯,控制加入相同温度的等量的热水,每隔一段时间测试杯中热水的温度,记录在实验记录表(二)中。

实验记录表(二)

初次制造保温杯			
杯身的材料	初始温度(℃)	5分钟后的温度(℃)	前后温度差值
毛巾			
棉花			
泡沫			

【设计意图】教师对学生进行层层提问,引起学生的认知冲突,有助于引发学生深入思考,激发学生强烈的好奇心,使学生对于科学事物的探究不仅仅停留于表面现象,有助于学生养成勤于思考、善于探究的科学习惯,同时开拓学生的思维。学生在制作保温杯的过程中,发挥团队协作的精神,不断发现问题并解决问题。

4.测试评价

【教师活动】引导学生对实验数据进行分析和处理。

【学生活动】对实验数据进行分析和处理,根据热水温度的变化值的大小,发现导热性能差的热的不良导体的保温效果好,同时,不锈钢杯的杯身包裹的材料越厚,保温效果越好。

【设计意图】让学生学会分析和处理实验数据,加深对数学学科的学习和理解;让学生体验工程师的工作,在反复测试和修改中解决问题。

5. 完善设计,再制作

【教师活动】要求:我们发现导热性能差的热的不良导体的保温效果好,那请同学们根据刚才实验中出现的问题,自行完善保温杯的设计,再制作保温杯。

【学生活动】小组分工合作,从美观性、保温效果、保温材料的厚度、创意性、经济性等方面修改设计,再制作;重复步骤3和4,将杯中水的温度记录在实验记录表(三)中,直至做出美观、保温效果好、便携的保温杯。

实验记录表(三)

再次制作保温杯			
杯身的材料	初始温度(℃)	5分钟后的温度(℃)	前后温度差值
毛巾			
棉花			
泡沫			

【设计意图】通过让学生反思实验中出现的问题,发挥团队意识,修改设计,再制作;同时,也加深学生对艺术的理解。

6. 作品展示,交流分享

【教师活动】请小组进行作品展示,在这个过程中,对学生进行提问。

【学生活动】用演讲或PPT展示的方式对制作保温杯的过程进行介绍,内容主要包括:科学术语,成品保温杯初次制作的过程,产品测试优化的过程;其他同学可对其进行提问。

【设计意图】通过作品展示环节,规范学生的科学术语,提高学生的语言表达能力,体验工程师的工作过程,培养一定的职业意识。

四、以跨学科为核心的 5EX 教学模式

5EX教学模式分为五个学习活动环节:进入情境与提出问题活动(Enter and Questions,EQ)、探究学习与数学应用活动(Exploration and Mathematics,EM)、工程设计与技术制作活动(Engineering and Technology,ET)、知识扩展与创意设计活动(Expansion and Creativity,EC)、多元评价与学习反思活动(Evaluation and Reflection,ER)。归纳为跨学科学习活动5EX模型,如图4-8所示。

上述五个学习环节的内容具体阐述如下:

环节一:进入情境与提出问题(EQ)。此环节让学生进入真实问题情境之中,提出问题与任务,通过问题驱动,以项目学习方式进行主题学习。教师可以设计多种活动进行情境导入,例如,① 阅读相关的科普资料;② 展示图片、视频等资料;③ 到与项目相关的真实现场参观等方式。教师在此活动中要能够引导学生提出与项目相关的问题并

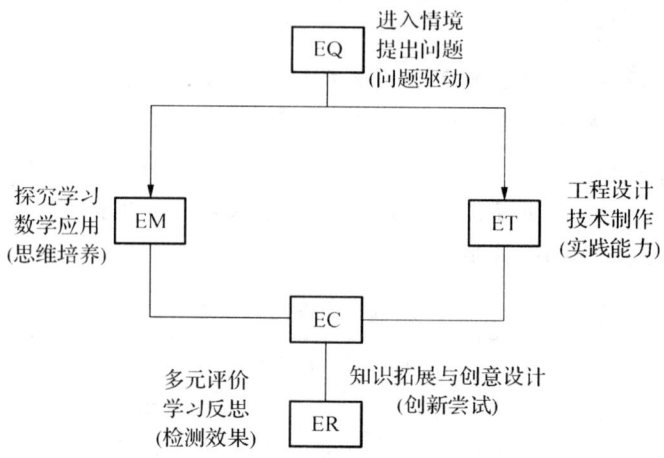

图 4-8 跨学科学习活动 5EX 模型

进行思考,同时,要培养学生阅读与收集资料的能力。

环节二:探究学习与数学应用(EM)。此环节让学生围绕问题或任务,通过科学探究方法(科学实验、现场观察、调查访问、工具测量等)和数学方法去寻求问题解决的方法或解析问题,理解并应用知识。其中,数学方法是科学探究的基础,数学应用应渗透在科学探究活动中,如读取数据、利用数学语言来描述客观世界的特征、学会用标准单位测量并记录不同类型的数据等。此活动遵循一定的流程,并要求教师与学生按照科学探究的步骤开展教学活动,如图 4-9 所示,可归纳为 5 个步骤。

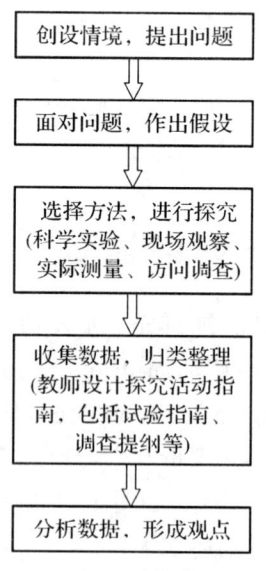

图 4-9 科学探究步骤

(1)创设情境,提出问题:教师创设与生活紧密相关的真实情境,引导学生根据生活与学习经验提出需要探究并要解决的问题。

(2) 面对问题，作出假设：教师引导学生做出假设性的判断，学生能够填写表格并学会作假设。

(3) 选择方法，进行探究：教师有设计探究活动的方法（设计实验操作指南、调查提纲等），介绍与项目相关的探究方法并引导学生进行探究，如科学实验、现场观察、社会调查等。

(4) 收集数据，归类整理。

(5) 分析数据，形成观点：提出数学描述的要求（使用标准单位、确定测量对象、建立变量关系等）。

环节三：工程设计与技术制作（ET）。此环节让学生承担任务，通过工程设计并动手制作，完成作品，通过做中学，提升创新实践的能力。在此活动中，学生用尽可能多的方式进行头脑风暴，寻求解决问题的方法，但并不要求学生对方法进行对错的判断，而是让学生用设计图解释和表达自己的想法，然后分享交流，选出最优方案。学生根据最优方案，选择材料和工具，合作完成成品制作。在整个活动过程中，学生可以通过测试或交流等方式找出失败的原因，进而完善自己的方案和成品，体验完整的工程设计和技术制作流程。此环节一般以小组为单位完成任务，其中工程设计和技术制作活动的流程可以归纳为6个步骤，如图4-10所示。

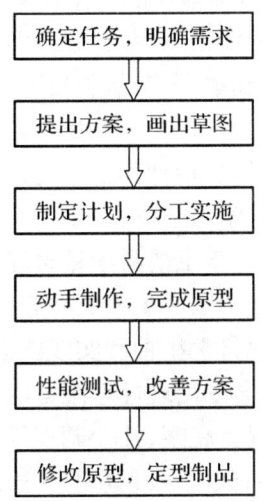

图4-10 工程设计活动步骤

(1) 确定任务，明确需求。教师需提出明确的工程制作任务（包括提出性能要求、技术标准等），让学生明确任务需求。

(2) 提出方案，画出草图。教师引导学生根据任务进行头脑风暴，提出解决方案，画出草图，并依据草图向同伴说明和解释自己的想法，学生通过交流与分享选出组内最优方案。

(3) 制定计划，分工实施。教师需设计工程规划表格，各小组讨论明确各环节时间分配及人员分配。工程规划表格应当包含工程设计的一系列流程，包括任务描述、初步设想、选择材料、制作原型、性能测试、发现问题、改正制品、制品定型。

（4）动手制作，完成原型。原型制作时，需经过一系列的步骤，如了解性能要求、选择材料、选择工具、选择工艺、性能检测、改正制品、制品定型等，学生在此过程中学习并应用技术工艺知识。

（5）性能测试，改善方案。在此环节中，要让学生明白制作模型时常有失败发生，要学会测试及改进制品。对制作的原型进行测试，找出失败的原因，进而改进与完善自己的工程设计方案。

（6）修改原型，定型制品。学生根据经过测试及完善后的设计方案，通过与同伴、教师交流与分享，修改自己的作品，最终定型制品。

环节四：知识扩展与创意设计（EC）。此环节让学生走进社会，将知识与社会联系，根据需求提出更高要求的设计任务，激发学生拓展知识的兴趣，培养学生的创新能力。

环节五：多元评价与学习反思（ER）。此环节通过多元评价对象与多元评价方式，检验学习者是否达到课程目标、效果如何以及为改进课程提供依据。STEM 课程的学习评价是以过程性评价为主、总结性评价为辅，并采用多元评价对象即教师、社会专家学者和学生参与评价，对基础知识、任务完成、创意设计等内容进行测试与评价。

例如，通过对原教材中"电与磁"中"简单电路"一课的改版和优化，归纳总结出 STEM 课程设计与实践的有效措施为：在 5EX 模型指引下，教师可以先挖掘原课程中与科学、数学、技术和工程相关的活动内容，再紧扣 STEM 教育的核心特征细化课程的教学目标，搭建课程教学活动的基本环节；从项目导入（EQ+EM）到项目实施（ET），从项目拓展（EC）到项目评价（ER），激发学生调用各学科知识，以达到提升综合运用跨学科知识解决问题的能力，培养其科学精神和创新意识。

为了有效设计和实施跨学科学习，我们需要关注五个要点：

要点一：跨学科学习要以提升学生的科学精神和创新能力为教育目标。

科学精神和实践创新能力是中国学生发展核心素养的重要组成部分。跨学科学习活动的设计和实施过程必须重视科学精神和实践能力的培养。科学精神培养就是要让学生面对真实情境中的问题，学会采用理性思维方法去思考问题，学会运用不同的方法探究问题，学会通过科学实验、现场观察、社会调查等方法去寻找问题的答案；学会获取事实数据去说明问题、分析问题；鼓励学生勇于表达观点，提出不同解决问题的方案。实践创新能力的培养就是让学生承担责任，完成具体任务，培养良好的劳动意识。要让学生学会通过科学的工程规划设计、运用有效的技术制作来完成任务，掌握解决实际问题的方法；让学生通过小组的协作去解决问题，同时，鼓励学生积极提出不同的意见，让学生充分展示自己的个性化思维和想象能力。

要点二：跨学科学习是要让学生面对真实情境中的问题，并以寻找问题的解决办法作为学习任务，进行任务驱动的学习。

跨学科学习是以真实问题为导向而不是以教科书为导向，是以寻找问题的解决办法为学习任务，进行任务驱动的学习。在对真实情境问题的求解过程中，让学生主动地确认目标、寻找资源、建构路径、解决问题。学生需要以任务为导向，善于发现和确认现象、寻求合理证据、科学地做出解释，才能够保持跨学科学习活动的延续，获得解决问题的结果。这个过程就要充分调动学生的高级思维来解决问题，需要通过多学科交叉以及通过参与、探究、解释、实践、评价等过程去解决问题，在解决问题的过程中，其科学精神和创新实践能力会同步得到发展。

要点三：跨学科学习要根据待解决问题的具体目标，发现并整理出与问题解决相关联的不同学科的知识并把这些相关学科知识进行整合。

不同真实情境中的问题，形成不同的跨学科学习的项目，在这些学习项目中可能包含有物理学、化学、生物学和数学知识，也可能包含有气象、天文、地理知识，还可能包含有地质学、矿物学的知识等，这些需要调动学生的高级思维去发现、分析和整理。这是一种以解决真实问题为核心的深度学习过程。

要点四：跨学科学习要让学生学会运用相关联学科的研究和学习方法去分析问题、解决问题。

科学探究方法、工程思维方法、制作实践方法以及数学分析和表达的方法是各个学科最常使用的最基本的解决问题的方法，在跨学科学习过程中不可缺少。

科学探究方法：包括如何提出问题、分析理解问题、设计科学实验，如何对问题的解答作出假设，如何测量并获取数据、整理数据、分析数据并根据数据事实形成结论等。

工程思维方法：包括如何明确任务并进行任务分析、画出设计草图，如何制订问题解决的工程实施步骤、时间安排，如何选择合适的材料和技术制作原型，如何检测原型的质量、对原型进行改进并形成定型等。

技术制作方法：包括如何根据任务选择材料、选择工具、选择制作工艺等。

数学分析方法：客观世界的特征是要用数据和数学方法来描述的，因此学生需要在项目学习中学会获取数据、读懂数据，这是科学实验、观察、调查必备的操作；学会用标准单位进行测量并记录不同类型的数据，学会利用表格、图形、参数、变量关系等描述客观世界的特征和关系等。

要点五：跨学科学习要以项目学习方式并通过多个学习环节来实现，而不是简单的一节课堂教学就能实现。

跨学科学习不是简单地将多学科知识进行简单的组合，而是让这些多学科知识和方法通过项目学习活动形成连贯的、有组织的多个学习环节组成的跨学科学习课程结构。跨学科学习活动的设计要包含问题驱动、思维培养、实践能力培养、创新尝试和效果检测五个基本要素。为此，我们把跨学科学习活动分为五个学习活动环节，即如前所述的 5EX 模型。

每个学习项目都包含多个教学环节，各个教学环节之间有一定的联系及逻辑步骤，因此，在设计时不但要考虑跨学科的特点，也要考虑活动间的环环相扣。由此可见，跨学科学习不只是课程内容的改变，还是学习性质和方式的革新。运用跨学科知识和方法去解决真实问题，不断发展每一位学生的学科理解力与生活理解力，并在此过程中掌握知识与技能，这就是 STEM 教育的本质。

综上所述，STEM 教育就是让学生面对真实情境的问题，通过将科学探究、数学应用、工程设计和技术制作有机统一,运用跨学科的知识和方法来解决实际问题,学生通过做中学,提升科学精神和创新实践能力,促进全面发展的一种教育方式。

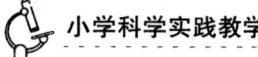

思考题

1. 什么是 STEM 教育?它有哪些特征?
2. 小学科学教材中,STEM 教育内容是如何设计的?
3. 你认为如何基于小学科学课程设计 STEM 教学?

第五章

小学科学实践教学工具的设计与制作

  实践教学工具是小学科学课程教学过程中非常重要的实验资源之一，它是贯彻和落实小学科学课程教学的基本条件。随着社会不断进步，科学技术不断发展，实践教学工具也在不断更新和改进，这也为小学科学教学的改革和发展提供了一定的物质基础。然而目前教具的发展仍然无法满足小学科学课程教学的需要。这就亟须一线科学教师快速熟悉小学科学教材，正确把握小学科学课程教学的实际情况，合理运用与自制实践教学工具。

  合理选择、运用与制作实践教学工具是教学资源建设的重要渠道之一，它不仅是科学教师正确把握教材、合理利用资源的有效途径，还是其创造能力和动手能力的重要体现。它将时代性、实用性与科学性，创造性与工匠精神有机结合起来，不仅是科学实验教学的重要组成部分，也是科学教师的个人能力发展的重要组成部分。作为一名一线科学教师或准教师来讲，能合理选择、运用与制作实践教学工具是一项重要的基本功，应该把熟悉并学会合理选择、运用与制作实践教学工具当成一项非常重要的事情。

  在本章中，我们将介绍如何合理选择、运用与制作实践教学工具，并用于开展教学，提高科学教学的效果。

配套微课等数字资源

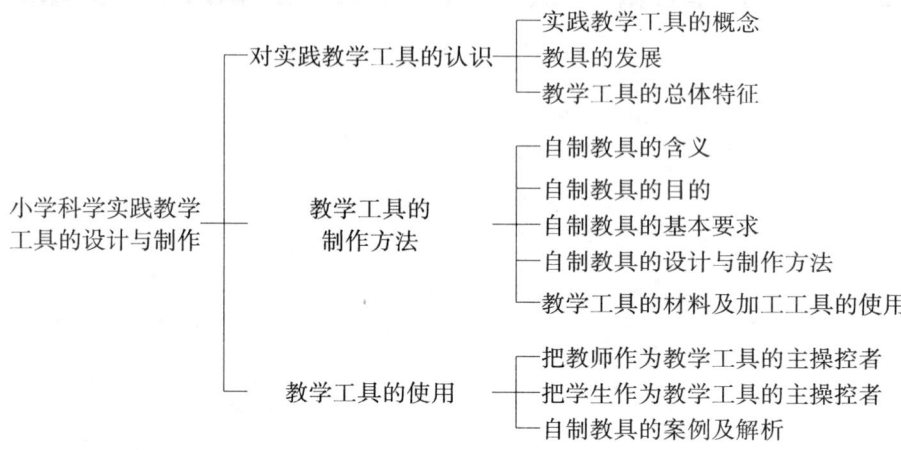

第一节　对实践教学工具的认识

一、实践教学工具的概念

"实践教学"是巩固理论知识和加深对理论认识的有效途径,是理论联系实际、培养学生掌握科学方法和提高动手能力的重要平台,有利于学生素养的提高和正确价值观的形成。

"工具"原指工作时所需用的器具,后引申为达到、完成或促进某一事物的手段。工具是一个相对概念,因为其概念不是一个具体的物质,所以只要能使物质发生改变的物质,相对于那个能被它改变的物质而言就是工具。

"教学用具"(teaching appliance)是使学生能直观、形象地理解教学内容所使用的各类器具及教师授课时使用的用具的总称,简称"教具"。"教具"可以具体为用来讲解说明某事物的模型、实物、标本、仪器、图表、幻灯等,包括教学设备、教学仪器、实训设备、教育装备、实验设备、教学标本、教学模型等。教具可提高学生的学习兴趣,丰富感性认识,帮助其形成明确的概念,发展学生的观察能力和思维能力。一般分普通教具、特殊教具、幼儿教具三类。

综上描述,实践教学工具是指以巩固理论知识和加深对理论的认识为目的,以理论联系实际、培养学生掌握科学方法、提高动手能力、提升学生素养和形成正确价值观,培养具有高素质和创新意识为目标的,并能使学生直观、形象地理解教学内容所使用的各类器具及教师授课时使用的用具的总称。如：模型、实物、标本、仪器、图表、幻灯、教学设备、教学仪器、实训设备、教育装备、实验设备、教学标本、教学模型、虚拟仿真、课件PPT、视频、图片、动画、故事、游戏、场景等。

从实践教学工具的定义来看，它主要由课件PPT、视频、图片、动画、故事、游戏、场景、设备、仪器、装备、标本、模型挂图、虚拟仿真等组成。其主要用途是服务于教育教学实践的所有事物。一线科学教师在使用的过程中，需要根据科学教材和课标，有的放矢地合理选择、运用与制作实践教学工具，从而更好地服务小学科学教学的需要，提升教学效果和教学质量。而对于实践教学工具的软件部分来讲，教师需要掌握基本的课件制作等技法，结合课程教学的需要，进行合理选择、运用与制作，同样也适用其他学科的教学需求；而对于硬件部分来讲，科学教师需要根据教学目的，有选择地购买高质量仪器、设备、标本或模型，有效服务教学。当然在真实的课堂教学当中，尤其是科学课程的教学，经常会发现所购买的仪器设备呈现的效果达不到教师的理想状态，也并非所有的配套教具都可以买到，在这种情况下，教师需要具备一定的动手实践能力，对仪器、教具或模型进行改良，甚至需要亲手制作教具。而在此过程中，选择有效的、适合教学需要的教具，往往是老师们的痛点与难点，这就需要教师积极参与相关培训、学习，提升专业技能，从而有效服务教学。

二、教具的发展

教具的发展历史源远流长，从有了教育便出现了教具的身影，并随着社会的发展而不断发展革新。从早期简单的教学用具装置，发展成如今复杂精密的科学仪器，随着社会和时代的发展，教具的教育功能也在不断地拓展外延和深化内涵。随着教具种类和数量的急剧发展，我们应该根据一定的目的、原则和要求来选择最适宜的教学用具。本章讲的教具，侧重于小学科学实践教学教具。

1. 教具的发展简况

教具是伴随着社会的发展而发展的。无论是在我国还是在西方国家，教具都经历了漫长的发展过程。

近代实验科学的先驱，意大利伟大的物理学家、天文学家和哲学家伽利略在1593年发明了第一支空气温度计；他还在1609年发明了世界上第一架能放大32倍的望远镜。

伽利略制作的温度计和望远镜，最初并没有用于教学，但后来逐渐进入学校演变成为教学的重要工具。晚于伽利略的教育家夸美纽斯(1592—1670)用皮革制成人体结构模型，这是有记载的西方学校中较早使用的教具。而瑞士教育家裴斯泰洛齐(1746—1827)制作的算盘，也是学校中较早使用的教具之一。

社会的发展和科技的进步，推动着学校教具的发展。在以蒸汽机的使用和以电力为核心动力的两次工业革命后，欧洲社会生产力和科学技术快速发展，新式教育制度逐渐建立。新式学校里出现了许多讲解自然科学原理和生产技术原理的教具，其种类和数量都得到了极大发展。如物理学中用以讲解力、热、声、光、电现象的各类仪器，用以说明机械和电机工作原理的模型，以及展示生理卫生等内容的模型，等等。

教具在我国的发展要远早于西方各国。据史书记载，东汉时期的张衡曾利用漏壶计时原理制成了天象仪，名将马援研究马匹外形后制造了"马踏飞燕"的模型。这些仪器和模型经后人不断发展，成为学校教学中经常使用的工具，一直沿用到今天。

宋元时期是我国科学仪器的大发展时期。宋代科学家沈括巧用纸人设计了演示共振现象的实验；元代天文学家郭守敬是一个多产的科学家，他制作的圭表、简仪、仰仪、七宝灯漏、星晷定时仪、水运浑象、明食仪、玲珑仪等科学仪器代表着这个时期我国教具发展的最高水平。

明清时期，我国自然科学技术的发展落后于同时期的西方各国，民族工业和自然科学十分虚弱，学校教育发展迟缓。在清末"洋务运动"中，大量新式学堂的建立，尤其是西方教具的流入，在一定程度上推动了这个时期我国教具的发展。

尽管教具在我国的出现早于欧洲，但我国教具的设计制造业并没有发展起来。新中国成立后，教具的发展进入了一个新的时期。原国家教委率先在沈阳成立科学仪器馆，随后又归口管理南京仪器制造厂、北京仪器厂等，逐渐实现了对全国小学教学仪器生产的统一管理，形成了我国自己的教学仪器制造业。随着改革开放和我国基础教育的发展，教具的生产和使用也有了长足的发展，主要表现为以下几个方面：

（1）形成了稳定的教具制造产业。教育部主管我国中小学教学仪器的生产，并在1980年成立了教育部教学仪器研究所，从教具的设计、培训、检测等方面对教具制造业进行指导。除教育部主管的仪器厂生产教具外，各地大中小学的校办工厂的建立，在一定程度上也推动了我国教具制造业的发展。

（2）教具的配备更加规范。由教育部组织编制的中小学教学仪器配备目录，对学校教具的配备工作起到重要的指导作用。尤其使学校教具的配备从政策的角度得以确立，使学校有所遵循，还可以在一定程度上获得财政的支持。

（3）教具的使用范围更加广泛。教具不仅在理科教学中使用，现在已经广泛地推广到音乐、体育、美术，甚至语文和外语学科的教学中；不仅教师在教学中使用，现在广大中小学生在实验和实训中也大量使用；不仅在课堂上使用，在整个校园范围内，甚至走出校外使用。

当前，科学技术发展突飞猛进，教育信息化的步伐不断加快，信息技术在教育领域中将得到更加广泛的应用。我国教具事业正在迎来一个新的发展时期。

2. 教具的释义

何为教具？要给它下一个完备的定义是困难的，就如同我们很难给"科学"下定义一样。随着时代的发展和社会的进步，教具的外延和内涵也在不断地发展变化着。在

20世纪80年代,在我国编制的第一版《中国大百科全书》中把教具解释为"教学中为学生提供感知材料的实物、模型、图表等教学用具"。随着现代科学技术的发展,尤其是计算机辅助教学的出现,更多的技术服务于课堂教学,如多媒体投影、网络、电视、3D技术虚拟成像、3D打印技术等。这些技术产品的使用,给学生学习提供了更直观、形象的感性材料,从它们在教学中所起的作用看,显然它们也应列入教具的范畴。为此,在2009年第二版的《中国大百科全书》中将教具解释为"使学生能直观、形象地理解教学内容所使用的各类器具及教师授课时使用的用具的总称"。也就是说,凡是能为学生学习提供直观、形象的各类器具和材料都是教具。传统的挂图、标本、黑板等是教具,多媒体课件、网络视频和图片等电子材料也是教具。当然,任何能称之为教具的器具或材料,必须体现出为教学服务的特质。一项新的技术产物,无论功能多么强大,做工多么精湛,只要不具备教学特点,它就不能成为教具。

三、教学工具的总体特征

根据实践教学工具在教学过程中起到的主要作用来讲,其主要特征包括以下三个方面。

一是直观性。实践教学工具本质上是帮助学生建立感性认识,更好地理解科学知识。要建立清晰的感性认识,就要求教具必须能为学生感官直接感受。

二是教育性。实践教学工具是为教学服务的工具,理应体现教育者的教育思想,并能有利于教育目标的实现。

三是时效性。一个物化的器具或材料只具有直观性和教育性,并不一定能成为教具。那些在课堂上真正应用于教学,并为学生科学素养的发展起作用的器具或材料才称为教具。例如,教室里的拖把本不是实践教学工具,但它具有直观性,某种程度上也具有教育性。倘若教师用拖把来说明杠杆原理,它就成为实践教学工具并能为学生认识和理解杠杆提供感性认识。理解实践教学工具的时效性,要与那些专门制作的实践教学工具相区分。总之,在把握实践教学工具的概念时,一定要从服务于教学的角度进行分析,形成大教具观。

第二节 教学工具的制作方法

教学工具是为教学服务的,我们应该根据教学的不同需要灵活地选用不同的、适合的教学工具。为了满足教学需要,有时我们需要自己制作教学工具。那么,什么是自制教具?自制教具的目的是什么?需要遵循什么要求与原则?以及我们如何制作教具呢?在本节,我们主要阐述自制教具的以上问题。

一、自制教具的含义

所谓自制教具,通常包含两层含义:一是指教师根据教学内容的需要,自行设计和制作的教具;二是指教师和学生在教学中使用的自制的教具。

在国外,通常把自制教具译为"non-cost teaching aids"或"low-cost teaching aids",其含义是成本低的、花费少的教具。因此,自制教具又称为低成本教具或低成本科学实验仪器。

二、自制教具的目的

在我国,自制教具有着广泛的经济和教育价值,其目的不言而喻,主要包括以下两个方面。

1. 自制教具的经济目的

(1)自制教具有利于解决教育经费投入不足的困境。教具是学校教学的重要条件,它对于提高教学质量有着重要的价值。由于教具是一种特殊商品,其配备主要依靠教育主管部门的投入。但我国各地经济发展不平衡,教育经费紧张,致使许多地区的中小学教具配备不齐,无法满足教学的需要。可以开发低成本教具以解燃眉之急,或通过变废为宝、自制教具来弥补缺口。

(2)自制教具有利于开发新的工业产品。教具作为特殊的商品,其生产和设计往往受制于成本和工艺性问题。另外,随着基础教育课程改革的推进,原有的许多教具逐渐不能适应课堂教学的需要,亟须开发和研制一批新的能适应教学需要的教具。广大教师结合教学实际,自制教具反而可能开发出新的产品,更适合课堂教学使用。

2. 自制教具的教育目的

自制教具是教师和学生共同参与的活动。因此,自制教具对于教师的发展和学生的成长都有着积极的意义。

(1)自制教具是教师专业发展的重要方式。作为一名科学教师,自制教具是一项基本功。在小学科学教学中,科学教师需要结合教学内容自行设计和制作大量的教具。有些是方便讲解教学内容,有些是让学生自行观察和操作。另外,小学科学课程中还有大量的科学小制作的内容。科学教师只有掌握自制教具的理论和方法,才能更好地开展小学科学教学,促进小学生的发展。此外,自制教具也是充分发挥科学教师聪明才智、施展自己才能的良好途径,是提升和展示自身教学研究能力与创新能力的良好平台。著名科学家李政道在参观一所中学时曾经说过:自己做的仪器永远比买来的好。自制仪器是历代科学家的优良传统。一个科学巨人很难得到超前于科学预言的完善设备,科学的成就在许多情况下是伴随着自制仪器的成功而诞生的。同样,教师在课程改革中,也很难得到超前于教学变革的完美教具,这决定了与每一次课程改革配套的教具必然不能完全满足实际教学的需要。更何况与课程配套的仪器并不一定能适合不同的地区、不同的学校以及不同的学生的教学实际。科学教师通过研究教学内容、教学对象和教学实际,自行设计和制作的教具就有着独特的优势。一项成熟的自制教具,还有可能作为一项新的教学仪器推广使用,从而提高教学质量。当今科学技术迅猛发展,新技术、新材料不断涌现,特别是信息技术的发展,为广大教师开展自制教具活动提供了新的舞台和条件。自制教具不只是弥补当前教学仪器经费不足的一种权宜之计,更是教师进行积极科研的成果。

(2) 自制教具是学生科学素养发展的重要途径。学生在教师的指导和组织下自制教具,对于培养学生的科学兴趣,提高对科学知识的理解和运用能力,陶冶科学精神都有着积极的作用,有利于提高学生的科学素养。首先,自制教具有利于培养学生的科学兴趣。这是因为:第一,自制教具具有简单、生动、形象、明了和贴近生活的特点,有利于激发学生的好奇心和求知欲;第二,自制教具的一个重要特点是自己制作、亲自操作,动眼、动脑;第三,自制教具过程是一种有目的的、操作性强的探究活动,既能满足学生的求知欲望,又能培养学生的探究兴趣和科学探究能力。其次,自制教具有利于提高学生对科学的理解。任何教具都包含着科学原理。自制教具的过程,更是反复理解和思考科学知识和原理的过程。最后,自制教具有利于陶冶学生的科学精神。学生在自制教具的过程中,需要自行设计制作方案、组装制作装置,开展探究式实验。从中,他们可以学习认识客观世界、能动改造客观世界的方法,受到辩证唯物主义世界观和科学方法论的熏陶,培养实事求是的科学态度、一丝不苟的工作作风,以及坚忍不拔、不怕困难和挫折、勇于实践的意志品质。

三、自制教具的基本要求

为突出自制教具的意义,最大限度地发挥自制教具的重要作用,在制作过程中应满足以下几个方面的要求。

1. 科学性

自制教具要体现科学性,即体现科学道理,要反复设计和修改,在保证教学效果的前提下,注意制作和使用过程的科学性。自制教具本身是件科学技术产品,凝结着许多科学知识、科学内容、科学技术,通过教具的制作能反映科学原理和规律,体现科学知识和科学过程的统一等。制作教具可以帮助学生更容易地认识科学现象,理解科学概念和知识,掌握科学方法和科学操作技能。

2. 教育性

自制教具应体现正确的教育思想、教育理念、教育目标和教育内容。一方面,自制教具要能给学生以启迪,激发学生的学习兴趣和积极思维;另一方面,自制教具要符合基础教育改革的基本理念,有利于推进教育改革和发展,更好地实现教育目标。

3. 简易性

所谓自制教具的简易性，可从两个方面来理解：一方面，自制教具制作结构要求简单，就地取材，因陋就简；另一方面，自制教具的使用要求方便，操作简单，现象明显。

4. 直观性

直观性指的是教师在使用自制教具时，全班学生都能清楚地看清演示的现象。这就要求，自制教具的制作要尽可能地突出重点观察部位，也就是说自制教具通常要做得大一些。有时可考虑使用颜色、粗细、大小等差别来衬托现象的变化，以便让学生观察。例如，教师自制的演示液体热胀冷缩的演示瓶，可在瓶子内的液体中滴加几滴红墨水，这样便于观察液面的变化。

5. 实用性

自制教具要突出实用性，就是要求自制教具应便于教师开展教学、利于学生开展学习。自制教具的实用性，是由教具本身的功能决定的。如果教具没有实用性，即失去了作为教具的基本价值所在。因此，科学教师在设计和制作教具时，必须突出实用性。

四、自制教具的设计与制作方法

自制教具是一个创造的过程，它是在创造性思维基础上产生的，其核心就是设计。就自制教具的设计思路而言，具有一定的思维规律。教具的制作，充分体现了制作者的创造思想和技术手法。因此，自制教具的设计方法，通常被称为创造技法。下面介绍几种自制教具的设计与制作方法。

（一）缺点列举法

缺点列举法就是发现现有事物的缺陷并一一列举，然后提出改进或革新的一种技法。这种方法的创造思想是模仿，即通过对已有事物的原理、构造、功能等的分析研究找出不足，并一一整理，有针对性地提出各种设想从而加以改进和完善。该方法简单易学、有效，广泛应用于各种技术设计领域。在自制教具过程中，科学教师就可以使用该技法，首先在对已有教具分析的基础上，查找存在的不足，进而提出改进的方案，并付诸实施，研制新的改进性教具。运用缺点列举法一般按照4个步骤进行，如图5-1所示。

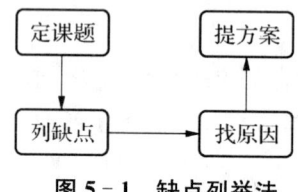

图 5-1 缺点列举法

自制教具案例及解析如下：

"我们的水钟"改进方案

1. 定课题

教科版小学科学教材五年级"时间的测量"单元中"我们的水钟"一课；学生需要对水钟的滴水速度与滴漏的结构、开孔的大小、限流阀等的关系进行分组研究，如果采用教材中的实验器材进行研究，可能会出现各种各样的问题，影响实验教学效果，甚至可能会无法达成教学目标。为此，确定以"水钟的制作与计时改进方案"为课题进行研究。

2. 列缺点

学生在实验中出现的情况：

当学生采用教材中提供的水钟结构（如图5-2）进行计时时，会发现水滴的滴速是不均匀的，将会影响水钟均匀刻度的标记。

教材中水钟装置的瓶子的边缘不是直筒型的，而是有凹凸纹路的，这对计时也会产生影响，这样制作出来的水钟，进行计时时是不准的，将不能够达成本节课的目标。

学生在验证水钟的计时是否准确的实验时，对于学生记录的水钟数据与实际钟表中记录的数据是不吻合的，存在很大的差距，学生就会疑惑，按照"科学的方法"进行标记的刻度，但实际记录的数据与事实不符，这不能以科学数据说明问题。

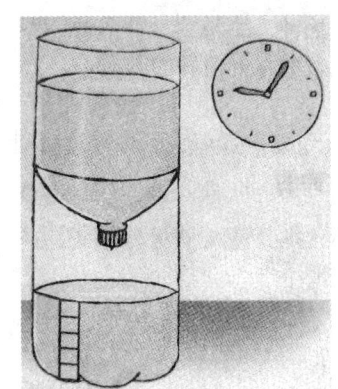

图5-2　水钟结构

3. 找原因

在以上情况中，采用的水钟是教材中的水钟结构，这个水钟结构存在一个主要的问题是没有考虑到水压对水滴滴速不均匀的影响；没有考虑塑料瓶外形结构的影响，却忽视水位下降是不均匀的，从而导致在刻度不均的事实情况下，把标记的计时刻度进行均匀标记，当然会出现计时不准确的问题；采用不科学、不严谨的计时刻度标记方法所标记的刻度用于计时，就会出现记录数据与实际记录的时间不吻合。

4. 提方案

鉴于上述实际情况，对原有的实验器材提出了以下改进方案：

采用生活中的"直筒塑料瓶"、塑料管、滴液管和限流阀来当水钟的制作材料，用铁架台来当水钟的固定架。

准备两根细圆珠笔芯，去掉笔尖的金属头，将笔芯管内的笔墨去掉；再取一个直筒型且瓶壁没有凹槽的饮料瓶，在瓶子的底部用手电钻或钻孔的锥子打一个大小与笔芯外径略大的圆孔，将笔芯从瓶底插进去，留出一小节在瓶外，并用热熔胶枪将笔芯与瓶底密封、固定，并保证笔芯沿瓶壁方向平行；然后，在瓶盖中心位置打一个与瓶底同样大小的圆孔，截取适宜长度的笔芯插入瓶盖小孔内，用热熔胶枪打胶密封、固定笔芯与瓶盖，保持笔芯与瓶盖面尽量垂直；最后在瓶盖处的笔芯上套一段大约与输液管限流器长度略长的细软管，再将输液管限流器穿到这段细软管上，往瓶内倒入适

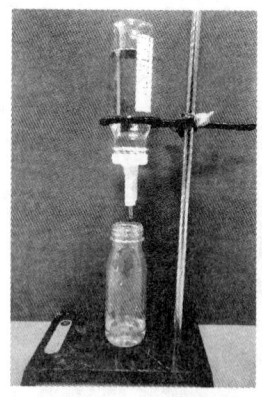

图5-3 滴漏结构

量的水,并盖上瓶盖,将其固定在铁架台的铁圈上。这样,一个"滴漏结构"就做好了,如图5-3中固定在铁架台上的"滴漏结构"。使用这样的水钟,可以在很大程度上解决这一难题,大大提高了效率。

【解析】上述器材在教学中,通过多次使用和实践证明,使用时能节约大量时间,得出的实验结论更加科学。其结构的主要优点:利用输液管上的速度调节器,可以很好地解决水钟滴水速度、控制计时长短的问题;基于这类水钟的原理分析、效果检验与调试,能够实现水滴滴速均匀,使水钟的计时更准确;这两类水钟装置,可以进一步做教学的优化处理,无论是上文中提及的"受水型"水钟还是"泄水型"水钟,都可以改进成这两种类型的水钟,只需要改变标记计时的刻度位置即可达到目的;这两类水钟装置选材容易、结构简单,使实验的操作得到了简化,便于教学与推广。

从这个案例,我们看到缺点列举法比较容易,是对原有器具或材料的"拾缺补遗",也是一种创造。

(二)需求点列举法

前面的缺点列举法,是针对原存在的器具或材料不足而进行创造的技法,是一种被动思考创造的技法,对制作者的需求和渴望关注较少。而需求点列举法(又称需求列举法),能较好地体现制作者的愿望。

需求,就是需要和求索。所谓需要,就是人们对某种目标的渴求和欲望。所谓求索,就是人们为了达到某种欲望而进行的追求和探索。需求点列举法,就是我们在教学过程中,把自己的感受和对教学的期望加以比较,发现两者的差异,产生一种需求,从而设计出一种改进方案的方法。

需求点列举法是一种简便的创造技法,可灵活地运用。通常有四个环节,可用图5-4表示。

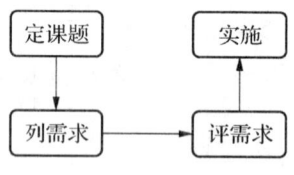

图5-4 需求点列举法

下面是一个"液体热胀冷缩演示仪"的案例,通过此案例可以清楚地认识需求点列举法的应用过程。

自制教具案例及解析如下：

液体热胀冷缩演示仪

1. 定课题

热胀冷缩现象是小学科学课程中重要的教学内容。由于不同形态的物质都存在着这种现象，在教学中，只有让学生观察和感受各种情形才能让学生获得足够的感性认识。对于演示固体和气体的热胀冷缩现象已有比较好的教具，而展示液体热胀冷缩现象的教具比较罕见。为此，我们以研制液体热胀冷缩演示仪为课题进行研究。

2. 列需求

液体热胀冷缩演示仪必须具有以下几个方面的特点：一是方便液体的添加；二是便于加热和冷却；三是便于比较温度变化后，体积的变化情况。

3. 评需求

上面列出的三个需求点，是对演示仪的基本要求。从现有条件看，这些要求基本可以实现。

4. 实施

首先要根据演示仪的功能和制作要求，画出演示仪的草图，并根据需求点加以改进；其次，要选择合适的材料，并对材料进行加工和处理；最后，组装仪器并试用，根据试用情况进行修改和完善。

（三）替代法和模拟法

这两种方法也是经常使用的教具制作技法。在教学中，如果某些仪器或教具的教学效果不佳，人们自然就会想到能否用其他实验仪器来代替或者利用替代技法制作教具；如果实际教学不具备做真实实验的条件，这时使用的教具往往都是通过模拟技法制作。

使用替代法，就是通过对原型的研究，分析其材料结构、工艺造型、功能原理等，在原型的启发下进行创造。如，自制水火箭，就是在查阅火箭的有关资料后，了解火箭起飞靠的是向后喷出高速气流的反冲力，分析其结构，获得启发后再研制。在火箭的启发下，我们可以让水火箭向后喷出速度快的水流，从而使水火箭前进。

在科学概念、规律的教学中，学生往往对那些不易被观察或不能从外部直接观察其内部状态的现象，因缺乏形象的感性材料而产生思维障碍。对此，教师可借助模拟实验来提供学生熟悉的、生动的和形象的感性材料，从而达到揭示事物本质、启发学生思维的目的。模拟实验使用的器具或材料要充分体现研究原型的信息，以帮助学生正确理解模拟原型，建构正确的理论。使用模拟法研制教具时，一定要注意以下几点：一要客观反映模拟原型的科学理论和规律；二要确保现象明显，操作简便；三要强调模拟教具与模拟原型的相似性，以便学生进行理论迁移。

例如，给学生讲授苏教版小学科学五年级下册"肺和呼吸"时，由于学生对人体的肺缺乏感性认识,尤其是难以想象肺在呼吸时的变化和胸腔内隔膜的运动情况,这就需要自制教具来模拟这一过程。在制作模拟人体呼吸运动模型时,首先要思考该模型如何反映出呼吸时肺的变化情况和胸腔内隔膜的运动情况,以及气体的流动情况;其次,选取身边容易获得和加工的材料;最后是制作模型。一种可行的制作方案是,利用红色气球模拟肺,三通管接塑料管作为人的气管,最后用大的塑料瓶作为人的胸腔将气球、三通管都放入其中,并用塑料薄膜将塑料瓶密封。塑料薄膜模拟人体胸腔内的隔膜,这样人体呼吸运动模型就做好了。

(四)希望点列举法

希望点列举法是一种主动型的创造技法,它是通过列举出所有的希望点,进而借助大胆的想象和新颖的构思进行创造的一种方法。也就是说,希望点列举法是通过列举希望新的事物具有的属性以寻找新的发明目标的一种创造方法。它与需求点列举法不同,需求点列举法是根据需求点进行创造的技法。无论是希望点列举法还是需求点列举法,都是主动型的创造技法。这两种技法的使用,往往能产生新的教具。

利用希望点列举法进行教具研制,通常分为四个阶段:首先,确定课题,即选择教具研制的方向和目标;其次,列举希望点,即对要研究的对象提出希望,也可以收集他人的希望点,以此补充自己列出的内容;再次,评价希望点,即对列出的希望点进行分析,以筛选出较有价值的希望点作为研究的出发点;最后,实施可行的希望点。例如,光控开关的发明就是人们希望光线暗的时候灯工作以照明,光线强的时候灯自动熄灭。人类利用该种技法,实现了很多发明。

上面介绍的四种教具设计、制作法是经常使用的技法。除此之外,教具的设计、制作方法还有组合法、强化法、挖掘潜力法、联想法等许多方法,这些方法在很多实验书都有详细介绍,这里不一一详述。

五、教学工具的材料及加工工具的使用

教学工具的呈现形式多种多样,从时间角度来划分,其主要分为传统教学工具和现代教学工具两大类。传统教学工具包括:模型、实物、标本、仪器、图表、幻灯、教学设备、教学仪器、教学标本、教学模型、故事、游戏、场景等。其主要是借助基本工具、技术或手段来选择合适的资源进行处理,转化成满足教师教学需求且能够有效解决课堂教学问题的一类工具;而现代教学工具包括:虚拟仿真、课件PPT、视频、图片、动画、网络、媒体、物联网等技术,其主要是在传统实践教学工具的基础上进行升级,或运用现代技术手段来合理加工相关科学教学所需的原材料,并转化为科学教学中传统工具无法实现的教学效果的一类工具。这类工具的运用需要科学教师熟练掌握相关技术的基本运用,对教师的综合能力要求较高,也是对教师的要求与挑战,需要教师刻苦钻研,适应时代发展,服务教育教学需求。

传统教学工具除了以模型、实物、标本、仪器、图表、幻灯、教学设备、教学仪器、教学

标本、教学模型、故事、游戏、场景等形式呈现外,其主要以自制教具的形式展开。下面将从教学工具的选材与相关工具的使用展开陈述。

(一)教学工具材料的选择

自制教具需要材料,怎样解决这个问题呢?通常学生参与的自制教具,材料应该是日常生活中的常见物品或废弃物品。要获得这些日常生活中的材料,归纳起来就是四个字,即找、拣、要和买。

"找",就是在生活中要处处留神,时时寻找。例如,找来旧火柴盒做物体稳度实验;找来废牙刷做电荷间相互作用实验;找来玻璃球做碰撞实验;等等。

"拣",就是在生活常用品和废弃物中拣出教具制作所需的材料。例如,拣来旧罐头盒做滴水发电实验;拣来塑料瓶做液体压强演示实验;拣来的钢筋、铁丝等也有用处。

"要",就是向有关人员和部门要一些报废的东西,以作为自制教具材料使用。

"买",一些无法在生活中找到的材料,就需要买。例如,磁铁、电阻和电容等材料。

制作教具的材料,主要是金属材料、玻璃材料、塑料材料、木质材料和复合材料五种。在教具的制作过程中,就需要根据设计方案,对这些材料进行选取和加工处理。教师为了制作教具,就应该掌握一些基本的材料加工技术。

(二)实践教学工具材料与工具的使用

1. 小金属加工技术

在自制教具过程中,经常要用到铁片、铝片等金属材料。对这些材料的加工,主要是剪切、整形、弯曲、锉、锯和钻孔这几种简单的技术。

(1)剪切。要剪切金属薄片,必须选用钢剪。在进行剪切操作时,一定要一只手持剪,另一只手握金属薄片,眼睛要看板材上画的剪切线。使用剪刀靠近支点的剪腰,尽量不使用剪头,这样既能节省力气,又可以减少金属薄片的变形。

(2)整形。在正式开始制作教具前,由于所收集的金属薄片材料出现弯曲、拉伸等形变,为方便使用和加工,就应用手工方法使之恢复原状。

其一,变形金属薄片的整形。变形金属薄片是指那些由于各种原因而造成的表面凹凸不平的金属薄片。进行整形的目的就是使金属薄片表面尽可能平展。不同的变形情况,在整形时应选用不同的加工手段。对于中部凸起、四周平整的金属材料,可放在表面平整的砧板或操作台上用铁锤由中间向四周加力锤击。注意:锤击时,金属板下方一定要铺放平整的板材或放置在砧板上。对于中部平展而四周变形的金属材料,也应放置在平整的砧板或表面上,但用铁锤锤击时应先将周围变形部分敲击平展,再使整块板平展。无论是中间凹凸不平还是四周不平整的金属薄片,在整形过程中都要不断地把金属片翻来覆去进行观察,防止由于锤击出现新的变形。

其二,变形金属条、丝和轴的整形。变形金属条、丝和轴通常较难固定,对其进行整形时,可将其放在平整的板材上,并用老虎钳钳住一端,再用铁锤进行击打。用铁锤击打时,另一只手要不断转动,使变形的金属条、丝或轴各个方向上都均匀受击打。同时,要边击打边观察,防止由于击打过度出现再次变形。

(3) 弯曲。由于加工的需要,金属条、丝或薄片等金属材料通常需要弯曲成一定角度。如果要弯曲成直角,可将其置于直角规铁上,使金属材料的折线与直角规铁棱角基本对齐,用木槌击打板材外露部分的根部。如果要将金属材料弯曲成任意角度,应使用老虎钳钳上,再用木槌或手锤击打板材外露部分的根部,使其弯曲到需要的角度即可。

(4) 锉。锉操作使用的主要工具就是锉刀,而不同的锉操作应选用不同的锉刀。如果按锉刀的形状分类,通常可以分为平锉、圆锉、三角锉、半圆锉等。不同形状的锉刀,用于加工不同外形的金属材料。平锉,一般用于平面、外圆面、凸弧面的加工。圆锉,主要用于圆孔、凹弧面、椭圆面等表面的加工。三角锉,适用于锉内三角形、内直角等金属材料。半圆锉,其横截面为半圆形,主要适用于对具有圆弧面或凹面金属材料进行加工。在对不同的金属材料进行加工时,要根据材料的硬度以及加工精度来选用不同形状和型号的锉刀。如锉铜、铝、塑料件,宜用粗锉而不宜用细锉;而要加工金属表面氧化层或带砂粒的铸造件,只能选用粗锉。在对金属材料进行锉加工时,为防止变形,应将金属材料用老虎钳钳住,或用其他工具加以固定,并在固定面衬垫木片、纸板,防止工件受损伤。

(5) 锯。锯操作在木工和金工中都比较常见,不同的加工材料,选用的锯也有所区别。在金工,即加工金属时,锯主要选用钢锯,也叫作手锯。手锯上安装的锯条长度都比较固定,一般为 30 cm。按照锯条锯齿的不同,有粗、中、细三种齿别。在选用时,应该按照加工金属材料断面的光滑程度来定。安装锯条应使锯齿向前,以保证锯工件时用推力工作。在安装锯条时,不能固定得过松,这样容易脱落;也不能固定得过紧,否则容易断齿或断锯条。在对金属材料进行加工时,一般应先用一只手拿老虎钳钳住金属材料,另一只手握住手锯的手柄,并平直地运锯,待锯出 2~3 mm 的锯沟后,再用手握住锯身,平直地推拉手锯,直至锯开为止。在使用手锯时,推锯过程中要不断地用手向锯身施加压力,增加摩擦。而回锯时,不用向锯身施加压力,应稍微提起锯身,减少锯齿磨损。

(6) 钻孔。钻孔操作是一种常见的材料加工手段。钻孔通常要使用电钻、手摇钻或气钻。用钻孔操作加工的材料既可以是金属材料,也可以是非金属材料。通常加工小型钻孔时,一般使用的是电钻。在加工金属材料时,首先要确定钻孔的大小,并选择合适的钻头。其次,将选用的钻头安装在电钻的卡口槽中。如果所要钻孔的直径介于两种直径钻头之间,应选用较小的钻头钻孔,再用锉刀来扩孔。在安装钻头时一定要扣紧,必要时用老虎钳固定。进行钻孔操作时,金属材料要固定,一般不宜用手夹持。为保护钻头,在需要加工的金属材料下方垫一块废木板,以防止钻穿时钻头碰硬物而损坏。如果待加工的金属材料快钻穿时,进钻要轻、要缓,以防止用力过大损坏钻头。在加工塑料或有机玻璃时,宜选用手摇钻。钻速不得过快,否则摩擦生热使钻屑溶化而阻碍进钻。通常在金属板上钻孔难度较大,往往不容易进钻,并且钻头在金属表面上滑来滑去。在具体加工前,可在需要钻孔的金属材料中心位置冲孔。可以使用錾、钢钉等在孔中心敲一个凹坑,这样钻头钻上去就不会打滑了。

2. 有机玻璃材料加工技术

有机玻璃是自制教具经常使用的材料,它表面光滑、透明,不易破碎,绝缘性能好,加工的成品大方美观,也比较容易进行手工加工。对有机玻璃进行加工,主要的技术有裁切、弯曲、黏合与抛光。

(1)裁切。裁切有机玻璃一般有三种方法,即锯割、划切和热切。

其一,锯割。使用锯割实现裁切,有机玻璃需要达到一定的厚度。通常情况下,只有厚度超过 4 mm 的玻璃才能通过画线用手工钢锯裁割。对有机玻璃进行锯割操作时,一般使用细齿的钢锯条,确保切面平整。

其二,划切。厚度不足 4 mm 的有机玻璃,往往通过划切来裁切。划切常用的工具是玻璃划刀,握住划刀沿着待加工的方向沿直线反复向一个方向划切。刚开始划切时,为了保证划痕沿直线,可使划刀靠在直尺边沿划,直到玻璃上划出一道深痕。然后将玻璃翻面,并在其背面同一划线处再划一道深沟。两侧均有划痕后,便可将有机玻璃的切痕处移至桌边,让划痕与桌边沿线对齐,用手向下轻扳,玻璃即可断开。

其三,热切。无论是锯割还是划切,都需要玻璃达到一定的尺寸才能进行裁切。而尺寸较小的有机玻璃,由于难于固定,不利于使用上述两种技术进行裁切。对于尺寸较小的块状玻璃,用热切割法效果好。热切就是将细电阻丝通电加热后,利用其热量将玻璃融化形成断面的技术。具体做法:用一根直径为 0.3 mm、长为 40 mm 左右的电阻丝张紧,电阻丝与电源调压器输出端连接。通电后,当电阻丝发热但不发红时,让其在待裁切的有机玻璃截线处移动,便可实现裁切。使用热切,可将有机玻璃块加工成所需形状。热切不仅能切割玻璃,也可以切割塑料泡沫等材料。

(2)弯曲。前面在加工金属材料时,也用到了弯曲操作。由于玻璃材质和性质与金属材料不同,在具体加工时操作技法有所差异。由于有机玻璃加热后容易软化,并且冷却时能保持形状不变,故在弯曲时可用加热弯曲的方法。如果需要弯曲的曲率较小,且有机玻璃较薄时,可将其放在酒精灯的火焰上方先进行加热,使其软化,在加热时一定要边加热边移动,防止玻璃某部分过度加热熔化而其他部位还较硬。玻璃开始软化时,将弯曲部分放在预先准备好的曲面体上,冷却后即可成形。在没有合适的曲面体时,使用热风吹也可弯曲成形。

当玻璃加工的曲率较大时,可以把加工板材上的有机玻璃靠近拉直且通电加热的电阻丝进行加热,当加热部分软化时,将其迅速离开热源,弯折成所需要的角度,有机玻璃待冷却后再松开。对于较厚的有机玻璃板,又要求加工后弯角平整,可预先在板上待弯曲处用刻刀划一条"V"形槽,然后用上述办法烘烤,待玻璃软化后衬在两块角形木材间进行弯曲。

(3)黏合与抛光。有机玻璃通过切割和弯曲后,一般还需要黏合和抛光处理。把两块需黏合的有机玻璃体表面的污渍等擦拭洁净,再分别蘸上氯仿溶液,黏合时事先需将两表面以适当的方式固定好,然后才能用注射器将氯仿溶液滴入接缝处。如果接缝处有较大缝隙,在黏合前可以填些有机玻璃胶弥补。

对有机玻璃表面进行抛光,可用绒布沾少许抛光膏反复研磨,也可用牙膏加水调和后代替抛光膏使用。抛光膏或牙膏可以使有机玻璃表面光洁且透明度高,加工后的玻璃较美观。

3. 粘接技术

粘接技术在日常教具维护和制作时经常使用。所以掌握粘接技术,对于教具的加工制作和日常维护非常有必要。

(1) 正确选择胶粘剂。胶粘剂大致可以分为两类。一类是天然胶,如骨胶、皮胶、鳔胶等动物胶;米汤、蛋清、黄豆面等植物胶。另一类是合成胶,其中无机胶多为磷酸盐、硅酸盐、硼酸盐等,通常用在温度要求较高、强度要求较大之处;常用的有机胶有树脂型热固环氧脂胶、热塑性的聚酰胺等。还有混合型的胶粘剂,如环氧-丁腈胶。随着科学技术的发展,胶粘剂的种类也不断地丰富。

根据粘接材料的具体情况,需要选择合适的胶粘剂。选择的胶粘剂合适,一次粘接即可成功;若选择的胶粘剂不合适,很可能需要反复粘接,有时甚至毁坏了工具材料仍然失败。

那么,如何正确地根据材料,选择合适的胶粘剂呢?在实际操作过程中,通常可以按照以下几个方面来选择胶粘剂。

一是根据被粘接材料的化学性质。在粘接钢材、铝以及陶瓷等极性材料时,应选用极性强的胶粘剂,如环氧树脂胶、聚氨酯胶、丙烯酸酯胶、无机胶等极性胶。粘接聚乙烯、聚丙烯、聚苯乙烯等弱极性或非极性材料,应选择丙烯酸酯胶或能溶解被粘接材料的溶剂,如三氯甲烷、二氯乙烷等非极性胶。

二是根据被粘接材料的物理性质。被粘接的材料属于脆性或刚性时,如水泥、陶瓷等,应选用强度高、硬度大的不易变形的热固性树脂胶粘剂,如环氧树脂胶、酚醛树脂胶。当粘接弹性或硬性材料时,如橡胶、皮革、塑料薄膜等,应选择弹性好、有一定韧性的胶粘剂,如氯丁胶、聚氨酯胶等。而当粘接泡沫塑料、海绵、织物等多孔性材料时,应选择粘度较大的胶粘剂,如环氧树脂胶、聚氨酯胶、聚醋酸乙烯胶和橡胶型胶粘剂。

三是根据被粘接材料的使用条件。当被粘接材料会受到剥离力与不均匀受力时,可选用韧性好的胶粘剂,如橡胶胶粘剂、聚氨酯胶等。而当被粘接材料经常受均匀剥离力、拉扯力时,可选用比较硬、脆的胶粘剂,如环氧树脂胶、丙烯酸酯胶等。被粘接材料倘若经常接触水,或在潮湿环境下使用时,一般应用耐水性好的胶粘剂,如环氧树脂胶、聚氨酯胶等。如果被粘接材料是用在经常接触各种油性物质的环境中,那就需要选用耐油性好的胶粘剂,这样的胶粘剂有酚醛-丁腈胶、环氧树脂胶等。倘若被粘接的材料在不同的温度下使用,这就需要考虑到胶粘剂对温度的适应情况。不同的胶粘剂,对使用环境的温度的要求有差异。如环氧树脂胶适合在120 ℃以下使用,橡胶胶粘剂适合在80 ℃以下使用,等等。在具体选用时,要注意看清不同胶粘剂的活性范围,从而选择理想的胶粘剂。

（2）粘接工序及处理。粘接工序一般如图5-5所示：

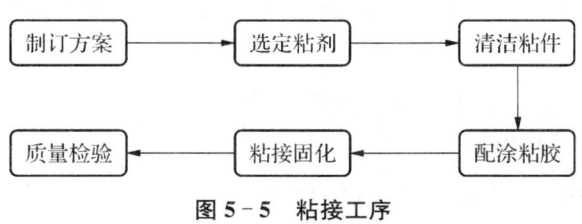

图5-5 粘接工序

粘件表面清理。为保证粘接质量，在进行粘接操作前，需要对被粘材料的表面进行处理。通常，对粘接材料表面进行处理的方法有两种：机械物理方法和化学方法。其中，机械物理方法就是使用机械外力将被粘接材料表面的泥土等附着物清除，例如，用砂纸打磨、喷砂、机械加工等；而对粘接表面使用酸、碱腐蚀，溶剂或洗涤剂等处理，属于化学方法。任何一种方法都可以单独使用，但为保证清除效果，经常使用两种方法。选用处理方法时应考虑许多因素的影响，通常考虑如下几个方面：

其一，被粘接材料表面附着油污的种类，如附着动物油、植物油、矿物油、润滑剂等有机物质时，通常使用化学方法清理；而附着脏土、流体、无机盐、水分、汗迹等物质时，一般用机械物理方法清理干净。

其二，被粘接材料表面附有污物的物理特性，如污染层较厚且紧密时，应首先使用机械法进行打磨，然后用其他方法清理。

其三，被粘接材料的性质，如钢铁零部件不怕碱液，但怕酸性物质，而处理黄铜、铝材时应考虑选用对金属腐蚀性较小的弱碱或中性溶液。

只有了解上述几个方面的情况后，我们才能选择合理的处理方法，从而确保处理干净被粘接材料，以便进行粘接操作。

粘接。对被粘接材料进行粘接前，除按照上述方法清理表面外，还要对粘接面进行处理。如果是粘接木制材料，应用砂纸等在粘接部位进行打磨，使表面平整，便于粘接；金属、塑料的粘接处如果过于光滑则不利于粘接，这就需要用砂纸打磨，使其表面变粗糙。经过处理的范围要比粘接的范围大，这样有利于提高粘接的质量。粘接时，首先将选用的胶粘剂涂抹在要粘接的部位，涂抹要均匀且薄，并且不能有气泡或空隙，否则会影响粘接的质量。涂抹完毕后，根据胶粘剂的性质，立即或稍等片刻再把待粘接材料对齐胶接在一起。胶接的方式有三种，即对接、搭接和盖板接。具体粘接时选用哪种胶接方式，应根据粘接材料的性质和制作要求而定。将待粘接的材料对齐并轻压，驱除气泡和多余的胶粘剂。胶接后，一定要固定粘接面，必要时可在粘接面处用木夹或其他材料夹持。

4. 3D打印技术

3D打印（英语：3D printing），属于快速成形技术的一种，它是一种以数字模型文件为基础，运用粉末状金属或塑料等可粘合材料，通过逐层堆叠累积的方式来构造物体的技术（即"积层造形法"）。过去其常在模具制造、工业设计等领域被用于制造模型，现正逐渐用于一些产品的直接制造。特别是一些高价值应用（比如髋关节或牙齿，或一些飞机零部件)已经有使用这种技术打印而成的零部件,意味着"3D 打印"这项技术的普及。

3D 打印技术通常是采用数字技术材料打印机来实现。这种打印机的产量以及销量自 21 世纪以来就已经得到了极大的增长,其价格也正逐年下降。该技术在珠宝、鞋类、工业设计、建筑、工程和施工(AEC)、汽车、航空航天、牙科和医疗产业、教育、地理信息系统、土木工程、枪支以及其他领域都有所应用。

(1) 3D 打印的三维设计

3D 打印的设计过程:先通过计算机辅助设计(CAD)或计算机动画建模软件建模,再将建成的三维模型"分区"成逐层的截面,从而指导打印机逐层打印。

设计软件和打印机之间协作的标准文件格式是 STL 文件格式。一个 STL 文件使用三角面来大致模拟物体的表面。三角面越小,其生成的表面分辨率越高。PLY 是一种通过扫描来产生三维文件的扫描器,其生成的 VRML 或者 WRL 文件经常被用作全彩打印的输入文件。

(2) 3D 打印过程

打印机通过读取文件中的横截面信息,用液体状、粉状或片状的材料将这些截面逐层地打印出来,再将各层截面以各种方式粘合起来,从而制造出一个实体。这种技术的特点在于其几乎可以造出任何形状的物品。

打印机打出的截面的厚度(即 Z 方向)以及平面方向即 X-Y 方向的分辨率是以 dpi(像素每英寸)或者微米来计算的。一般的厚度为 100 微米,即 0.1 毫米,也有部分打印机如 Objet Connex 系列和 3D Systems ProJet 系列可以打印出 16 微米薄的一层。平面方向则可以打印出跟激光打印机相近的分辨率。打印出来的"墨水滴"的直径通常为 50 到 100 微米。用传统方法制造出一个模型通常需要数小时到数天,根据模型的尺寸以及复杂程度而定。用 3D 打印技术则可以将时间缩短为数个小时,当然这是由打印机的性能以及模型的尺寸和复杂程度而定的。

传统的制造技术如注塑法可以以较低的成本大量制造聚合物产品,而 3D 打印技术可以以更快,更有弹性以及更低成本的办法生产数量相对较少的产品。一个桌面尺寸的 3D 打印机就可以满足设计者或概念开发小组制造模型的需要。

5. 激光雕刻技术

激光雕刻与激光打标、激光切割比较类似,它同样是利用高功率密度的聚焦激光光束作用在材料表面或内部,使材料气化或发生物理变化。

(1) 原理

通过控制激光的能力、光斑大小、光斑运动轨迹和运动速度等相关参量,使材料形成要求的立体图形图案。

(2) 操作

使用激光雕刻,过程非常简单,如同使用电脑和打印机在纸张上打印。矢量化的图文集多种 CAD 文件都可轻松地"打印"到雕刻机中。唯一的不同之处是,打印是将墨粉涂到纸上,而激光雕刻是将激光照射到木制品、亚克力、塑料板、金属板、石材等几乎所有材料之上。

(3) 分类

激光雕刻按雕刻方式分为点阵雕刻和矢量切割雕刻。点阵雕刻:酷似高清晰度的点阵打印。激光头左右摆动,每次雕刻出一条由一系列点组成的一条线,然后激光头同时上下移动雕刻出多条线,最后构成整版的图像或文字。扫描的图形、文字及矢量化图文都可使用点阵雕刻。矢量切割雕刻:与点阵雕刻不同,矢量切割雕刻是在图文的外轮廓线上进行。我们通常使用这种模式在木材、亚克力、纸张等材料上进行穿透切割雕刻。可雕刻材料有木制品、邮寄玻璃、金属板、玻璃、石材、水晶、可丽耐、纸张、双色板、氧化铝、皮革、树脂、喷塑金属等。

(4) 特点

一是雕刻范围广。既可对金属材料进行雕刻,也可对非金属材料进行雕刻,甚至能够雕刻耐火度高以及硬而脆的材料(如陶瓷、石英、玻璃、耐热合金等),还能深入材料内部进行雕刻。

二是速度快。激光雕刻比一般的雕刻方法要快100倍以上,而且可保证重复雕刻的精度。

三是质量高。产品分辨率高,可实现精细雕刻,并且清洁无污染,被雕刻材料氧化、变形、热膨胀的影响区域都比较小。

四是耗能少。雕刻过程简单,能量转换环节少,并且是精细雕刻,原材料损耗少,提高工作效率。

五是自动化程度高。激光雕刻与自动控制技术结合在一起,很容易实现自动化控制过程。

第三节 教学工具的使用

每一种教学工具都有着自己独特的教育功能和教学价值,科学教师应该从发挥教学工具最大的教育功能角度来使用。

教学工具在实践教学中,一方面为科学教师讲授服务,即运用教学工具来呈现事实、再现现象和过程、说明原理、演示操作等;另一方面是学生在观察物质现象和变化过程、测量和获取数据信息、练习仪器操作等中的重要载体。对于这两个方面,教学工具使用的主操控者不同,前者是教师,后者是学生。教学工具的使用者不同,就会在使用要领、使用要求和注意事项等方面不尽相同,下面我们将从两个方面来阐述。

一、把教师作为教学工具的主操控者

要想在实践教学中尽可能发挥所使用教学工具的最大教育功能,确保教学的有序

进行，从而促进学生形成充足的感性认识，科学教师必须做好以下三个阶段的工作。

1. 教学工具使用前

科学教师在使用教学工具前，要做好充足的准备工作，以确保教具在使用过程中发挥较好的效果。准备工作主要是对实践教学工具的调试及其使用条件的落实。任何教学工具在正式使用前，一定要做好调试工作，即认真熟悉教学工具，仔细阅读使用说明书，并反复操作，确保教学工具使用的正确性和可靠性。任何教学工具都有一定的使用条件，要在实地查看教学场所的供电、照明、供水、多媒体配备等方面做好安排。倘若现有条件不能满足教学工具的使用，需要考虑是否使用其他教学工具来代替。

2. 教学工具使用中

在教学工具使用过程中，科学教师要时刻牢记突出教具的功能和不同教学工具在某个实践教学内容中的作用。注意把握合适的使用时机：讲解之前先出示教学工具，让学生形成感性认识，便于学生联系旧知；启发思维讲解之后再出示教学工具，便于说明、解释，帮助学生理解、巩固知识；边讲解边展示，便于学生抓住观察重点，观察与思考同步。无论哪一种时机使用教学工具，都要做到：第一，要直观，让全体学生都能清晰地看到现象和过程；第二，要规范，科学地展示教学工具的操作规程；第三，要有说明，即在展示教学工具的过程中，教师要进行必要的教学工具介绍和原理说明，尤其要交代让学生观察的重点部位或现象，以帮助学生有效地观察，防止其他信息影响学生的注意力。

3. 教学工具使用后

展示教学工具不是目的。教师在使用教学工具后，要及时将再现的现象和过程与教学内容相联系，并进行细致的说明和解释，从而帮助学生理解科学概念和规律，促进其认知结构的发展。

二、把学生作为教学工具的主操控者

有人把学生在学习过程中操控的器具和材料称为学具。如，东北师范大学马云鹏教授认为，学具就是"学生在学习过程中使用的，可以进行具体操作的材料"。无论是教师操作为主，还是学生操作为主，教学工具本质上都是辅助教学，为学生发展服务的。以学生作为教学工具的主操控者时，科学教师应注意从以下三个方面来指导。

1. 教学工具使用前

科学教师在学生操作教学工具进行学习前，要做好指导工作，主要包括提醒学生认真清点自己的教学工具，做好组内分工。提醒学生清点教学工具，主要是对从教具的数量和种类方面查看是否正确。做好分工，主要是对教学工具的操作者、观察员和记录员的安排等。

2. 教学工具使用中

在学生利用教学工具开展学习活动过程中，教师要经常走到学生中间，及时发现和纠正操作不规范之处和错误点。科学教师要经常提醒学生按照操作规程,科学地操作。

3. 教学工具使用后

每次学习活动结束后,科学教师要提醒学生做好教学工具清洁和整理工作,养成良好的习惯。

以上我们分别从教师和学生的角度,对教学工具的使用进行了分析。教学工具的种类繁多,我们无法也不可能对每一种教学工具的使用进行罗列,本节只从实现教学目标的角度进行了阐述。当然,只知道上述使用的要领和要求,还不一定能真正发挥教学工具在教学中的价值。这需要广大教师在教学实践中,不断实践和总结。

在使用教学工具的过程中,一定要端正教学工具的使用态度,尤其是要树立科学的教学工具观。然而,一些教师目前还存在着对教学工具及其使用的错误认识。如,有的人认为教学工具是为教学服务的,所有的教学内容都使用教学工具来展开教学,教学工具的使用多多益善;还有的人认为,教学工具的使用增加了自己在备课中的工作量和压力,即使学校已经配备了相应的教学工具,也尽量不用。这些观念的存在,影响着课堂教学质量的提升,尤其是影响着学生的学习。作为一名科学教师,要正确认识教学工具在教学中的重要性。只有把正确选用教学工具作为一项重要的教学基本功来落实,才能不断提高自己的教学水平,促进教育质量的提升。

三、自制教具的案例及解析

自制教具是各个地区、学校的科学教师,根据本地、本校、本人及教学内容设计制作的教学用具。按照教具的分类,我们依次举例介绍自制模型和自制仪器的制作。

(一)自制模型

模型要依据原型来设计和制作。每个模型的制作,都要涉及制作原型、材料、过程和使用注意事项等。有关内容我们在前面已做过说明,下面以"风向标模型"的制作过程和使用方法为例进行阐述。

风向标模型

1. **材料**

材料主要有硬卡纸、瓦楞纸、吸管、一次性筷子、热熔胶、有源蜂鸣器、发光二极管、干簧管、小磁铁、导线、电池与电池盒等。

2. **制作**

① 先取一根长约 30～35 cm 的筷子,作为风向标的转轴;然后取三根吸管,并将其中一根作为转轴的套筒,另外两根剪成 10 cm 左右长,用胶枪将三根分别与卡纸剪成的圆锥外壳(风杯)边缘粘起来;其中,风杯的底部半径约 2.5 cm,并使风杯底部所在平面与吸管垂直,粘在吸管一端;然后,将三根粘有风杯的吸管另一头垂直粘到转轴套筒吸

管(长度 5 cm)上,使它们互成 120 度角,并保持在同一个垂直平面上;接着,将小块磁铁安放在其中一个风杯的正下方,并粘贴牢固。这样一个测风速的风杯转体就做好了。

② 接下来,用小刀将瓦楞纸裁成长和宽均为 20 cm 的正方块 1 块,并在正中心开一个大小与筷子直径相当的圆孔,用小刀将瓦楞纸裁成长宽 20 cm * 3 cm 的长方块 4 块,并将其拼成一个立方体底座,并将筷子垂直底座面固定好;然后,用圆规将卡纸画一个直径约 24 cm 的圆,用剪刀将其剪下来,中心开一个与筷子直径相当的圆孔,将其垂直于筷子(如图 5-6 所示),固定到筷子上,并保持其底面离底座上表面 15 cm 左右,并在其上标出东南西北四个方位。这样一个固定架就做好了。

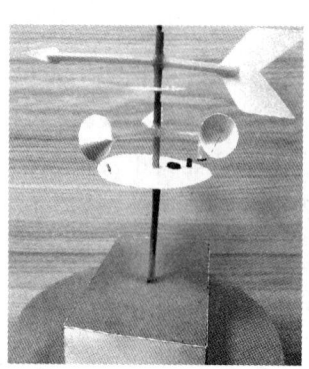

图 5-6 风向标模型

③ 然后将风杯转体套在筷子转轴的上方,在风杯转体套在筷子转轴的上方位置固定一个圆形卡纸(圆形卡纸直径约 4 cm),接着用卡纸和吸管制作一个方向标的转体,将其套在筷子转轴的最上方,用于测量风向。

④ 最后,将发光二极管与蜂鸣器并联后,再与干簧管和电池盒用导线串联起来,并安装到风向标上,将干簧管安装在卡纸圆盘靠近边缘位置,使其处于风杯下方小磁铁的正下方位置,出于美观考虑,将电池盒安装到底座内部,蜂鸣器和发光二极管安装到大圆形的卡纸上面。这样一个完整的能够测量风速与风向的风向标模型就制作好了。实物如图 5-6 所示。

3. 使用

将制作完成的风向标置于有风的窗户旁边或者拿到室外,将风向标上的方位与实际方位对准,接下来观察风向标的指向,以及听蜂鸣器的叫声快慢或看发光二极管闪烁的快慢,就可以判断风速以及风向了。实验证明:当风向标置于室外有风的位置时,风向标的指针指向即为风向,单位时间内记录的蜂鸣器鸣叫或发光二极管闪烁的次数的多少就可以定量地判断风速的快慢,风速越大,蜂鸣器鸣叫速度越快,发光二极管闪烁就越快,反之则越慢。

(二)自制仪器

通过手头的材料,可以根据实验教学的需要,自行制作实验仪器,便于教学的使用。下面,我们以"简易弹簧秤的制作"为例说明制作过程和使用方法。

简易弹簧秤的制作

1. 材料

制作一个简易的弹簧秤,材料主要有 80 mm 长的弹簧一根,粗铁丝、铁片和卡纸等。

2. 制作

用粗铁丝弯折成支架和挂钩,挂钩的钩子部分套入支架的圆圈以后再弯。剪两条铁片焊接在支架上,铁片间准备粘贴标度的卡纸。再将弹簧一端焊在支架上,另一端焊接在挂钩上。

弹簧秤上的标度有两种方法:一种是用砝码挂在挂钩上,每5g标一格,这样可以用来定量;另一种是按小学教学的要求只做轻重的比较,标度就可以等分来标。弹簧测力计的实物如图5-7所示。

3. 使用

需要比较轻重的物体可挂在挂钩上,看弹簧秤的指针指示的标度即可。

需要注意的是,弹簧需要选择细钢丝制作,稍受力就有较为显著的变化。如果没有弹簧,可以利用弹性较好的橡胶代替,用线扎在支架和挂钩之间原来装弹簧的地方。

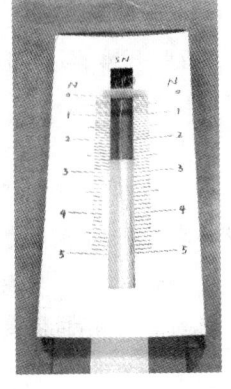

图5-7 弹簧测力计

可见,自制仪器,就是在科学原理的指导下,通过一定的技法利用简易材料进行制作和加工,以方便教学之用。

 拓展阅读

几种常用的胶粘剂

胶粘剂可分为热塑性树脂胶粘剂和热固性树脂胶粘剂,也可分为溶剂型和水基型。

(1) 热塑性树脂胶粘剂

聚醋酸乙烯胶粘剂是常用的热塑性树脂胶粘剂,俗称白乳胶。它是一种使用方便、价格便宜、应用广泛的非结构胶。它对各种极性材料有较高的黏附力,但耐热性、对溶剂作用的稳定性及耐水性较差,只能作为室温下使用的非结构胶。

还需指出的是,原广泛使用的聚乙烯醇缩醛胶粘剂已被淘汰。因为它不仅容易吸潮、发霉,而且会释放甲醛,污染环境。

(2) 热固性树脂胶粘剂

不饱和聚酯树脂胶粘剂,它主要由不饱和聚酯树脂、引发剂(室温下引发固化反应的助剂)、填料等组成,改变其组成可以获得不同性质和用途的胶粘剂。不饱和聚酯树脂胶粘剂的粘接强度高,抗老化性及耐热性好,可在室温下和常压下固化,但固化时的收缩大,使用时须加入填料或玻璃纤维等。不饱和聚酯树脂胶粘剂可用于粘接陶瓷、玻璃、木材、混凝土和金属等结构性构件。

环氧树脂胶粘剂,它主要由环氧树脂、固化剂、填料、稀释剂、增韧剂等组成。改变胶粘剂的组成可以得到不同性质和用途的胶粘剂。环氧树脂胶粘剂的耐酸、耐碱侵蚀性好,可在常温、低温和高温等条件下固化,并对金属、陶瓷、木材、混凝土、硬塑料等均有很高的黏附力。在粘接混凝土方面,其性能远远超过其他胶粘剂,广泛用于混凝土结构裂缝的修补和混凝土结构的补强与加固。

（3）合成橡胶胶粘剂

氯丁橡胶胶粘剂，它是目前应用最广的一种橡胶胶粘剂，主要由氯丁橡胶、氧化锌、氧化镁、填料、抗老化剂和抗氧化剂等组成。氯丁橡胶胶粘剂对水、油、弱碱、弱酸、脂肪烃和醇类都具有良好的抵抗力，可在－50 ℃～＋80 ℃的温度下工作，但具有徐变性，且易老化。建筑上常用在水泥混凝土或水泥砂浆的表面上粘贴塑料或橡胶制品等。

丁腈橡胶胶粘剂，它的最大的优点是耐油性好，剥离强度高，对脂肪烃和非氧化性酸具有良好的抵抗力。根据配方的不同，它可以冷硫化，也可以在加热和加压过程中硫化。为获得良好的强度和弹性，可将丁腈橡胶胶粘剂与其他树脂混合使用。丁腈橡胶胶粘剂主要用于粘接橡胶制品，以及橡胶制品与金属、织物、木材等的粘接。

思考题

1. 什么是教具？它是如何进行分类的？
2. 在小学科学教学中，自制教具的价值有哪些？
3. 制作教具的常用技法有哪些？除本节介绍的之外还有哪些？
4. 选择教具应遵循什么样的标准？
5. 课堂教学过程中，教具的使用对学生发展的意义有哪些？
6. 请你自行设计、制作一个教具。

第六章

小学科学实践教学评价的实施

教学评价是教学的指挥棒,它直接决定着教师教学的内容和方向。小学科学课程是一门以培养学生科学素质为宗旨的义务教育阶段的基础性课程,只有建立以科学素养为导向的评价体系,才能真正落实育人目标。

在实施评价的过程中要特别关注学生的学习过程,将目光放在学生未来的发展,用发展的眼光看待评价,通过评价促进学生的成长。因此小学科学实践教学评价要以科学素养的发展为核心,以学业质量标准为依据,设计不同学习阶段或表现水平的评价指标,综合过程性评价、终结性评价和增值性评价等多种形式的评价,构建考察学生科学素养发展相对完整的评价体系。将这种评价体系和实践教学过程整合,形成一个促进学生科学素养发展的评价、反馈、反思、改进和提升的持续性过程。

本章论述的要点是基于传统评价模式改进终结性评价,强化过程性评价,发掘增值性评价,健全综合性评价,充分利用信息技术手段,提高评价的科学性、专业性、客观性。

配套微课等数字资源

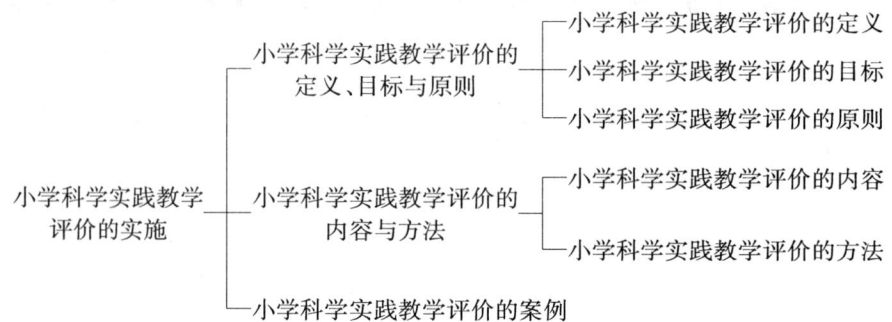

第一节 小学科学实践教学评价的定义、目标与原则

一、小学科学实践教学评价的定义

小学科学实践评价,就是对科学实验、科学体验、科学考察、科学活动、科学探究、技术与工程等实践教学过程及结果做出客观准确的衡量和科学判定,它可以确定学生学业发展水平并获取教学有效性的证据,帮助教师完成教育中长期目标和教学任务,考察学生是否按理想方式发展。

实践教学评价对整个教学过程具有诊断、反馈、调节的作用,是改革教学、提高质量的重要手段。也就是说,实践教学评价是一种反馈—矫正系统,教师通过评价了解学生的学习情况并有针对性地调整自身教学方式和内容,以确保教学过程的有效性。在实施评价过程中还能激励和促进学生不断学习和完善自己,因此教师要根据学生的情况不断调整实践教学评价的体系,为学生发展科学素养提供有力支撑。

实践教学评价按照功能和时间的不同,可以分为终结性评价、过程性评价、增值性评价和综合性评价。

终结性评价指的是在一个阶段的实践教学之后,针对科学实践教学的效果进行检查的评价活动。其目的主要在于让社会、学校、家长及学生本人对学习的质量和水平有一个具体、确实的了解,以确认学生达到的学业质量水平。终结性评价一般是以学期或者学年、学段为期限,包括纸笔考试、表现式考试、学习总结汇报等多样的方式,将课程目标的达成度或者说是学生所达到的科学素养水平作为评价的重点。

过程性评价是指在科学实践学习过程中与学生的学习交融在一起的,包括课前、课中、课后针对学生的学情及学习表现所进行的评价活动,主要用于了解学生在科学实践教学中的表现,目的在于诊断、反馈、纠正和督促。科学素养形成的关键在于过程,在于平时,在于积累。因此,教师要强化过程性评价的反馈与纠正功能,让评价服从并服务于教师的教学和学生的学习以及科学素养的形成与发展。

增值性评价是对学生变化的衡量,关注学生在科学实践学习中进步的增幅,强调的是学生较原有学业的增值分,它拓展了教学评价的渠道。

综合性评价是将过程性评价、终结性评价、增值性评价进行整合建立测评指标体系,对学生进行系统、全面和完整的综合评判。

二、小学科学实践教学评价的目标

小学科学实践教学评价的主要目标是全面考察学生在科学知识、科学能力、科学态度等方面的表现,以了解学生实践教学的过程及结果,反映学生达到的水平和存在的问题,鉴定学习的质量水平。具体目标有以下两点:

一是通过评价的教育功能激励学生学习,发现和发展学生多方面的潜能,了解学生发展中的需要,帮助学生认识自我,保护学生的自尊心和自信心,促进学生在原有水平上发展。

二是发挥评价的诊断反馈功能,帮助教师进行总结与反思,调整和改善教学内容和教学过程,确保课程实施的质量,促进学生科学素养的发展。

三、小学科学实践教学评价的原则

《小学科学课程标准》中明确指出:学习评价必须做到主体多元、方式多样。不仅有以教师为主体的测评,还要有学生的自我测评、相互测评,以及家长对学生的测评;不仅要有终结性的测评,更需要有过程性的测评;不仅有量的测评,还要有质的测评;不仅有纸笔形式的测验,还要有以活动、实验、项目报告等多种方式进行的测评。各种形式的测评相互补充,才能较为全面地评估学生的学习质量和学业水平。

(一) 评价主体的多元化

在科学实践教学活动中,应建立一个由教师、学生、家长和有关课程教学专家等多方参与的评价体系,要引导学生学会自我评价与评价他人,强调学生自我比较,淡化学生之间的相互比较,以体现评价主体的多元化和交互性。

1. 教师评价

现代学习和教学理论认为学生的学习是一个自主构建的过程,而教师是教学活动的主导者,其作用在于通过与学生的互动来促进和帮助学生的学习。这就要求教师在实践教学过程中要持续地通过评价掌握学生的学习动态,诊断存在的问题,及时反馈有关信息并调整教学的方式,这样才能切实帮助学生达成实践教学的目标。

教学过程中教师对学生评价的重点:① 学生参与学习活动的兴趣和投入度;② 学生是否具备合理的思考过程;③ 学生目前的水平与学习目标之间的差异;④ 学生存在的学习障碍及导致的原因。

教师可通过谈话、提问和追问、观察(实验操作、小组讨论)、学生作品(实验报告、实验设计、实验记录)等进行评价,并注意应让学生充分表达他们的想法和做法,这是提高评价有效性的重要保证。

2. 学生评价

学生是评价的主体,学生在教师的指导下,通过自评如自定学习目标,检查目标的达成度,反思学习中存在的问题,采取措施调整与改进等,达到自我教育的功效。并在小组活动中进行互评,培养学生合作学习的精神和竞争意识。

学生的自评和小组互评活动非常必要,可以弥补当前水平和目标之间的差距,因为纠正前概念,得到发展的不是教师,而是学生本人。因此学生必须清楚学习的目标与任务,自身处在的位置,通过怎样的途径才能达到目标,存在的问题是什么,该如何修正,等等。学生的自评和互评能力是学习能力的重要组成部分,对学生的终身学习提供有力帮助。

学生自评和小组互评的重点:① 是否清晰学习的任务和目标;② 是否有强烈的学习动机和足够的努力;③ 是否掌握科学有效的学习方法;④ 知道与预期的学习目标的差距,对自己的学习效果是否满意;⑤ 与其他同学的想法、做法、学习方法和效果进行分析比较,哪些地方值得自己学习吸纳。

学生的自评和互评能力需要教师的精心培养和在不断练习中方可形成。教师应注意:① 与学生一起讨论评价标准,比如哪些是可以研究的科学问题,好的实验设计是怎样的,怎么知道自己获取的数据是可靠的,帮助学生理解和内化评价标准。② 不要简单地用等级或分数表达自评和互评的结果,而是采取质性描述的方法。因为学生不能通过等级、分数获取如何改正等有用信息,而质性描述可以帮助学生较为具体地掌握自己的学习状况,明确努力的方向,这比知道分数更有价值和意义。

还可以由学生对教师的实践教学方法进行评价,提出自己的观点,激发学生与学生之间、学生与教师之间互帮互学,形成一种激励机制,共同改进教学。

3. 家长评价

家长是实践教学评价的参与者。参与评价并不是为家长增加负担,而是帮助家长更好地了解学生的学习状况,建立一种家长与教师共同关心学生学习的机制。家长通过学生在家庭、课外的实践活动来评价学生的问题意识、观察能力、探究能力、科学态度等方面。

4. 有关课程教学专家评价

有关课程教学专家是教学评价的有力补充,通过来自不同维度的评价和顶层设计,体现评价的科学性、公正性、透明性。

（二）评价内容的全面化

评价内容的全面化，指的是评价既要检测出学生群体学习的共性和个体的独特性，还要反映出教师实践教学效果等方面的信息。

科学实践活动包括科学实验、科学体验、科学考察、科学活动、科学探究、技术与工程等，因此评价内容不仅仅是科学知识的掌握，更重要的是反映学生亲身经历科学实践活动的情况。既需要教师保证评价内容的科学性，还要根据不同的情景和要求运用不同的内容进行评价。如除了纸笔测验，还可以通过制作研究报告、情景表演等方式，让学生自己挑选喜欢的内容，积极参与到评价之中。

（三）评价方式的多样化

在实施评价的过程中，要灵活地根据评价内容选择适合的评价方式。评价方式可以是评价者定性的判断，也可以是以分数的形式体现的定量的判断。

实践教学的评价应以真实的科学实践活动为基础，包括师生日常的课堂实践活动和课外实践活动。除了测验，还要重视表现性评价，即通过有组织地收集学生在学习中的成果表现，如实验报告、作品展示等对学生进行评价。

（四）评价时机的全程化

小学科学实践教学的评价主要是为了促进学生的学习和发展，因此必须伴随于教学过程之中，强调对教学全过程的评价。这就需要教师随时关注学生在实践教学过程中的表现与反应，及时给予必要的、适当的鼓励性、指导性的评价。

以往那种仅仅在学习结束后再进行的评价已不能满足科学评价的需要，不能达到科学评价的目的。因为小学生在科学实践学习中所形成的科学素养是一个长期的连续过程，所以实践教学活动中的每个环节都应有不同层次的评价，整个评价体系环环相扣，循序渐进，因此出现了评价伴随在整个教学过程之中的趋势，产生了评价时机的全程化。

比如可以根据需要在教学开始前就进行前置性评价，以了解学生的实际情况，用于在设计教学过程时考虑学生的个体差异性，为学情分析提供依据。

学生学习科学的过程很容易受到前概念（原有的知识、经验和认知结构）的影响，因此在教学准备阶段进行学情分析很有必要。学情分析的方法包括观察、谈话、问卷调查、制作思维导图或概念图等。通过以上方法获取的学情信息，呈现了学生学习的起点，同时也可以为教师组织教学提供参考。学生在知道学习目标后，可以将目标与出发点进行比照，明确学习的方向。教师可以根据这些信息，对教材进行加工处理，或对教学过程、方式、策略进行适当调整，使其更符合自己学生的学情。

第二节　小学科学实践教学评价的内容与方法

一、小学科学实践教学评价的内容

小学科学实践教学的评价主要包括以下几个方面。

（一）科学知识

对科学知识的评价依据是内容标准中提出的物质科学、生命科学、地球与宇宙科学和技术与工程科学四个领域共18个主要概念的掌握情况。（见下表）

物质领域	1. 物体具有一定的特性，材料具有一定的性能。
	2. 水是一种常见而重要的单一物质。
	3. 空气是一种常见而重要的混合物质。
	4. 物体的运动可以用位置、快慢和方向来描述。
	5. 力作用于物体，可以改变物体的形状和运动状态。
	6. 机械能、声、光、热、电、磁是能量的不同表现形式。
生命科学领域	7. 地球上生活着不同种类的生物。
	8. 植物能适应环境，可制造或获取养分来维持自身的生存。
	9. 动物能适应环境，通过获取植物和其他动物的养分来维持生存。
	10. 人体由多个系统组成，分工配合，共同维持生命活动。
	11. 植物和动物都能繁殖后代，使它们得以世代相传。
	12. 动植物之间、动植物与环境之间存在着相互依存的关系。
地球与宇宙科学领域	13. 在太阳系中，地球、月球和其他星球有规律地运动着。
	14. 地球上有大气、水、生物、土壤和岩石，地球内部有地壳、地幔和地核。
	15. 地球是人类生存的家园。
技术与工程领域	16. 人们为了使生产和生活更加便利、快捷、舒适，创造了丰富多彩的人工世界。
	17. 技术的核心是发明，是人们对自然的利用和改造。
	18. 工程技术的关键是设计，工程是运用科学和技术进行设计、解决实际问题和制造产品的活动。

学习科学的目的是提升学生的求知欲，明确与科学概念相关的自然现象和过程，能够用科学词汇描述和解释自然事物或现象，知道科学概念之间存在的联系以及应用范围，增强他们对自然和科学本质的理解。因此要注重对科学概念和原理的理解与应用，

而非单纯记忆；要注重从整体上认识科学，帮助学生建立知识体系。对科学概念的评价要尽量融合在分析和解决实际问题的情景中。

(二) 科学探究

科学探究是科学实践的重要手段，将科学探究纳入评价内容旨在考查学生对科学探究方式的了解和科学探究能力。包括以科学的方式进行观察；对他人提出的问题有正确的理解；在教师的指导下能提出简单的可以探究的科学问题；能有依据地对所要探究的问题提出自己的猜想或假设；能独立地或在教师的指导下制定简单的探究计划；能利用观察、测量或其他手段获得有效可靠的数据资料；会分析、检验证据并以逻辑合理的方式得出结论，能合理顺畅地表达、解释探究结论，进行合作与交流等几个方面。

对于一个具体的科学探究活动，可以全部或有重点地选择其中几项，有针对性地制定具体的评价内容。值得注意的是对小学生探究能力的要求应该符合年龄特点，知识层次相对简单，实践活动和思维推理过程相对容易进行，结论表达和讨论的方式也简单直接。

(三) 科学态度

主要依据学生在科学课程学习过程中的表现，评价学生在科学态度和情感方面的变化。

学生进行科学学习和探究所必须具备的基本态度有：对学习科学课程有极高的兴趣，热情参与科学活动；敢于依据客观事实和推理提出自己的见解；重视人与人之间的交流、分享与协作，乐于表达，善于倾听；尊重并能够分析他人的不同意见，根据科学事实修正自己的观点；尊重生命，形成与自然界和谐相处的生活态度；形成对科学的坚定信念，关心科学技术的发展，以及正确认识科学技术作用。这些也是科学素养的重要组成部分。

对科学态度、情感和观念的检测远比对科学知识及科学探究的检测复杂。它可以由学生在实践活动中的许多外显行为表现出来，如参加实践活动是否认真；能否努力完成自己所承担的任务；收集和记录数据是否认真细致，并尊重事实和数据；是否积极主动地参与实验并提出方案和建议；是否学会与他人合作，并虚心采纳他人的意见；等等。依靠教师、家长对学生日常行为的观察和记录，到一个阶段后加以汇总归纳。可以利用"成长记录"，收集和选择学生的作品，如实验记录、探究报告、情景剧表演等。"成长记录"还有学生对自己学习过程的感受与反思，对同伴学习过程的评价等，较为全面地展示学生的真实态度和情感。

(四) 科学、技术、社会与环境

考查学生对科学、技术、社会与环境相互关系的了解，以及热爱自然、珍爱生命、保护环境的意识和社会责任感等。

二、小学科学实践教学评价的方法

小学科学实践教学的评价以真实的日常教学为基础，充分关注课内与课外的学生学习活动，全面反映学生实际的学习表现和发展水平。对学生学习的评价方法主要有以下几种：纸笔测验评价、表现性评价法、成长记录评价。

（一）纸笔测验评价

纸笔测验在实践性学习的评价中有两种用法：一是在学习开始前摸底学生的前概念；二是在学习到一定阶段时对学习结果进行总结。

教师可以将纸笔测验试题可以分为几种类型，如科学知识题、探究技能题、解决问题的题。我们可以通过对学习要素进行归纳，将几种类型的题继续细分。举例如下。

	题型	举　　例
科学知识题	回忆与识记	写出空气的主要成分。
	排序	按照蚁蚕发育成蚕蛾的过程将图片进行排序。
	分析	猴子大多生活在丛林里；鱼生活在水里……，这些事实说明了什么？
	比较	水与食用油有什么相同和不同？
	分类	气象学家在对云进行描述时通常把它们分成三类：积云、层云和卷云。它们是按照什么标准进行分类的？
	判断	根据世界时区图，你认为北京和纽约谁先迎来黎明？
	推理或预测	水泥路面的缝隙到了冬天是会变大还是变小？为什么？
	建立模型	在填埋垃圾的模拟实验中，你认为浸过墨水的纸巾代表了什么？
探究技能题	观察	仔细观察塑料饮料瓶的上部、中部和底部各是什么形状。
	测量	请你读取弹簧测力计上的读数。
	控制变量	摩擦力大小是否与物体重量有关的实验设计，写出实验中有哪些相同条件。
	绘制图表	根据表格中记录的一天中不同时间的影子长度数据，绘制一天中影子变化折线图。
	数据整理与分析	根据降水量变化柱状图，说一说这一季节的降水量有什么特点。
解决问题的题	发现问题	关于摩擦力，你还有什么想研究的问题。
	制订计划	设计实验研究三角形框架的作用。
	实验操作	在研究蚯蚓对外界的刺激反应时，你是怎么做的？
	结论与理由陈述	利用这个实验解释为什么教室的墙壁都是白色的。

根据这样分类进行试题设计，可以控制回忆与识记的试题数量，既可以评价学生科学概念的掌握情况，也可以评价相应的思维水平。

（二）表现性评价法

通俗地说，所谓表现，指的是学生把自己的想法、感受、态度等内在素养通过体态、动作、图画、语言、符号等媒介表达出来，它可以是学习过程中的表现，也可以是呈现出来的结果。而表现性评价法，就是在学生亲身参与活动或完成某种（或某一系列）任务后，通过记录和分析学生在活动中的表现，对学生已经取得的发展成就进行评价的方法。也就是说，表现性评价以学生在实际活动中表现出来的某种特定技能，或者创作出符合特定标准的成果、作品为载体，以学生的具体操作表现作为评价的依据。

实施表现性评价的关键在于教师需要设计科学合理的表现性任务。表现性任务是与表现性评价紧密联系，是评价过程中教师要求学生完成的具体任务。因此，为保证表现性评价的信度和效度，教师首要考虑的就是设计出符合学生实际的表现性任务。常见的表现性任务主要有六种类型：结构性表现、口头表达、模拟表现、做实验或调查、创作作品、完成研究项目等。在实际教学评价的过程中，老师可以根据评价内容的特质、学生的发展水平和时间、空间、设备条件的限制等选择合适的表现性评价任务。

具体而言，表现性评价主要有以下一些方式。

1. 教师观察

课堂上教师敏锐的观察是表现性评价的关键。教师根据教学目标、学习要素的指导进行观察，敏锐地发现学生的思维深度、操作技能水平，进而调整教学进度，改进教学方法，必要时进行个别的教学指导。

在课堂上，教师还能够观察学生的小组合作情况和学习情绪。课堂教学是交互性活动，课堂上生生、师生之间的交往会影响到课堂教学效果。学生的学习状态可以通过情绪表现反映出来。教学中，处于积极学习状态的学生才能高效地学习。如果学生积极发言、按照规则开展活动操作、实验效果明显，说明学生主动参与了学习过程。如果有学生扰乱课堂秩序或者注意力难以集中，教师就需要及时调整教学策略了。

教师在观察中，除了用量表进行评价记录外，还可以将有价值的信息作为教学逸事记录下来。如将学生的学具准备情况、突出表现、独特见解、科学创意、学生的进步或者违规行为等作为学期或学年结束时综合评价的参考。

2. 师生谈话

教师可以通过谈话的方式向学生询问一些实践性的问题，了解学生对于这些问题的看法、想法。如：关于河流大家知道些什么？通过对学生的回答获取学生的前概念，发现模糊或错误的认知。实施过程中，需要注意教师应该以平等的身份进行询问、聆听，而不要简单地指出学生概念的错误。只是通过谈话了解学生的思维水平和概念发展情况，为后续评价活动提供基础。

3. 口头测验

口头测验可以评估和考察学生的语言表达能力。其要点在于：学生是否能够使用特定语言回答问题；能否综合有关信息提出问题；能否清楚地阐述观点，并为自己的观点提供证据进行解释；表达时的逻辑思维与概括能力如何；知识储备的广度和深度如何；等等。

尤其在对低年级学生进行教学评价时，考虑到他们文字书写略有困难，采取口头测验的方法更符合实际情况。如对于二年级学生进行口头测验：和幼儿园时候比较，二年级的你有哪些变化？

4. 论辩或辩论

教师可以事先根据教学内容准备好适合的论题，如"关于摩擦力，是利大于弊？还是弊大于利？"运用行为评价量表从以下几个方面来描述和评定学生的表现，以便在有限的时间内及时记录。

行为评价量表					
评价内容	评价标准	评价等级			
		优	良	中	差
语言表达能力	语言流畅，表述完整，能够使用科学词汇表达观点、理由。				
论证的逻辑性	逻辑清晰，能够为自己的观点提供合理的证据及解释。				
回答问题的针对性	能够根据其他同学提出的问题有针对地回答。				
知识储备能力	能够从日常观察、书籍资料、实践体验等活动中获取证据。				

5. 实验技能教学考试评价

小学科学课程中的各种实验，通过给学生提供直接感知与体验事物的机会，发展学生的高层次认知技能，促进学生在动作操作、心智技能等方面得到全面提升，帮助他们获取知识和培养积极的学习态度。

实验技能教学考试评价是结合教学过程，要求学生操作实验设备和材料直接去感知事物的一种综合性考试评价。首先，需要根据小学科学课程的理念和要求确定评价目标和评价内容。其次，要制定实验行为评价量表。

评价内容	评价标准	分值	得分
实验设计	目的明确，科学合理，有新意	15	
实验操作	动作娴熟、规范	30	
实验观察	能按照一定的顺序且全面地观察	10	

续 表

评价内容	评价标准	分值	得分
实验效果	现象明显	15	
实验态度	积极参与,认真、如实地做好实验报告并进行总结	20	
实验交流	乐于与他人讨论和交流实验过程和结果,反思不足	10	
总分			

在使用实验技能教学考试评价时,为了让学生有一定的时间进行准备,教师可以提前把评价内容告知学生,并为学生准备好实验所需的材料和用品,以利于学生自主设计实验操作,自主选择所需要的材料和器具。

6. 专题任务评价

从学生的完成情况判断其综合能力。专题任务可分为问题解决和项目研究。

问题解决是由教师提出一个问题,让学生自己想办法去解决。在此过程中,学生要运用已有的知识技能解决问题。学生可以用一些记录单、报告单等呈现问题的解决方案。教师通过观察其完成的速度、质量与效果,评价其某些方面的水平。

项目研究是给学生一个研究项目,学生需要经历探究的过程,需要具有持之以恒的毅力,最后完成项目研究报告。如 STEM 项目中让学生设计并制作水火箭,需要两周的时间完成,其间教师全程参与指导,并根据学生对指导的依赖性和表现,对其有关方面进行评价。

设计、制作评价表		档案资料 图纸、水火箭、评级表	
观察	技术参数	测试情况	改进情况
设计效果	符合技术原理程度(A B C D)		
	整洁、美观程度(A B C D)		
	材料选择合适程度(A B C D)		
经费支出	透支( )平衡( )结余( )		
飞行效果	飞行高度 5 米以下( )		
	飞行高度 5～10 米( )		
	飞行高度 10 米以上( )		
小组成员	参与度(A B C D)		
	默契度(A B C D)		
	责任担当(A B C D)		
小组成员名单:			

(三)成长记录评价

成长记录评价即利用档案袋的形式详细地记录学生的成长轨迹,通过具体材料的对比，看到自身发展的变化。

成长记录评价有多种类型。基本的要素有：内容目录——目录包含了哪些内容、各个项目——装入记录袋中各项目的水平、评价量表——不同评价主体对各个项目的评价情况、整齐程度等。

在实施成长记录评价时应根据实践教学目标，有意识地将学生的相关作品收集起来，进行合理的分析与解释，呈现学生在学习过程中取得的成果与存在的问题，反映学生在达到目标过程中付出的努力与进步，并通过自我反思激励学生取得更高成就。它主要有以下特征：

1. 成长记录的基本成分是学生作品

成长记录主要收集学生在学习过程中生成的各种作品（如课堂笔记、图画、实验报告、科学调查报告等），用以展现学生的努力、成就与进步，描述学生学习的过程与结果。可以通过对作品的自评和互评，逐步学会分析个人实践学习的特点。

在教科版的教材中配套有科学学生活动手册，学生用于记录观察到的现象、实验数据、科学笔记、科学概念图等。教师在进行评价时需要考虑以下几个方面：记录完成率、记录的准确性与创造性、整洁程度。

2. 有目的地收集学生作品

创建和使用成长记录的目的决定着记录收集的内容、方法和途径，以及对这些内容的分析与应用。因此需要根据不同的目的收集成长记录中的材料。如果创建成长记录的目的是展示学生的最佳成果，那么收集的内容就应是学生认为最满意或最有价值的作品；如果创建成长记录的目的是描述学生在某一阶段内学习与发展的过程，以便发现其优点和劣势，那么收集的内容就不仅包括学生的最终作品，还要把过程性的内容装进去。而如果创建成长记录的目的是评估学生的学习与发展的水平，那么收集的内容就要结构化或半结构化，用于在不同学生之间进行横向比较。

3. 提供发表意见和对作品进行反思的机会

让学生参与到创建和使用成长记录的过程中，尤其是学生的自我评价和反思，是成长记录的一个重要特点。在自我评价和反思的过程中，学生根据标准和要求评价自己的作品，反思学习过程，发现优势和不足，激发上进心和自信心，明确改进的方向和路径。如在收集一个阶段的成长记录后，学生可以通过以下定性量表进行自评和反思。

我的小结	我最大的收获	
	我的最新发现	
	我还存在的问题	
自我评价	我最感兴趣的一个活动	
	我最满意的一次研究	
	我和小组同学最成功的一次合作	

成长记录应发挥评价的教育功能,致力于学生的成长,通过对学生成长过程的评判,促进教师发现学生成长规律,了解学生的个体差异性,不断激发学生的潜力,为更好地促进学生成长提供依据。只有这样,成长记录评价才能成为促进学生科学素养发展的有力工具。

第三节　小学科学实践教学评价的案例

教科版科学活动手册中的单元评价表

"植物"单元学习评价表			
	自评	老师评	家长评
我知道植物是"活"的。	☆☆☆☆☆	☆☆☆☆☆	☆☆☆☆☆
我知道植物的生长需要水和阳光。	☆☆☆☆☆	☆☆☆☆☆	☆☆☆☆☆
我喜欢在校园里找各种植物。	☆☆☆☆☆	☆☆☆☆☆	☆☆☆☆☆
植物对我们来说很重要。	☆☆☆☆☆	☆☆☆☆☆	☆☆☆☆☆
对于植物,我还能提出想知道的问题。	☆☆☆☆☆	☆☆☆☆☆	☆☆☆☆☆
我向其他同学说出了我的看法。	☆☆☆☆☆	☆☆☆☆☆	☆☆☆☆☆
我按照老师的要求进行了观察。	☆☆☆☆☆	☆☆☆☆☆	☆☆☆☆☆

这份评价表属于终结性评价,是学生经历一个单元学习后的小结,采取自评、老师评、家长评多元主体的评价方式考查学生在科学知识、科学态度等方面的学习效果,并利用星级进阶的方法直观呈现评价结果。通过评价,学生很清楚他们达到了什么,他们要努力达到的是什么。老师通过观察、谈话的方法对学生进行评价,家长可以用口头测验的方法对学生进行评价。

国外的某份科学实践教学评价方案

1. 评价目的

各位同学,本学年将要求你建立一个科学档案袋,该计划的目的是:

(1) 清晰显示你在科学学习中取得的进步;

(2)用不同于通常测验、小考和家庭作业的方式,展示你的科学学习情况;

(3)帮助你发现运用科学知识的技能;

(4)让你以自己独特的能力和兴趣探究课本以外的科学课题。

2. 评价项目

(1)非常规的问题或难题

为了解决这些问题或难题,需要你去结合教材中的方法或者自己发现不同于教材中的问题解决策略。它们与课堂上学习的主题也许有关也许无关,你要提交详细的解决方案,包括原始资料。

(2)科学应用项目

本项目主要表明你能够把已有科学概念、原理、步骤运用到真实的情景之中,特别是运用到其他学科领域之中。结束时,你还需要对你的这一运用做出说明或解释。

(3)科学的历史脉络项目

本项目需要你用自己的语言研究一个著名的科学家的传记。

(4)科学阅读和写作项目

你将阅读一篇与科学有关的读物,然后用你自己的语言完整地写出你读的东西。

(5)科学研究

本项目要求你提出问题并进行研究。这将需要推测、收集资料,观察例证和反面例证,并基于你的证据得出结论。

3. 方法

你除了每学期要完成的项目外,在完成项目时还要交换你的方法。你可以在下列方法中挑选与你的项目类型相适应的方法。你不必每学期使用这些方法。但档案袋完成时,你必须全部使用过这些方法。这些方法包括:①使用与科学相关的软件;②建构模型;③在没有同班的情况下工作(个人项目);④与同伴一起工作(小组或双人项目)。

4. 注意事项

(1)你的档案袋中包含五个项目。这五项中的两项是固定的,其他三项是可选的。

(2)可选择的各个项目将在学期中指定适当的日期提交,你的老师会在这一日期前收齐和打分。

(3)你的档案分数将占你学期分数的百分之二十。记住这点很重要,迟交的档案袋将以1.5个计分的幅度降低。

请记住,制作优质档案袋的工作,是这门课程的需要。

该案例采取成长记录评价,明确地告知了学生评价的目的、项目、方法等,并且在评价内容中不仅涉及知识、技能、应用等方面,还考查学生完成项目研究所使用的方法,能较为全面地反映学生在学习过程中的状况。

第六章 小学科学实践教学评价的实施

案例 3

国内某小学设计的科学实践教学评价表

评价表					
课堂活动记录(分值:80)					
生物与环境	完成记录 数据真实 15分 *未按时盖笑脸奖章	复习 完成并订正 5分 *未按时盖笑脸奖章	地球表面及其变化	完成记录 数据真实 15分 *未按时盖笑脸奖章	复习 完成并订正 5分 *未按时盖笑脸奖章
光	完成记录 数据真实 15分 *未按时盖笑脸奖章	复习 完成并订正 5分 *未按时盖笑脸奖章	运动和力	完成记录 数据真实 15分 *未按时盖笑脸奖章	复习 完成并订正 5分 *未按时盖笑脸奖章
学习行为活动					
共获得____个☺; 共获得____个☹。 *由教师填写	1. 课堂上举手发言、受到点名表扬(如善于倾听)的同学可得到1枚☺奖章,表示加分(0.5分),每节课最多得到1枚; 2. 课堂上被点名批评(如未带书或活动手册、未完成记录)的同学不能得到☺奖章; 3. 课堂上被多次点名批评、损坏实验器材的同学将得到☹奖章,表示扣分(0.5分),奖章数量根据情节轻重决定; 4. 其他获得表扬/批评的方面; 5. 奖章盖于目录处,期末由教师统计,活动手册遗失,加分项不补盖。				
课外学习延伸(分值:20+)					
项目名称		评价			
根据本学期课堂内所学的内容,利用课余时间任选至少一项完成。 1. 种子发芽实验 参考:P3~P6; 2. 观察绿豆芽的生长 参考:P7~P8; 3. 做一个生态瓶 参考:P14~P16; 4. 做一个潜望镜 参考:P32; 5. 做一个太阳能热水器 参考:P39~P42; 6. 设计制作小赛车 参考:P86~P88; 7. 其他观察、饲养、制作等实验活动; 8. 单元知识问答。		按要求完成 10分 1~6项 任选一项	5分 4分 3分 2分	5分 4分 3分 1分	3分 3分 1分
欢迎同学们把身边有趣的实验发布到公众号中,累积获评6个精选作品,可入选"小小科学家"推广活动,并获得随机奖品一份。 在本学期集齐10个"××宝贝"奖章可获得随机奖品一份,每增加3个"××宝贝"奖章可再获得1份随机奖品,如集齐13个"××宝贝"奖章可获得2份奖品。 *5个☺奖章=1个"××宝贝"奖章; *2个☹奖章=-1个"××宝贝"奖章。					

该评价表主要采取的是表现性评价法,并量化了评价结果。评价内容较为广泛,包括课堂实验记录、单元纸笔测验、课堂行为表现及课后的学习延伸。值得一提的是,利用信息技术手段(微信小程序"腾讯圈子")来收集学生在课余时间进行的实践项目,学生可以在家完成,自主上传,教师可以在作品下进行质性评价,最后将评价结果呈现在评价表中(量性评价)。

思考题

1. 实施小学科学实践教学评价的原则有哪些?
2. 对低年级的小学生,你以为用哪几种评价方法为好。
3. 请设计一份终结性评价表格,并注明适用对象和使用要点。

参考文献

[1] 中华人民共和国教育部.义务教育小学科学课程标准[M].北京:北京师范大学出版社,2017.

[2] 林兆星.科学教学如何实现从科学探究到科学实践的转型[J].课程·教材·教法,2020,40(3).

[3] 潘洪建.科学实践及其教学策略(笔谈)[J].教育与教学研究,2020,34(2).

[4] 唐小为,丁邦平."科学探究"缘何变身"科学实践"?——解读美国科学教育框架理念的首位关键词之变[J].教育研究,2012(11).

[5] 马德存.浅谈小学科学教学实施新课程标准的问题与对策[J].青年时代,2019(5).

[6] 赵骥民.小学科学实验设计与实施[M].北京:高等教育出版社,2013.

[7] 淮安市教育技术装备中心编.小学科学实验教学指导[M].南京:东南大学出版社,2013.

[8] 冯克诚.小学科学实验教学指导[M].北京:学苑音像出版社,2009.

[9] 郭桂周.国际科学教育实践转向的三重逻辑[J].集美大学学报,2020,21(6).

[10] 高翔.小学科学实验教学概念的界定[J].教学仪器与实验,2016(2).

[11] 李雪影.小学科学实验教学设计的实践与思考[J].读天下,2019(22).

[12] 商瑞莹.小学科学课程"物质科学"领域概念及教学研究[D].首都师范大学,2014.

[13] 牛世保.微课在小学科学实验教学中应用研究[J].读写算,2020(3).

[14] 周振铎.浅谈探究性实验操作与学生的发展[J].实验教学与仪器,2002,19(2):4-5.

[15] 蔡海军.小学科学实验与制作[M].长沙:中南大学出版社,2005.

[16] 刘勋祥.解读《小学科学课程标准》[J].教学与管理,2002(29).

[17] 蔡铁权.科学实验教学与研究[M].上海:华东师范大学出版社,2008.

[18] 徐宝芳.中学地理实验教学研究[M].西安:陕西师范大学出版社,2010.

[19] 教育部基础教育课程教材专家工作委员会.义务教育小学科学课程标准解读[M].北京:高等教育出版社,2017.

[20] 丁耀方.小学科学地球与宇宙模块的教与学——让孩子们更加喜欢天文与地理[M].宁波:宁波出版社,2013.

[21] 王合建.小学科学模拟实验教学的问题及对策[J].中小学实验与装备,2017(1).

[22] 毛君明.模拟实验在"地球与宇宙"领域中的教学策略[J].实验教学与仪器,2012(10).

[23] 余力.小学科学第二课堂的指导策略与实践研究[D].杭州师范大学,2015.

[24] 邹源.小学科学课外活动现状调查——以重庆大学附属小学为例[D].重庆大学,2018.

[25] 杨礼山.小学科学课外实践活动的探究[J].教育,2019(8).

[26] 吴锋.小学科学课外活动的拓展与实践[J].科技资讯,2015(33).

[27] 姜艳英.小学科学课外实践活动的实施策略[J].吉林教育,2019(35).

[28] 汪建设.小学科学课外探究活动的探索与实践[J].小学科学(教师版),2014(4).

[29] 王素,李正福.STEM教育这样做[M].北京:教育科学出版社,2019.

[30] 王宏,刘丽,马池珠.指向深度学习的STEM教育探究[J].现代教育技术,2020,30(3).

[31] 李扬.STEM教育视野下的科学课程构建[D].浙江师范大学,2014.

[32] 宋怡,于秋波."5E学习环"在小学科学教学中的应用——以《摆》一课为例[J].生活教育,2018(9).

[33] 杨元魁,叶兆宁.突破STEM教育中科学与工程的链接难题——基于工程问题解决的教学模式[J].人民教育,2018(10).

[34] 林莹莹,曾菁菁.5EX模型下小学科学STEM课程设计与实践———以设计"创意灯"为例[J].中国教育技术与装备,2021(4).

[35] 淮安市教育技术装备中心.中小学实验室实用指南[M].南京:东南大学出版社,2011.

[36] 周振铎.自然课堂教学技能与训练[M].长沙:湖南大学出版社,1999.

[37] 吴汉清.玩转Arduino电子制作[M].北京:机械工业出版社,2016.

[38] 余文森.核心素养导向的课堂教学[M].上海:上海教育出版社,2017.